Win 11 완벽 가이드

PC 완전 정복 – 파워 유저가 되는 책

Win 11 완벽 가이드 - PC 완전 정복 파워 유저가 되는 책

발행일 : 2023-01-13
발행처 : 가나출판사
출판사등록번호 : 제2020-000005호
사업자등록번호 : 680-90-01427
대표 : 윤관식
주　소 : 충남 예산군 응봉면 신리길 33-4
전　화 : 010-6273-8185
팩　스 : 02-6442-8185
홈페이지 : 가나출판사.kr
Email : arm1895@naver.com
저　자 : 윤관식

ISBN : 979-11-91180-07-7(93500)

파본은 구매처에서 교환해 드립니다.

머리말

Win 11 이 발표된지 2년이 넘었지만, 필자도 이제서야 Win 11을 처음 사용해 보고 Win 11의 우수성에 반하여 부랴부랴 이 책을 집필하게 되었습니다.
결론적으로 단적으로 말한다면 원래 Win 11은 인텔 i7-6세대 이후에 나온 고사양 최신 PC에서만 작동하도록 만들어져 있습니다.

그러나 필자가 직접 저사양 PC에 설치하여 사용해 본 결과 오히려 저사양 PC야말로 Win 11을 설치하는 것이 좋다는 생각입니다.
필자는 우리나라 컴퓨터 1세대이며 수 많은 관련 서적을 집필해 왔으므로 Win 11을 직접 사용하기 전까지는 윈7이나 윈10이나 윈11이나 운영체제라는 점에서는 동일하다는 생각으로 지금까지 윈11을 사용하지 않았던 것인데요,..

필자가 직접 Win 11 을 설치 및 사용해 본 결과 이러한 지금까지의 필자의 생각이 완전히 틀렸다는 것을 알고 이 책을 집필하기에 이른 것입니다.
한 마디로 지금까지의 모든 운영체제 가운데 가장 우수한 운영체제이며 간결하고 특히 속도가 아주 빠릅니다.

지금 이 책을 집필하는 PC는 10년도 더 된 구형 PC이며 인텔 2세대 시피유를 장착했지만, 정품 시피유가 아니라 성능이 많이 떨어지는 셀러론 시피유를 장착했고요, 램도 고작 8Gb의 램을 장착하고 사용하고 있습니다.
이런 저사양 PC도 Win 11 부트 시작부터 부팅까지 약 7초~10초 정도 밖에 걸리지 않습니다.

따라서 여러분도 이 책을 가이드 삼아 웬만하면 Win 11을 사용하시기를 적극 권해 드립니다.

아울러 이 책에서는 저사양 PC에서도 Win 11을 설치하는 방법 및 기타 필자의 풍부한 경험을 바탕으로 PC 활용에 관한 수 많은 내용을 담았습니다.

물론 필자가 이 책을 집필하는 정도의 사용보다도 더 낮은 컴퓨터는 Win 11 운영체제는 어렵고요, 최소한 필자가 이 책을 집필하는 정도의 사양을 가져야 하며, 참고로 필자의 또 다른 저서인 'PC정비사 교본 - 컴퓨터 고장 수리 조립 업그레이드' 책은 그야말로 단돈 몇 만원만 가지면 PC 한 대를 조립할 수 있는 방법을 제시했고요, 컴퓨터는 돈이 많아서 설사 1,000만원을 들여서 구입을 하더라도 튜닝을 하지 않으면 단돈 10만원짜리 컴퓨터보다 느립니다.

미칠 노릇이지만, 컴퓨터는 요물이기 때문에 사용하는 사람이 제대로 튜닝을 해서 사용하면 천리마와 같지만, 그렇지 않으면 느려터져서 복장 터지는 것이 바로 컴퓨터입니다.

이 책은 PC 정비사 책이 아니므로 PC정비사 책과 같이 자세하게 다루지는 않겠습니다만, 최소한 윈도우즈 운영체제를,..

아직 윈도우즈 운영체제를 단 한 번도 인스톨 해 본 적이 없는 사람이 압도적으로 많은데요, 이렇게 윈도우즈 운영체제를 단 한 번도 인스톨 해 본 적이 없는 사람도 이 책으로 쉽게 설치를 하시고요, 그리고 최소한 이 책을 교재로 하여 윈도우즈 운영체제를 설치한 후에 컴퓨터를 정상적으로 사용할 수 있을 정도의 PC 정비에 대해서는 알기 쉽게 기술하도록하겠습니다.

오쪼록 이 책으로 Win 11 을 설치하여 쾌적한 PC 사용은 물론 컴퓨터 파워 유저가 되시기를 기원합니다.

저자 윤관식

목차

PC 완전 정복 - 파워 유저가 되는 책 1
Win 11 완벽 가이드 1
머리말 5
필자의 [유튜브채널]에 오시는 방법 10
운영체제란 10
Win 11 화면 인터페이스 12
버스(Bus) 의 의미 13
삼성 반도체 시장 점유율 14
PC 사양 알아보는 프로그램 17
윈도우 설치 전 사전 지식 25

제 1 장 25
1-1. Win 11 설치 전 사전 지식 27
1-2. MBR, GPT, UEFI 27
1-3. Win 11 설치 디스크 준비 30
1-4. Win 11을 실행할 수 없습니다 31
1-5. Win 11 설치 파일 다운로드 38
1-6. Rufus 프로그램 42
1-7. GPT, MBR, UEFI 44
1-8. GPT 디스크로 변환하는 방법 46
1-9. 하드카피 프로그램(매우 중요) 54
1-10. TPM 우회 59
1-11. 셋업에서 USB로 가장 먼저 부팅되게 하는 방법 65
1-12. SSD(Solid State Drive) 69

제 2 장 73
윈도우 11 설치 73
2-1. Win 11 설치 시작 75
2-2. MS계정이 아닌 로컬 계정으로 설치 88
2-3. Win 11 정품 인증 93
Win 11 네트워크 100
2-5. 네트워크 초기화 102
2-6. 재부팅 후 개인 네트워크로 설정 105

2-7. 악성 댓글 110

제 3 장 111
　제어판 111
　3-1. 제어판의 주요 기능 113
　3-2. 시스템 보호 114
　3-3. 바이러스 백신 프로그램 설치 120
　3-4. 웹브라우저 설치 122
　구글 크롬 동기화 123
　3-6. 구글 드라이브 131
　3-7. V3 설치 133
　3-8. 알약 135
　3-9. 윈도우 디펜더 136
　3-10. 개인 정보 및 보안 139
　3-11. 방화벽 141
　3-12. 장치 성능 및 상태 141
　3-13. 가족 옵션 142
　3-14. 블루투스 및 장치 142
　3-15. CX 파일 탐색기 144
　3-16. 프린터 설치하는 방법 147
　3-17. Driver, 드라이버 파일 149
　3-18. 프린터 설치 153
　3-19. 마우스 154
　3-20. BitLocker 드라이브 암호화 156
　3-21. 비트락커 해제 162
　3-22. BitLocker 제거 165
　3-23. 복구키로 BitLocker 암호 해제하기 168
　3-24. 백업 및 복원 170
　3-25. 시스템 복원 176
　3-26. 윈도우 설치 디스크로 복구 181
　파워 유저로 가는 길 185

제 4 장 185
　4-1. HDD Copy (복제, 클론) 187

4-2. HDD 도킹 스테이션을 이용한 하드카피 188
4-3. HDClone 프로그램을 이용한 하드카피 189
4-4. 볼륨 축소 194
4-5. 이미지 파일 만들기 199
4-6. 공유기와 허브 202
4-7. 공유기 주소 확인하는 방법 204
4-8. 공유기 설정 205
4-9. 공유기 주소 바꾸는 방법 210
4-10. 로보카피(Robocopy) 사용법 213
4-11. Recuva(삭제한 파일 복구 프로그램) 227
4-12. 글꼴 설치 232
4-13. 장치 관리자 242
4-14. USB 인식 불가 [장치 관리자]에서 해결하기 243
4-15. Chkdsk, 디스크 검사 246

필자의 [유튜브채널]에 오시는 방법

이 책은 한정된 적은 지면으로 집필을 하는 것이기 때문에 이 책 속에 과도하게 많은 내용을 담을 수가 없습니다.

따라서 이 책에서 부족한 설명은 필자의 블로그 및 [유튜브 채널]에 오셔서 필자가 만들어서 올려 놓은 포스트 및 동영상을 보시고 공부하시기 바랍니다.

인터넷창, 웹브라우저 주소표시줄에 '가나출판사.kr' 입력하고 엔터를 치면 필자의 홈에 오실 수 있고요, 필자의 홈에 오시면 필자의 블로그 및 [유튜브 채널]에 오실 수 있는 링크가 있습니다

가나출판사라는 동일한 이름이 많기 때문에 가나출판사 뒤에 반드시 .kr 혹은 .com 을 입력하고 엔터를 쳐야 정확하게 필자의 홈에 오실 수 있고요, 필자의 홈에 오셔서 필자의 블로그를 클릭하면 현재 약 6,000 여개의 엄청난 포스트가 있고요, [유튜브]를 클릭하면 필자의 [유튜브 채널]에 현재 일천 수 백개의 동영상을 보실 수 있습니다.

필자는 수 많은 서적을 집필하기 때문에 필자의 저서 중에 책의 지면이 부족하여 미처 담지 못한 내용들은 필자의 [유튜브 채널]에 보충 설명 형식으로 동영상 강좌로 만들어서 올리거나 필자의 [네이버 블로그]에 포스트 형식으로 올려 놓으므로 이 책으로 공부를 하시는 여러분은 자주 오셔야 하는 채널입니다.

운영체제란

PC는 퍼스널 컴퓨터, 즉, 개인용 컴퓨터를 말하는 것이고요, PC는 흔히 빈깡통이

라는 것은 아직 PC를 잘 모르시는 분도 익히 들어 알고 계실 것입니다.
이렇게 빈 깡통에 불과한 PC에 생명을 불어넣어서 각종 컴퓨터 작업을 할 수 있도록 PC에 가장 먼저 설치하는 프로그램이 바로 운영체제입니다.

PC에는 이렇게 가장 먼저 운영체제를 설치를 해야 PC로 무언가 작업을 할 수 있고요, 예를 들어 문서 등을 만든다면 MS 워드나, 우리나라 사람이라면 필수 소프트웨어의 하나인 한글 프로그램 등을 설치하여 문서를 만들 수 있습니다.

이러한 프로그램들은 운영체제 프로그램과 달리 응용 프로그램이라고 부르며 한글 프로그램 등의 기본 프로그램을 익힌 뒤에 눈을 뜨게 되는 것이 컴퓨터 그래픽과 컴퓨터 프로그래밍입니다.

컴퓨터 그래픽도 또 다시 세분화되어 수 많은 전문 분야가 있지만, 가장 먼저 접하는 것은 2D 그래픽이며 2D 그래픽의 대명사 포토샵을 만나게 됩니다.

그리고 컴퓨터 프로그래밍은 컴퓨터 그래픽과는 다소 다른 분야이고요, 컴퓨터 그래픽과 같이 화려한 비쥬얼이 없는 딱딱하고 따분하지만, PC에 각종 명령어로 프로그램을 짜서 PC로 할 수 있는 다양한 프로그램들을 개발 할 수 있습니다.

이렇게 거의 만능으로 사용되는 PC를 이렇게 만능으로 사용할 수 있게 해 주는 것이 바로 운영체제이며 우리가 흔히 잘 알고 있는 미국의 빌게이츠가 개발한 도스(Dos)라는 운영체제가 인류 최초의 개인용 PC 운영체제였고요, 이후 윈도우즈 운영체제가 개발되어 윈도우즈 3.0, 3.1... 윈7, 윈10, 그리고 이 책에서 소개하는 Win 11 까지 개발되었고요,..

이러한 윈도우즈 운영체제와는 별개로 다른 종류의 운영체제들도 존재하고요 그러나 다른 종류의 운영체제는 일부 특수한 사람들만 사용하는 특수한 운영체제이므로 일반인은 Win 11 운영체제 한 가지만 알아도 되고요, 어차피 대부분의 사람들이 윈도우즈 운영체제를 사용하고 있는 것이 대부분입니다.

그리고 PC는 최초에 IBM에서 개발을 했기 때문에 PC 앞에 IBM을 붙여서 IBM컴퓨터라고 불러야 하지만, 어차피 대부분의 PC가 IBM이기 때문에 앞의 IBM은 빼고 그냥 PC라고 부르는 것이며 이와 별개로 애플 컴퓨터로 불리는 매킨토시 컴퓨터도 PC의 한 종류입니다.

Win 11 화면 인터페이스

PC를 배워서 Win 11 운영체제를 처음 접하는 사람이라면 잘 모르겠지만, 이전의 윈도우즈 7이나 윈도우즈 10을 사용했던 사람들은 우선 첫 인상이 매우 심플하게 느껴집니다.

위에 보이는 것이 필자가 현재 이 글을 쓰고 있는 PC의 Win 11 초기 화면 인터페이스이고요, 한 눈에 보아도 간결하고 아주 심플하게 보입니다.

그리고 필자가 이 책을 집필하는 PC는 인텔 i7-2세대 시피유를 장착한 PC이고요, 램은 8Gb를 장착했고요, 이것이 무슨 뜻인지 모르는 사람은 처음에는 이해하기 어렵겠지만, 쉽게 얘기해서 개발사인 마이크로소프트사의 Win 11 개발 취지에 따르면 Win 11 을 설치할 수 없는 저사양 PC입니다.

Win 11 은 기본적으로 인텔 i7-6세대 혹은 7세대 이후의 높은 사양의 PC 에서만 사용할 수 있도록 개발된 64비트 운영체제입니다.

이전의 운영체제인 윈7이나 윈10은 32비트 & 64비트 선택 설치할 수 있었지만, Win 11은 오로지 64비트로만 설치가 됩니다.

버스(Bus) 의 의미

컴퓨터를 잘 모르는 사람이라도 시피유라는 말은 많이 들어 보았을 것이고요, 시피유는 컴퓨터의 심장이라는 것도 현대인이라면 모르는 사람이 없을 것입니다.

미국의 인텔이라는 회사는 이렇게 컴퓨터의 심장으로 불리는 CPU 한 가지만으로 세계를 제패한 벤쳐 기업인데요, 말이 벤쳐 기업이지 우리나라의 글로벌 삼성전자 보다 더 큽니다.

그리고 CPU는 인텔 한 곳에서만 생산되는 것이 아닙니다.
우리나라와 쌍벽을 이루는 대만의 AMD 가 유명한 메이커이고요, 기타 여러 종류의 중앙처리장치(CPU)가 있고요, 우리나라의 삼성에서도 모바일용 에플리케이션 프로세서인 '엑시노스'를 개발 및 생산하여 많은 시장 점유율을 보이고 있습니다.

그러나 PC에 사용하는 CPU는 크게 인텔 CPU와 대만의 AMD 가 주류를 이루며 필자의 경우 과거로부터 오늘날에 이르기까지 거의 대부분 거의 오로지 인텔 CPU 만을 사용하고 있으며 과거에는 사이릭스, 그리고 AMD 시피유도 사용한 적이 있지만, 어찌나 발열이 심한지 PC가 펄펄 끓을 정도였습니다.

오늘날에는 발열 문제를 얼마나 해결했는지 모르지만, 대만의 전자 기술 중 일부는 미국이나 우리나라를 앞설 정도로 대단하고요, 과거에는 싼 가격으로 CPU 시장을 잠식했으나 지금은 오히려 인텔을 앞서는 성능을 보이기도 합니다.

그러나 필자는 여전히 지금도 인텔 CPU만을 사용하고 있으며 인텔 cpu는 전통적으로 AMD cpu에 비하여 발열량이 적습니다.

필자의 경우 과거 잠시 사용했던 경험으로 발열에 대한 공포심을 가지고 있기 때문에 지금도 오로지 인텔 CPU만을 사용하고 있지만, 현재 시장 점유율 역시 인텔이 2배 정도의 압도적인 점유율을 보이고 있습니다.

그러나 이것은 오로지 우리나라 컴퓨터 1세대이며 현재 머리가 허연 필자의 묵은 사고일 뿐이고요, 지금은 AMD 시피유를 사용하는 PC도 굉장히 많기 때문에 선택은 오로지 소비자 몫입니다만, 아무래도 처음에는 전문가의 조언을 따르는 것이 좋다는 생각입니다.

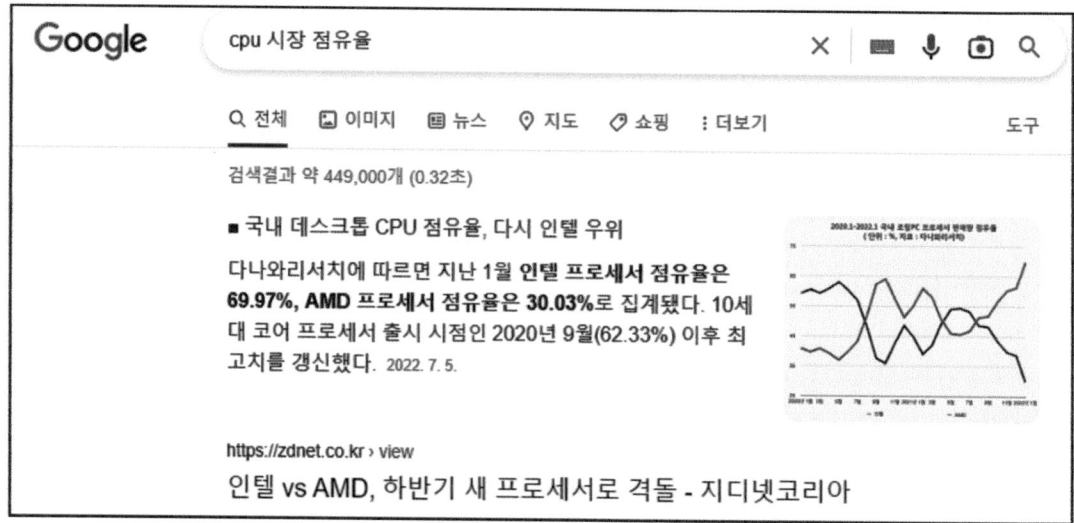

위는 방금 구글 크롬에서 검색한 결과이므로 참고만 해 주시고요, 아래 화면 역시 방금 구글 크롬에서 검색한 결과이고요, 아래와 같이 CPU 제조 업체도 여럿 있고요, 우리나라의 삼성도 여기 들어 있습니다.

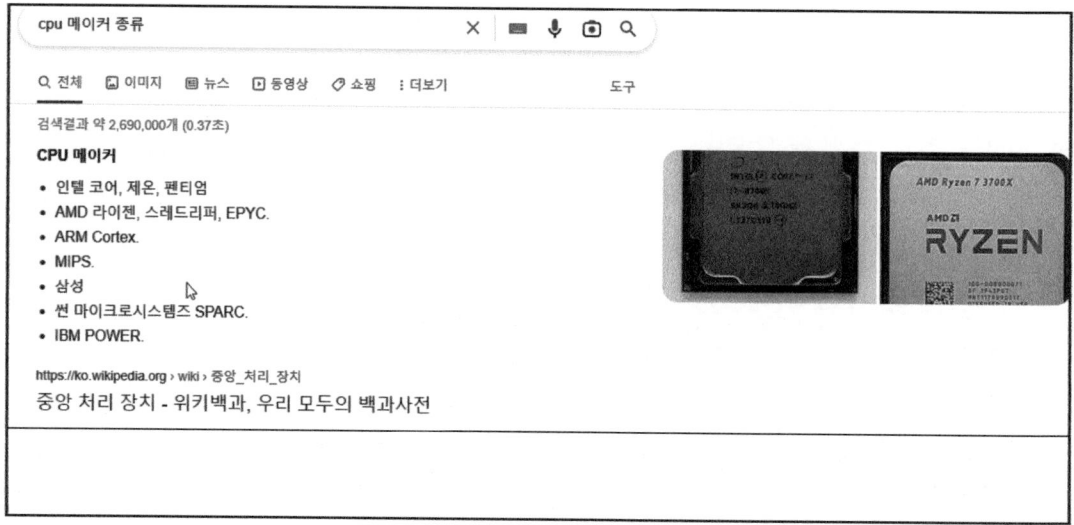

삼성 반도체 시장 점유율

삼성 전자는 우리나라 사람이라면 모르는 사람이 없고요, 우리나라 사람이 아니더라도 전세계인으로부터 가장 인지도가 높은 기업이 바로 삼성전자입니다.
참으로 가슴 뿌듯하고 자랑스런 일이 아닐 수 없습니다.

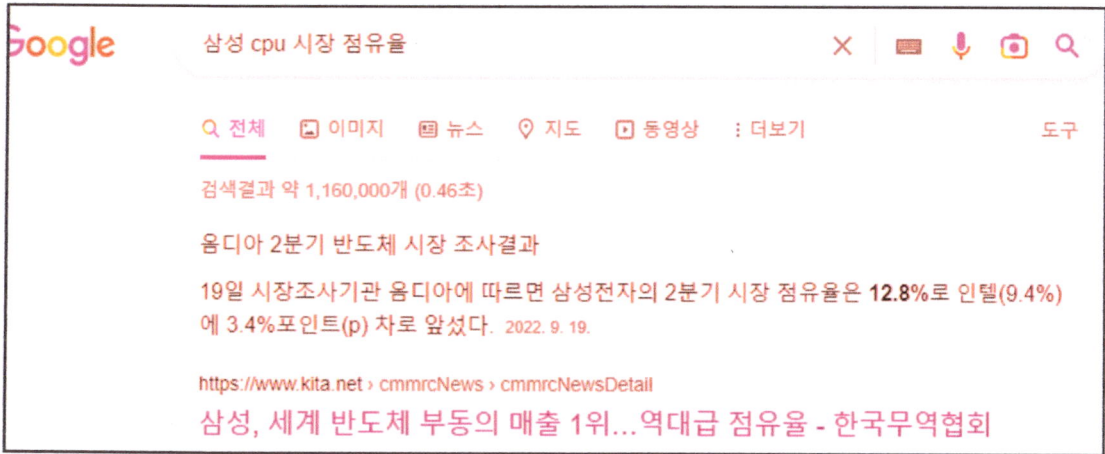

위의 화면 역시 방금 구글 크롬에서 검색한 결과이므로 참조만 해 주시고요, 위는 삼성 전자의 모든 반도체를 합한 점유율이 인텔을 크게 앞지르는 것이고요, CPU 한 가지만 보면 점유율이 떨어지지만, 그래도 삼성 CPU 시장 점유율은 나날이 높아지고 있는 추세입니다.

물론 삼성의 CPU는 모바일 프로세서이며 모바일 프로세서 시장 역시 대만이 압도적으로 우위이고요, 다만, PC 프로세서 부분에서 인텔이 세계 최고라는 것은 변함이 없습니다.

필자가 손으로 들고 있는 것이 PC에 사용하는 시피유인데요, 이렇게 작은 CPU속에는 무려 수 천 만 개의 집적회로(트랜지스터)가 내장된 현대문명의 꽃으로 불리는 최첨단 기기입니다.

그런데 PC의 중요 부품 중의 하나이며 특히 컴퓨터 게임 좋아하시는 분들 아주 중요하게 여기는 그래픽카드는 인텔과 같이 미국의 NVIDA 가 전세계 시장 점유율 80%가 넘는 압도적인 1위 기업이고요,..

이렇게 모니터 화면을 나타나게 해 주는 그래픽카드의 심장으로 불리는 GPU에는 컴퓨터의 심장으로 불리는 CPU보다 더 많은 집적회로를 내장하고 있습니다.

참으로 놀라운 일이고요, 그래서 그래픽카드 비싼 것은 100만원이 넘어가며 고사양 게임을 즐기시는 분은 이렇게 비싼 그래픽카드를 사서 자신이 원하는 게임을 즐기시는 분도 있습니다만, 필자는 이렇게 머리가 허옇게 될 때까지 컴퓨터를 했어도 평생을 통틀어 컴퓨터 게임이라고는 단 한 번도 한 적이 없습니다.

아래는 방금 검색하여 나무위키에서 인용한 NVIDA 본사 사진입니다.

필자는 컴퓨터 자격증도 많고 관련 서적을 수십권이나 집필했으며 조립 PC를 무려 수 천 대를 조립했지만, 평생을 통틀어 컴퓨터 게임이라고는 옛날 도스 게임 슈퍼 마리오를 몇 번 해 본것이 고작이며 요즘 나오는 비쥬얼 컴퓨터 게임은 평생을 통틀어 단 한 번도 해 본 적이 없습니다.

이렇게 컴퓨터 게임만 하지 않는다면 컴퓨터 사양이 낮아도 어느정도만 되면 일반적인 사무 환경이나 필자가 이 책을 집필하고 있는 PC 정도면 컴퓨터 그래픽도 거의 제한없이 구현할 수 있습니다.

PC 사양 알아보는 프로그램

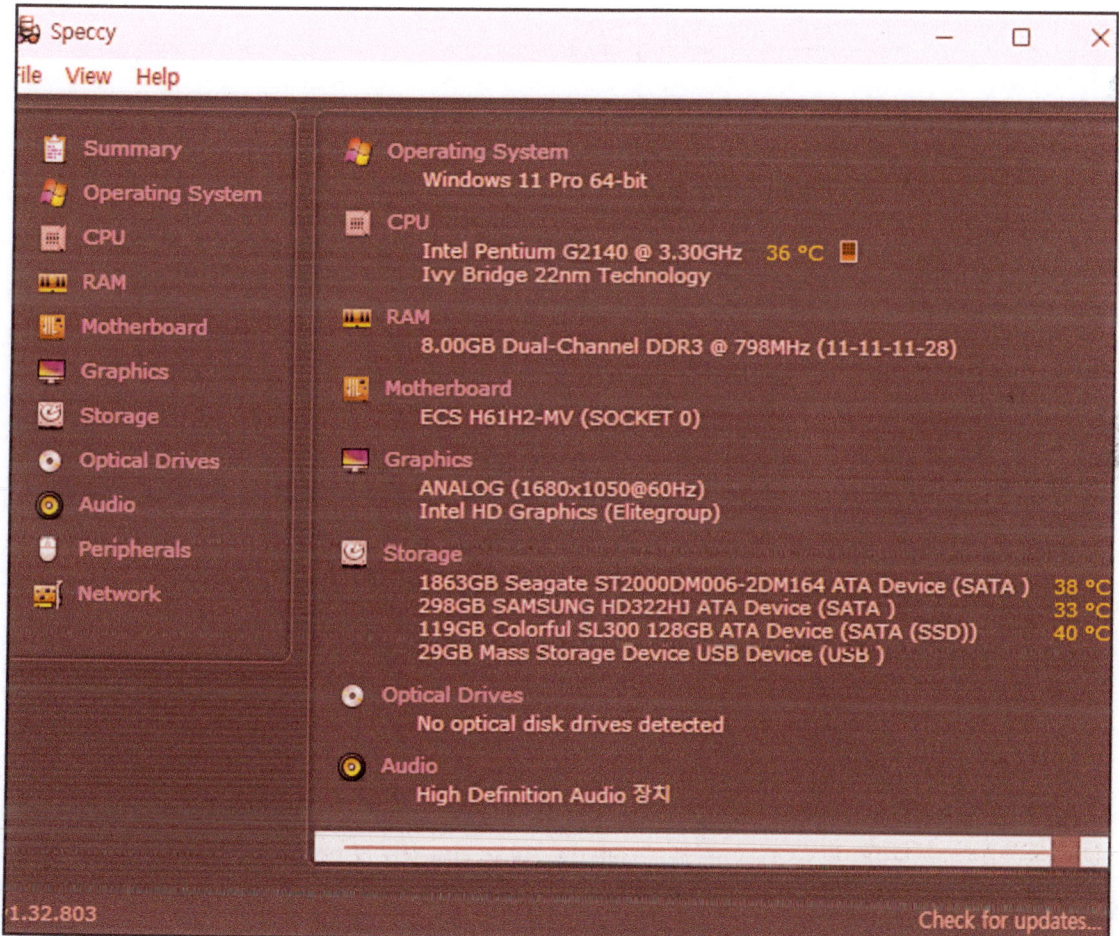

앞의 화면은 PC를 분해하지 않아도 PC 사양을 알아볼 수 있는 프로그램 중의 하나인 Speccy 프로그램을 실행한 화면인데요,..
현재 Win 11 Pro 64bit 운영체제를 사용하는 것으로 나와 있고요, 그 밑으로,..

CPU는 인텔 펜티엄 G2140 3.30GHz 이고요, 이것은 정품 CPU의 가격이 비싸므로 주머니가 넉넉하지 못한 사람들도 쉽게 구입할 수 있도록 정품 CPU의 성능을 낮춰서 싸게 판매하는 시피유가 셀러론 CPU이고요, 여기 보이는 G2140 시피유는 정품 인텔 i7-2세대 CPU가 비싸기 때문에 상대적으로 저렴하게 출시된 셀러론 CPU이고요, 인텔 정품 i7-2세대 CPU에 비해서 현재 중고 가격으로 절반도 안 되는 매우 저렴한 CPU입니다.

당연히 인텔 정품 i7-2세대 CPU에 비해서 성능이 많이 떨어지지만, 그럼에도 불구하고 지금 이 책을 집필하고 있고요, Win 11 부팅시 화면에 숫자가 나오기부터 부팅 될 때까지 고작 7초 밖에 걸리지 않습니다.

그래서 필자가 현재 이 PC로 이 책을 집필하고 있는 것이고요, 앞에서 소개한 방법, 즉, 인터넷창, 웹브라우저 주소표시줄에 '가나출판사.kr' 입력하고 엔터를 쳐서 필자의 홈에 오시면 필자의 블로그 및 필자의 [유튜브 채널]에 오실 수 있는 링크가 있고요,..

필자의 [유튜브 채널]에는, 필자의 수 많은 저서들 가운데 하나인 '컴퓨터조립및 업그레이드 - PC정비사 교본' 책을 구입하신 분들을 위한 보충 설명,... PC정비사 필수 아이템 시리즈로 거의 연재하다시피 올리는 동영상이 여러 개 있고요,..

그 중의 하나의 동영상에서 저사양 PC는 굳이 윈11이나 윈10을 사용하려고 애를 쓸 것이 아니라 그냥 편하게 윈도우 7을 인스톨하는 것이 좋다고 했는데요,..

참고로 윈도우7은 저사양 PC에도 쉽게 인스톨 되지만, 윈도우 7은 마이크로소프트사의 지원이 중단된 운영체제이기 때문에 단순히 윈도우 7 운영체제를 인스톨 하는 것 만으로는 PC를 사용할 수 없습니다.

그러나 세상에는 수 많은 알려지지 않은 기인이사들이 많이 있으며 이 분들 중 누군가가 마이크로소프트사의 윈도우 7 업데이트 중단에도 불구하고 윈도우 7을 계속 사용할 수 있도록 윈도우 7 최종 업데이트팩을 만들어서 배포하고 있습니다.

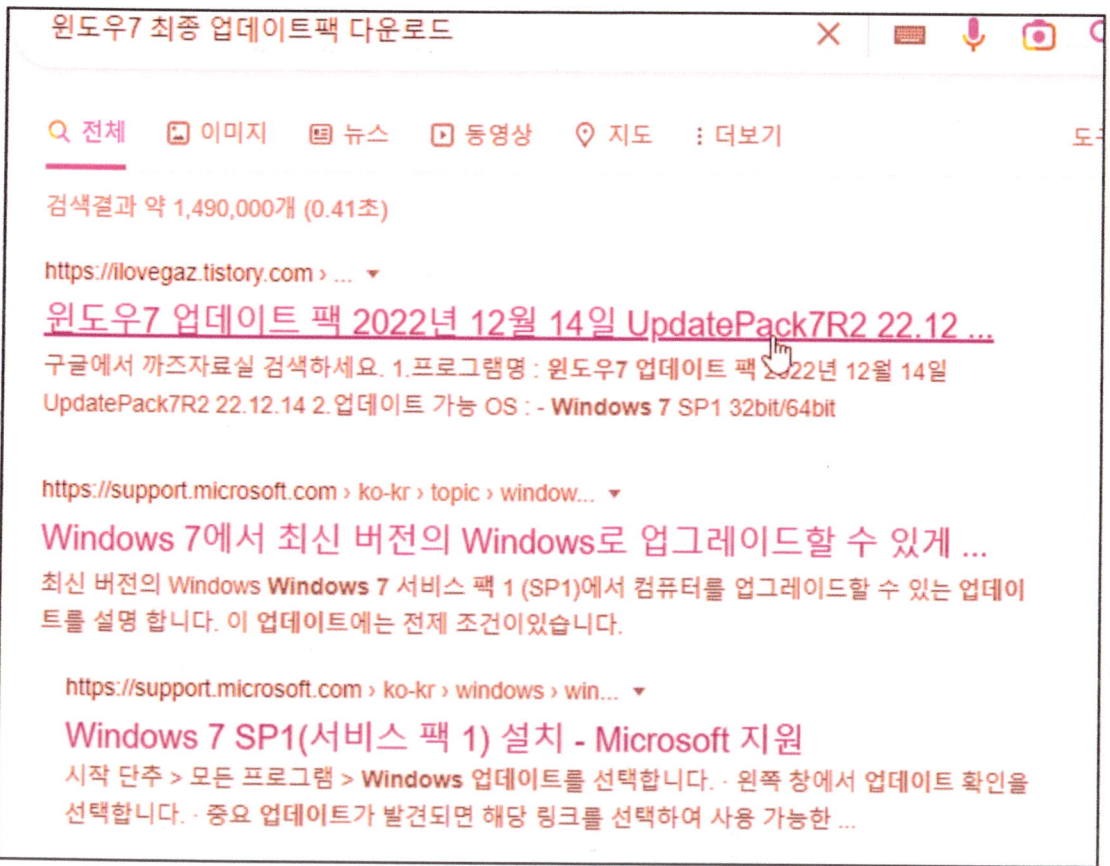

위와 같이 인터넷 검색하면 마이크로소프트사에서 지원을 중단해서 사용 불가한 윈도우 7을 윈10이나 윈11과 동일하게 거의 전혀 지장없이 사용할 수 있도록 윈도우 7 최종 업데이트 팩을 구할 수 있으며, 윈도우7은 이렇게 인터넷에서 윈도우 7 최종 업데이트 팩을 설치해야만 사용할 수 있습니다.

그래서 필자가 필자의 [유튜브 채널]에 올린 동영상 중에서 사양이 낮은 PC는 굳이 윈도우 11 혹은 윈도우 10을 사용하려고 애쓰지 말고 그냥 편하게 윈도우 7을 사용하는 것이 좋다.. 고 했는데요,..

그 때만 해도 필자가 아직 윈도우 11 을 사용하기 전이었고요, 지금 이 글을 쓰고 있는 PC, 지금 소개하는 것과 같이 사양이 낮은 PC에 윈도우 11을 인스톨 해서 사용해 보니 차라리 윈도우 7을 인스톨하는 것보다 오히려 윈도우 11을 인스톨하는 것이 부팅 속도도 훨씬 빠르고 윈도우 11은 현존하는 가장 최근의 운영체제이므로 여러모로 편리하다는 생각입니다.

물론 윈도우즈 11 운영체제는 정품 프로그램이므로 정품을 사용해야 합니다만, 개인의 경우 여러가지 방법으로 사용할 수 있는 방법들이 인터넷에 즐비하고요, 필자는 출판사를 운영하며 책을 쓰는 저자의 입장에서 그렇게 불법으로 사용하는 방법까지 알려드릴 수는 없습니다.

그러나 웬만큼만 PC를 다룰 줄 알면 그리 어렵지 않게 사용할 수 있으므로 조금만 공부를 하셔서 가능하면 저사양 PC라도 Win 11을 사용하는 것이 좋다는 생각에는 변함이 없습니다.

물론 저사양 PC라도 필자가 지금 이 글을 쓰는 PC는 인텔 i7-2세대 시피유를 장착했고요, 램은 8Gb 그래픽은 따로 그래픽카드를 사용하지 않고 메인보드에 내장되어 있는 내장 그래픽을 사용하고 있고요, 최소한 이 정도는 돼야 합니다.

위의 마우스가 가리키는 것이 메인보드에 내장된 내장 그래픽 단자이고요, 위쪽이 RGB, 아래쪽 흰 색으로 보이는 것이 이보다 진보된 DVI 방식의 모니터 연결 단자 그래픽 인터페이스입니다.

데스크탑 PC의 뒷부분은 모두 이런 모습이고요, 위의 좌측 2개는 USB 2.0 단자이고요, 그 다음 2개는 USB 3.0 단자이고요, 그 다음 가운데는 맨 위는 랜선을 꽂는 랜포트이고요, 그 밑은 USB2.0, 그리고 맨 우측에 보이는 6개의 단자는 스피커와 마이크 단자입니다.

그리고 앞에서 컴퓨터를 뜯지 않고 컴퓨터의 사양을 알아보는 프로그램 설명을 하는 중이고요, 앞쪽의 설명에 이어서 밑으로 내려가면 그래픽으로 표시된 부분이 바로 메인보드에 내장된 위에 보이는 모니터 단자가 내장 그래픽이고요,..

모니터에 화면이 나타나게 해 주는 그래픽 카드도 메모리가 있어야 하며 그래서 그래픽 카드에는 메모리가 붙어 있지만, 필자의 경우 위에 보이는 것과 같이 내장 그래픽을 사용하고 있으며 내장 그래픽은 비싼 그래픽카드를 따로 사지 않아도 필자가 이 책을 집필하면서 PC를 사용할 수 있게 해 주는 대신 따로 그래픽카드를 사용하는 것보다 성능이 떨어지며 특히 PC에 따로 장착한 램(RAM)을 공유해서 쓰기 때문에 여러모로 불리합니다.

그러나 따로 그래픽카드를 장착하지 않아도 되므로, 가격이 싸므로, 필자는 그냥 내장 그래픽을 사용하는 것이고요,..

컴퓨터 게임, 특히 고사양 컴퓨터 게임을 즐기시는 분이라면 PC를 필자보다 더 잘 알아야 하고요, 그런 사람들은 PC 사양도 엄청나게 높고 그래픽카드도 적어도 수 십만원짜리를 쓰므로 필자와는 완전히 다른 세계 사람들입니다.

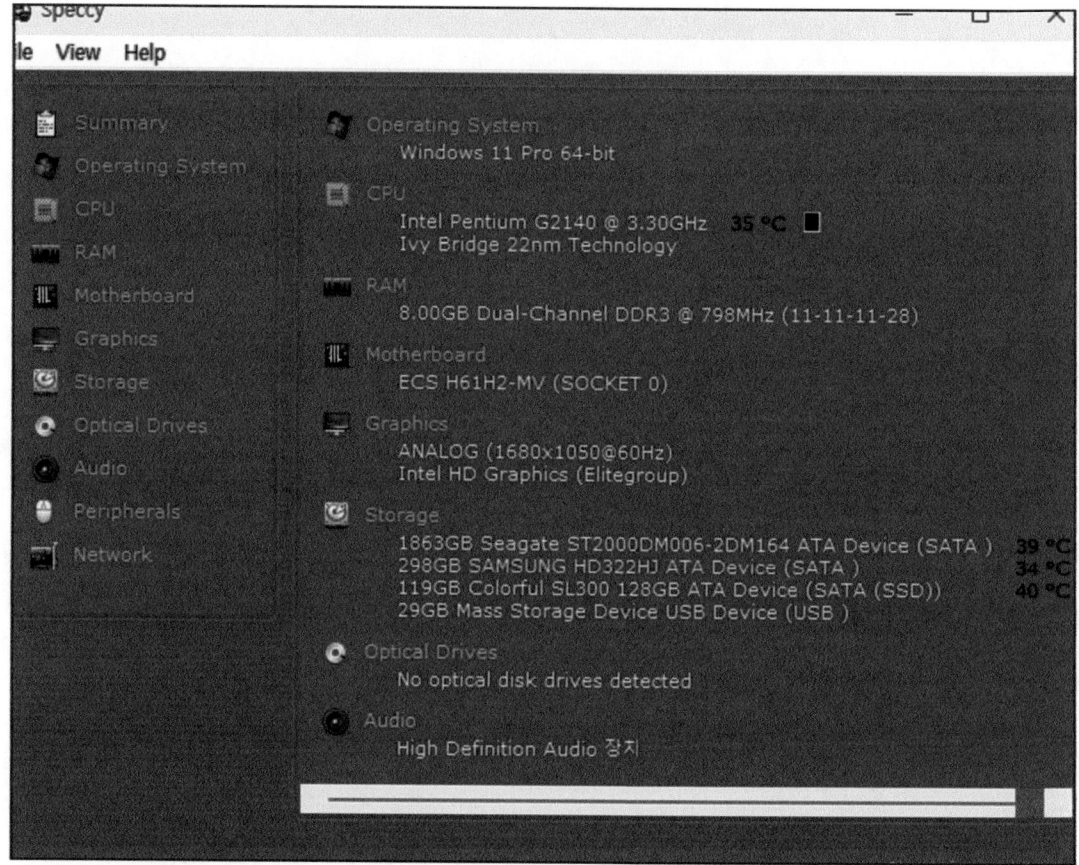

PC사양을 알아보는 프로그램인 위의 화면 맨 하단을 보면 옵티컬 디바이스 즉 광센서는 장착되지 않았다는 뜻이고요,..

그리고 그 밑으로 오디오 부분, 오디오 역시 내장 오디오를 사용하며 메인보드에서 가장 고장이 잘 나는 부분이기도 합니다.
만일 이 오디오가 고장이 나서 소리가 나지 않으면 따로 USB 포트에 꽂아서 사용할 수 있는 아주 저렴한 USB 사운드 카드가 있습니다.

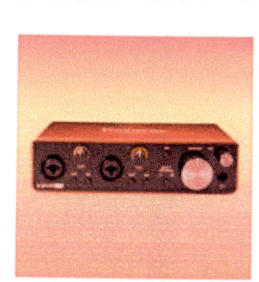

USB 사운드카드도 비싼 것은 엄청나게 비싸지만 위의 화면 맨 위에 보이는 usb 사운드카드는 아주 저렴하고요,..

써라운드 돌비 시스템 5채널 7채널... 등만 따지지 않는 사람이라면 그냥 저렴한 PC 스피커 혹은 뮤직 박스에 연결하면 소리는 물론 음악도 충분히 즐길 수 있습니다.

이 책은 Win 11 완벽 가이드 책이면서 책 앞머리에 이런 설명을 하는 것은 윈도우 11 혹은 여타의 운영체제라도 동일하고요,..

Win 11을 사용하기 위해서는 윈도우 11 운영체제를 인스톨해야 윈도우 11을 사용할 수있고요, 윈도우 11을 인스톨하는 설명을 하기 위한 기초 지식 쌓기용 서론이라고 할 수 있습니다.

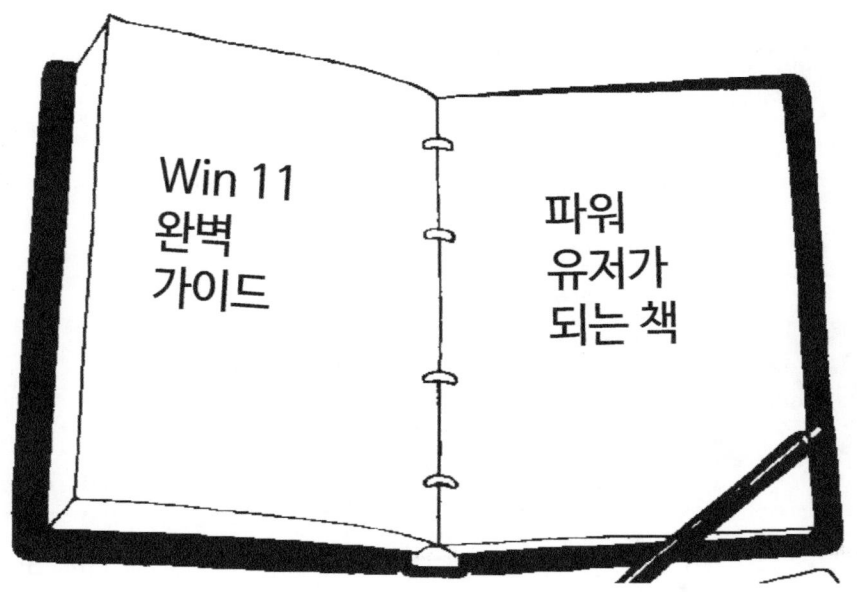

제 1 장

윈도우 설치 전 사전 지식

1-1. Win 11 설치 전 사전 지식

옛날에는 시디 형태로 제공되는 운영체제 파일을 시디롬에 집어넣고 인스톨을 하던 시절도 있었습니다만, 윈도우7, 윈도우10., 윈도우11 모두 USB 설치 디스크를 만들어서 인스톨 할 수 있습니다.

이 부분은 조금 더 뒤에 가서 자세하게 설명을 하겠습니다만, 윈7 제외, 윈도우 10 이나 윈도우 11을 사용하기 위해서는 윈7과는 완전히 다른 운영체체이므로 사전 지식을 반드시 익혀야 합니다.

1-2. MBR, GPT, UEFI

컴퓨터는 그냥 빈 깡통이라고 앞에서 설명을 했고요, 이렇게 빈 깡통인 PC를 사용할 수 있는 컴퓨터로 만들어주는 것이 바로 운영체제이고요, 이 중에서 이 책에서 다루는 것은 가장 최신의 운영체제인 윈도우 11 이고요,..

옛날 방식, 즉, 레거시 방식을 MBR 이라고 합니다.
MBR은 마스터 부트 레코더의 약자로 여기서 자세하게 설명할 수는 없고요, 그냥 옛날 방식이라고 알아두면 됩니다.

이에 비하여 최신의 방식은 레거시, 즉, MBR이 아닌 UEFI 방식이며 이렇게 최신 펌웨어인 UEFI는 파일 시스템은 GPT 디스크로 사용해야 합니다.

레거시인 MBR과 최신식인 UEFI의 가장 큰 차이짐은 2Tb 이상의 대용량 HDD를 인식하는가 못하는가 하는 차이입니다. (정확히는 2.2Tb 입니다.)

최신식인 UEFI가 나오기 이전에는 2Tb만 해도 어마어마한 양이었기 때문에 레거시 즉, 옛날 방식인 MBR 시스템에서는 최대 2Tb 용량까지만 인식됩니다.

만일 MBR 방식에서 2Tb 이상의 HDD를 장착해도 PC에서 2Tb로 인식을 해 버리기 때문에 예를 들어 4Tb HDD를 설치하더라도 2Tb 밖에는 사용할 수 없습니다.

그래서 생겨난 것이 2Tb 이상의 대용량 디스크를 인식힐 수 있는 GPT파일 시스템이고요, 여기에 맞게 개발된 것이 UEFI 펌웨어이고요, 이렇게 최신의 UEFI 시스템에서는 MBR은 사용할 수 없고 디스크를 GPT 방식으로 변경해야 합니다. 이 책은 하드웨어 전문 서적이 아니기 때문에 이에 대해서 더 자세하게 설명은 생략하겠습니다.

사용자는 그냥 이 정도로 옛날 방식은 MBR, 최신식은 UEFI, 그리고 최신식인 UEFI에서는 MBR 방식의 디스크 인식이 안 되므로 GPT 방식으로 바꿔야 한다는 정도만 알면 됩니다. (MBR에서도 GPT 인식, 2Tb 이상의 HDD 사용 가능)

지금으로부터 대략 10년~13년 전 쯤 인텔 코어 2 듀오가 나올 무렵에 UEFI 시스템이 개발되었으므로 이 때 나온 메인보드는 MBR과 UEFI를 동시에 지원을 합니다.
그래서 필자가 사용하는 컴퓨터는 모두 이 시기에 나온 컴퓨터들이기 때문에 MBR과 UEFI를 동시에 지원을 하고요, MBR과 UEFI 중에서 선택해서 설치할 수 있습니다.

그 이전에 나온 더 오래 된 PC는 아직 UEFI가 개발되기 이전이므로 오로지 MBR만 사용하고요, 그 이후에 나온 PC는 과도기를 거쳤으므로 최신 PC는 모두 UEFI만 지원을 합니다.

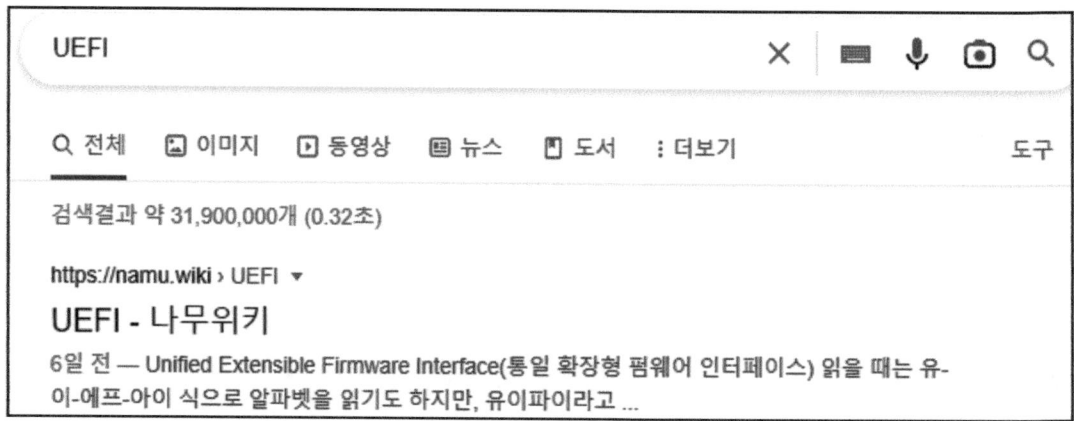

위는 나무위키에서 인용한 것이고요, 위의 화면에 보이는 것과 같이 UEFI는 통합 확장형 펌웨어 인터페이스(Unified Extensible Firmware Interface)이고요, 번역어에서 알 수 있듯이 통합 확장 방식입니다.

우측 화면 역시 위키 백과에서 인용한 것이고요,..

우측 위키 백과에 나온 것과 같이 통합 확장 펌웨어 인터페이스는 운영체제와 플랫폼 펌웨어(바이오스와 비슷한 개념) 사이의 소프트웨어 인터페이스 규격입니다.

앞에서도 설명했습니다만, 우리가 사용하는 대부분의 PC는 IBM PC이며 IBM PC에서 옛날 레거시 방식의 MBR을 대체할 목적으로 개발된 규격으로 최초에 인텔에서 개발한 EFI 규격이 개발의 시초였습니다.

통일 확장 펌웨어 인터페이스

통일 확장 펌웨어 인터페이스 또는 통합 확장 펌웨어 인터페이스는 운영 체제와 플랫폼 펌웨어 사이의 소프트웨어 인터페이스를 정의하는 규격이다. IBM PC 호환기종에서 사용되는 바이오스 인터페이스를 대체할 목적으로 개발되었다. 인텔이 개발한 EFI 규격에서 출발하였다. 위키백과

3. GPT

BIOS 시절부터 사용한 MBR(Master Boot Record) 기반 파티션 테이블은 주 파티션을 최대 4개까지밖에 잡한다. 운영 체제와 부트로더가 지원하지 않으면 주 파티션에 설치된 운영 체제로만 부팅 가능하며, 전체 디스크다.

또한 MBR 부트로더의 크기가 512 바이트이므로 MS-DOS와 같이 간단한 운영 체제가 아니면 MBR 부트로더부트로더를 실행시키는 것으로 크기 제한을 우회한다.

GPT(GUID Partition Table)는 파티션 정보를 기록하는 방식을 변경하여 주 파티션과 논리 파티션의 구분을 없사용할 수 있게 되었다. GPT의 파티션 테이블에 기록되는 정보가 더 많기 때문에 MBR을 GPT로 변환할 수 있

GPT 디스크로 부팅하려면 EFI가 필요하지만 반대로 EFI는 GPT뿐만 아니라 MBR 디스크도 부팅할 수 있다. MBR 파티션 테이블을 사용한다.

반대로 BIOS에서 GPT 디스크 부팅은 리눅스의 경우에만 할 수 있다.[5] 다만 이건 BIOS에 디스크가 MBR이야 하는 디스크 인식 같은 귀찮은 일을 내신 해주니까 가능한 것이다. 편법은 엄연히 편법이고, 사양으로는 안 되

앞의 설명 역시 위키 백과에서 인용한 것이고요,..

PC 정비사가 아닌 바에야 이렇게 자세하게 알 필요는 없지만, 그래도 이 정도 사전 지식을 가지고 있어야 지금부터 만들게 될 Win 11 USB 설치 디스크를 만들 수 있습니다.

1-3. Win 11 설치 디스크 준비

옛날에는 시디 형태로 제공되는 운영체제 파일(그 이전 도스 시절에는 플로피 디스크)로 운영체제를 설치했습니다만,..

지금은 시디롬을 쓰는 사람이 없으므로, 윈도우7, 윈도우10, 윈도우11은 USB 설치 디스크로 설치합니다.

따라서 윈도우7, 윈도우10, 윈도우11은 공히 8Gb 이상의 메모리 카드가 필요하고요, 특히 윈도우11의 경우 가능하면 16Gb의 메모리 카드 사용이 필요할 수 있습니다.

요즘 16Gb의 메모리 카드라도 가격이 매우 저렴하므로 가능하면 8Gb 보다는 16Gb의 메모리 카드가 있으면 좋고요, 없으면 8Gb 용량의 메모리 카드가 있으면 됩니다.

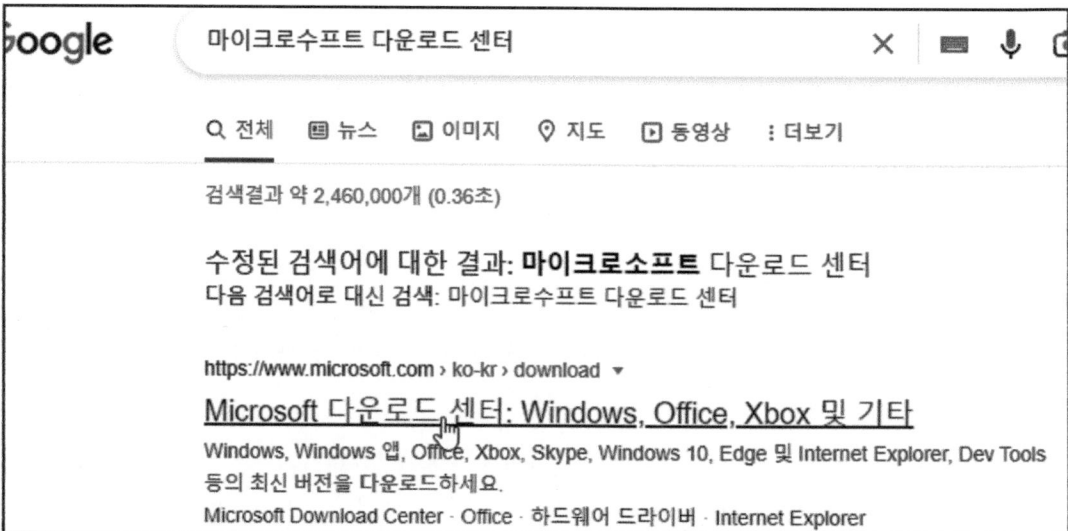

8Gb 이상의 메모리 카드가 준비되었으면 앞의 마이크로소프트 다운로드 센터에서 만들 수도 있고요, 인터넷창, 웹브라우저 주소표시줄에 '가나출판사.kr' 입력하고 엔터를 쳐서 필자의 홈에 오셔서 필자의 블로그에 오셔서 관련 포스트를 보시면 정확하게 다운로드 링크가 있습니다.

그리고 한 가지 먼저 알아야 할 사항이 있습니다.
앞에서도 잠깐 설명했습니다만, Win 11은 기본적으로 인텔 i7-6세대 혹은 7세대 이상의 고사양 PC에만 설치되도록 만들어져 있습니다.

따라서 앞에서 본 마이크로소프트 다운로드 센터에서 Win 11 USB 설치 디스크를 만들면 이보다 사양이 낮은 컴퓨터에는 Win 11을 설치할 수 없습니다.

1-4. Win 11을 실행할 수 없습니다

기본적으로 마이크로소프트사의 요구 사항을 충족하지 않는 저사양 PC에 Win 11 설치를 시도하면 이렇게 '이 PC는 Windows 11을 실행할 수 없습니다.' 라는 메시지가 뜨면서 더 이상 진행할 수 없는 상황에 부딪칩니다.
아래는 방금 구글 크롬에서 검색한 결과이므로 참고만 해 주시고요,...

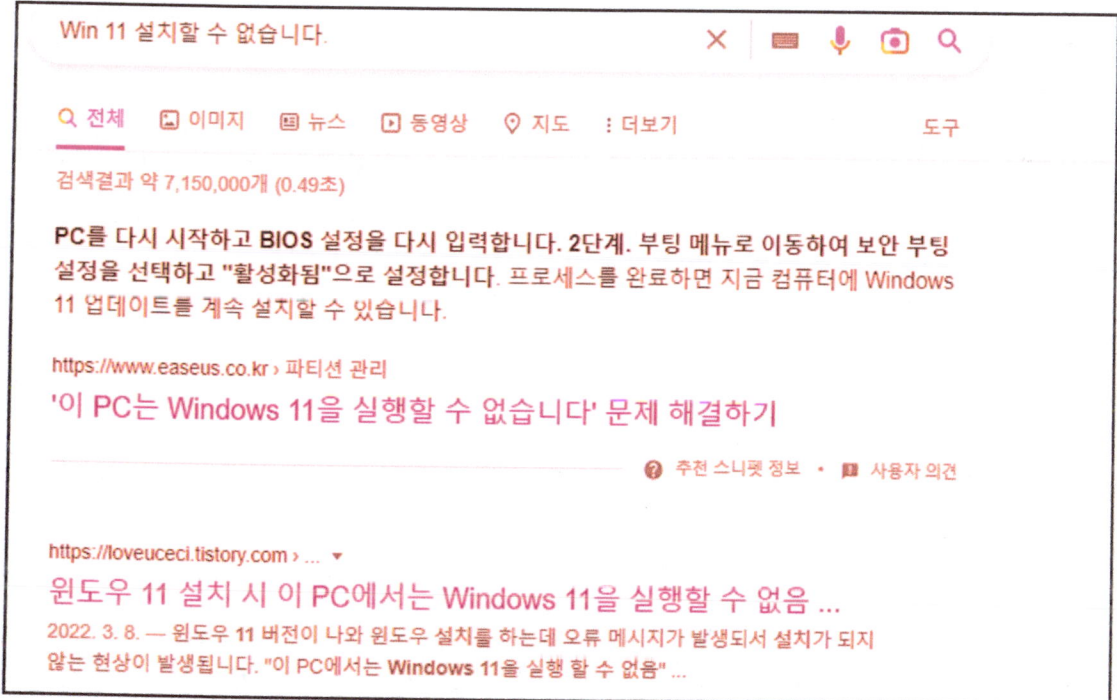

그래서 위와 같이 인터넷 검색해 보면 여러가지 해결책들이 나와 있는데요, 필자 역시 작년 년말부터 무려 20 번 이상 Win 11 설치를 시도했지만, 모조리 실패를 하다가 필자 역시 이렇게 검색하여 얻은 정보들을 취합하여 해결책을 찾았고요, 결국 지금 이 글을 쓰고 있는 PC에 Win 11 을 설치하고 이 책을 집필하고 있는 것입니다.

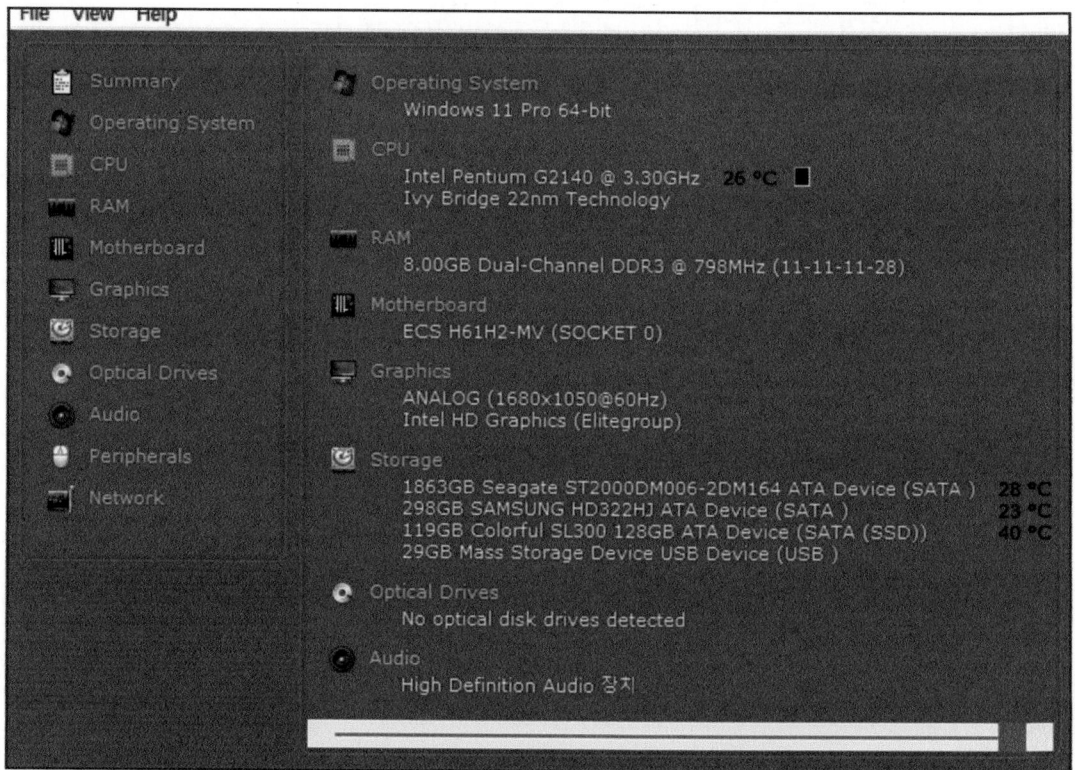

위는 다시 앞에서 보았던 PC 사양을 알아보는 프로그램을 실행한 모습이고요, 현재 이 책을 집필하고 있는 PC의 사양입니다.

간단히 표현해서 메인보드는 LGA 1155 보드이고요, 1155보드는 이미 10년 정도 된 구형 보드이고요, 최대 인텔 3세대 CPU를 장착할 수 있지만, 필자는 현재 2세대 CPU를 장착했고요, 정품 i7-2세대 CPU는 가격이 비싸므로 위에 보이는 것과 같이 정품 i7-2세대 CPU에 비해서 매우 가격이 저렴한 G2140 셀러론 CPU를 사용하고 있습니다.

그리고 그래픽카드 역시 따로 장착하지 않고 메인보드에 붙어 있는 내장그래픽을 사용하며 램(RAM)은 8Gb로 지금 관점에서 본다면 보잘것 없는 작은 양의

램을 장착하고 사용하고 있는 비교적 저사양 PC이고요, 이런 PC에 Win 11 을 설치했어도 고사양 게임만 하지 않는다면 웬만한 그래픽 프로그램도 무리없이 돌릴 수있는 정도입니다.

물론 이보다 더 높은 사양의 PC에 비해서는 당연히 성능이 떨어지지만, 필자는 지금 이 나이가 되도록 평생을 게임이라고는 단 한 번도 해 본 적이 없는 사람이기 때문에 이렇게 사용할 수 있는 것이고요, 고사양 게임을 즐기는 사람이라면 가능한 PC사양도 매우 높아야 하며, 특히 그래픽카드 한 개에 100만원에 육박하는 제품을 사용하기도 합니다.

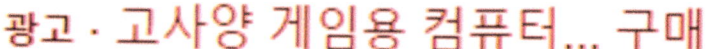

위는 방금 구글 크롬에서 검색한 결과이므로 참고만 해 주시고요, 필자는 컴퓨터 자격증도 여러 개 가지고 있고요, 관련 서적을 수십권 집필하고, 조립 PC를 무려 수 천 대를 조립한 경험이 있지만, 필자 스스로는 이렇게 고사양 PC는 사용해 본 적이 없습니다.

그런데 필자가 책을 하도 많이 쓰기 때문에 필자가 쓴 수 많은 책 속에는 책이 두껍지 않기 때문에 책 속에 많은 내용을 담을 수가 없어서, 책 속에서 자세하게 설명하지 못한 부분이나 수록하지 못한 내용들은 필자의 블로그나 필자의 [유튜브 채널]에 올려 놓겠습니다,.. 라는 글이 수록되어 있습니다.

그래서 필자의 수 많은 저서들을 구입하신 분들을 위하여 필자의 블로그에는 무려 약 6,000 여 개의 어마어마한 포스트가 있고요, 필자의 [유튜브 채널]에도 천 개 하고도 몇 백개나 더 되는 역시 엄청난 수의 동영상이 올라가 있는데요,..

간혹 자칭 컴퓨터의 도사라는 사람들이 이 영상을 보고, '이런 저급한 실력으로 무슨 이런 강좌를 올리느냐, 지금이 어느 때인데 10여 년 전 PC를 가지고 나와서 강좌를 한다고 웃긴다'고 필자를 조롱하는 댓글을 다는 사람들이 있습니다.

그리고 필자의 실력을 테스트 한다고 최신의 그래픽 카드 이름을 올려 놓고 이것을 어떻게 생각하느냐고 문의글을 올리고 필자는 게임을 하지 않으며 최신 정보는 필자도 잘 모르므로 검색을 해 보니 수냉식 그래픽카드인 것으로 나왔습니다.

그래서 수냉식과 공냉식에 대해서 설명을 했더니 이런 저급한 보잘것 없는 옛날 실력으로 무슨 이런 강좌를 하느냐고, 다른 사람이 올려 놓은 동영상을 좀 보라는 둥, 유튜브에 고인물이 얼마나 많은데 이런 실력으로 이런 강좌를 올린다고 필자를 조롱하고 비하하는 인신공격성 댓글을 다는 사람들이 있습니다.

아니 최신의 그래픽카드를 모른다고 실력이 없는 것입니까?

그래서 이후에 올리는 동영상에는 이러한 내용을 담고 자막으로도 이러한 내용을 담아서 올리곤 하는데요, 아무리 서로 얼굴을 마주보고 대화를 하지 않는다 하여 다른 사람이 힘들여 제작해서 올려놓은 동영상을 보고 그렇게 무례하게 인신공격성 댓글을 다는 사람들 심정을 알 수는 없습니다만, 그래서는 안 됩니다.

따라서 여러분은 혹시 필자의 블로그나 필자의 [유튜브 채널]에 오셔서 필자가 올린 포스트나 동영상 댓글에 이런 이상한 댓글이 있어도 그냥 무시하시기 바랍니다.

필자가 비록 최신 정보는 잘 모르더라도 최신 PC라고 어디 외게에서 온 것도 아니고 필자가 집필한 'PC 정비사 교본' 혹은 이 책으로 공부를 하여 최신 정보는 스스로 익히면 됩니다.

어차피 컴퓨터의 기본은 동일하므로 기초만 있으면 최신 정보는 저절로 익힐 수 있는 것입니다.

그리고 Win 11 인스톨 과정을 설명하다가 잠시 다른 설명을 했는데요, 필자가 현재 이 책을 집필하는 PC는 앞에서 설명한 것과 같이 인텔 i7-2세대 G2140 셀러론 시피유를 장착했고요, 램은 8Gb, 그래픽 카드는 따로 장착하지 않고 내장 그래픽을 사용하고 있고요, 지금 중고 시세로 돈으로 따지면 10만원도 되지 않는 사양입니다.

그러나 아직도 이런 필자가 이 책을 집필하는 PC보다 더 낮은 사양의 PC를 사용하는 사람들도 많이 있는 것으로 알고 있습니다.

이렇게 필자보다 더 낮은 사양의 PC를 사용하는 사람들은 Win 11 혹은 Win 10을 인스톨한다 하여도 속도가 느려서 PC 사용이 어렵습니다.

그런 분들은 차라리 윈도우7을 설치해서 사용하는 것이 좋습니다.
윈도우7은 필자가 지금 이 책을 집필하는 PC보다 더 낮은 PC에도 무리 없이 설치가 되며, 윈도우7은 지금은 마이크로소프트사에서 지원을 중단했기 때문에 설치를 한다 해도 실질적으로는 사용할 수 없는 운영체제입니다.

그러나 요즘은 무언가 많은 사람들이 검색하는 대상을 만들어서 자신의 사이트에 올리고 많은 사람들이 검색해서 찾아오도록 하고 이렇게 방문자를 많이 늘린 후에 자신의 사이트에 광고를 유치해서 광고 수익을 창출하는 것,.. 이것이 요즘은 사업이기 때문에 인터넷 검색 해 보면 윈도우7 최종 업데이트팩이라는 것을 찾을 수 있습니다.

이렇게 윈도우7은 마이크로소프트사에서 지원을 중단해서 실질적으로는 사용할 수 없는 운영체제이지만, 인터넷 검색하여 윈도우7 최종 업데이트팩을 다운로드 하여 설치를 하면 아마도 앞으로도 몇 년간은 윈10이나 윈11과 동일하게 사용할 수 있을 것이며, 아마도 그 이후에는 또 다시 새로운 업데이트팩이 나올 것이 분명합니다.

윈도우7 설치 등에 관한 자세한 내용도 필자의 블로그 및 [유튜브 채널]에 올려 놓았으므로 이에 해당되시는 분이라면 인터넷창 웹브라우저에서 검색어 입력하는 곳 말고요, 주소표시줄에 '가나출판사.kr' 입력하고 엔터를 쳐서 필자의 홈에 오셔서 관련 동영상이나 포스트를 보시기 바랍니다.

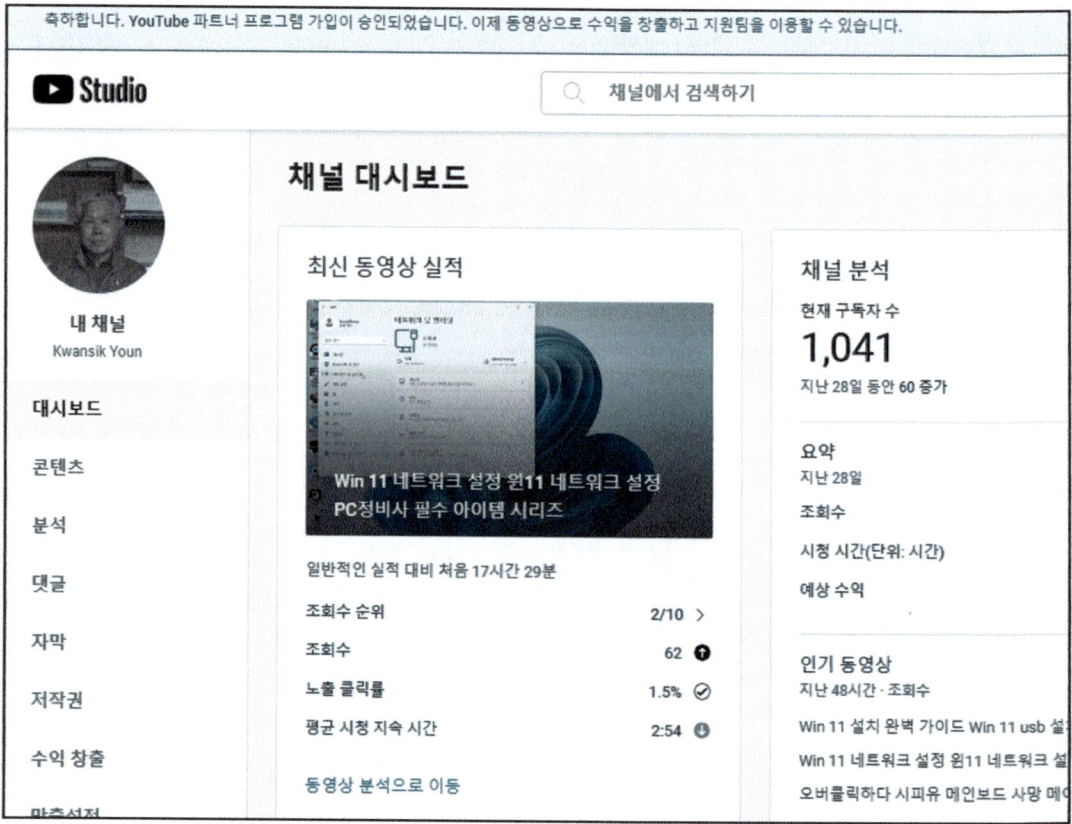

위는 필자의 [유튜브 채널]이고요, 필자는 우리나라 컴퓨터 1세대로서 유튜브도 일찍부터 시작했으나 서울에서 사업을 할 때는 사업을 비교적 크게 했기 때문에 사업이 너무 바빠서 유튜브를 하지 못했고요, 지금은 시골에 와 있습니다만, 이곳에 와서도 처음 1년간은 이전을 했으므로 너무 바빠서 유튜브를 하지 못했고요, 작년부터 본격적으로 매달려서 얼마 전에 구독자 1,000명을 넘어서서 위의 화면에 보이는 것과 같이 오늘 현재 1,041명의 구독자가 있습니다.

요즘 유튜버에 관심이 있는 분들이 많은데요, 아직 PC 사용에 서투신 분이라도 이 책에서는 단순히 Win 11을 설치하는 방법 뿐만이 아니라 PC 활용에 관한 많은 내용을 다룰 것이므로 PC 파워 유저로 가는 지름길이 될 수 있습니다.

아울러 필자가 집필한 수 많은 저서들 가운데 'PC정비사 - 컴퓨터조립및 업그레이드' 책과 '유튜브 동영상 편집 및 촬영' 책은 아주 잘 팔리는 책입니다.

위는 필자가 필자의 [유튜브 채널]에 최근에 올린 동영상 목록인데요..

지금 이 책에서 다루고 있는 Win 11 설치하는 방법 및 네트워크 관련 기타 컴퓨터에 관한 많은 내용이 있습니다.

이 밖에도 필자의 수 많은 저서들 가운데는 '카메라 교본' 책도 있고요, 그래서 카메라 관련 및 사진 관련 동영상 및 포스트도 매우 많고요, 렌즈에 관한 내용도 많이 있습니다.

따라서 이 책으로 공부를 하시는 분이라면 꼭 오셔서 보셔야 하는 정보들이고요, 그렇다면 이 책을 볼 것이 아니라 이런 동영상이나 포스스를 보면서 공부를 하면 될 것이 아닌가 할 수도 있습니다.

그러나 인터넷에서 얻는 정보들은 대개 단편적인 정보들이 대부분이기 때문에 인터넷에서 유료 강좌 등을 보기 전에는 그냥 인터넷 검색하여 얻는 정보로는 급할 때 해결하는 용도는 가능하지만, 그런 정보로 공부를 하기에는 역부족입니다.
그래서 이런 책을 보시면서 공부를 하셔야 제대로 된 기초를 쌓을 수 있고요, 기초가 튼튼해야 한다는 것은 누구나 알고 있는 상식입니다.

1-5. Win 11 설치 파일 다운로드

Win 11을 설치하기 위해서는 가장 먼저 Win 11 설치 파일을 다운로드해야 합니다.

앞에서도 잠깐 설명을 했습니다만, 마이크로소프트 다운로드 센터에서 직접 Win 11 usb 설치 디스크를 만들 수도 있습니다.

그러나 이렇게 만든 Win 11 USB 설치 디스크는 인텔 i7-6세대 이후의 고사양 최신 PC에만 설치가 가능합니다.

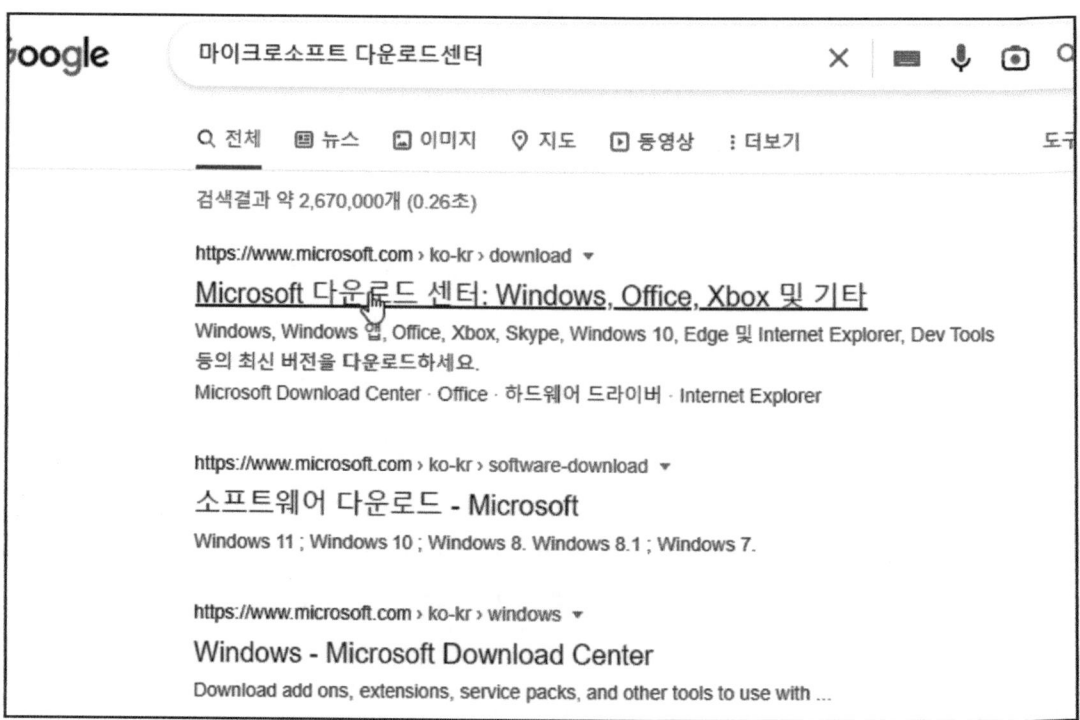

그러나 필자는 인텔 정품 시피유도 아닌 셀러룬 시피유인 G2140 시피유를 장착한 저사양 PC에 윈도우11을 설치하여 아주 잘 사용하고 있으므로 참고하여 주시기 바랍니다.

앞의 마이크로소프트 다운로드센터 검색하여 마이크로소프트 다운로드센터에 접속합니다.

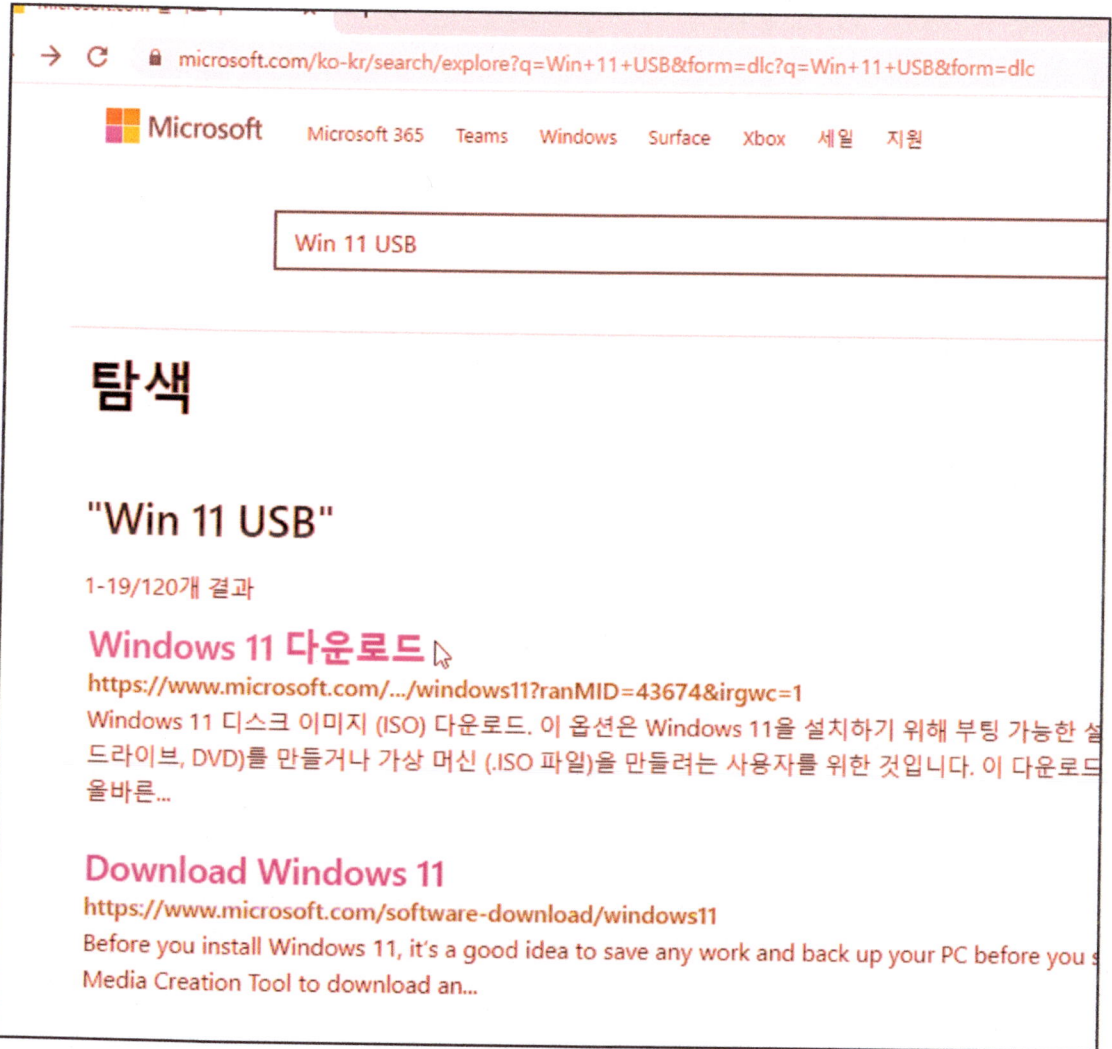

위의 마이크로소프트 다운로드세터에서 돋보기를 누르고 위와 같이 검색어 Win 11 usb 로 검색하여 나타난 검색 결과에서 위의 마우스가 가리키는 링크를 클릭합니다.

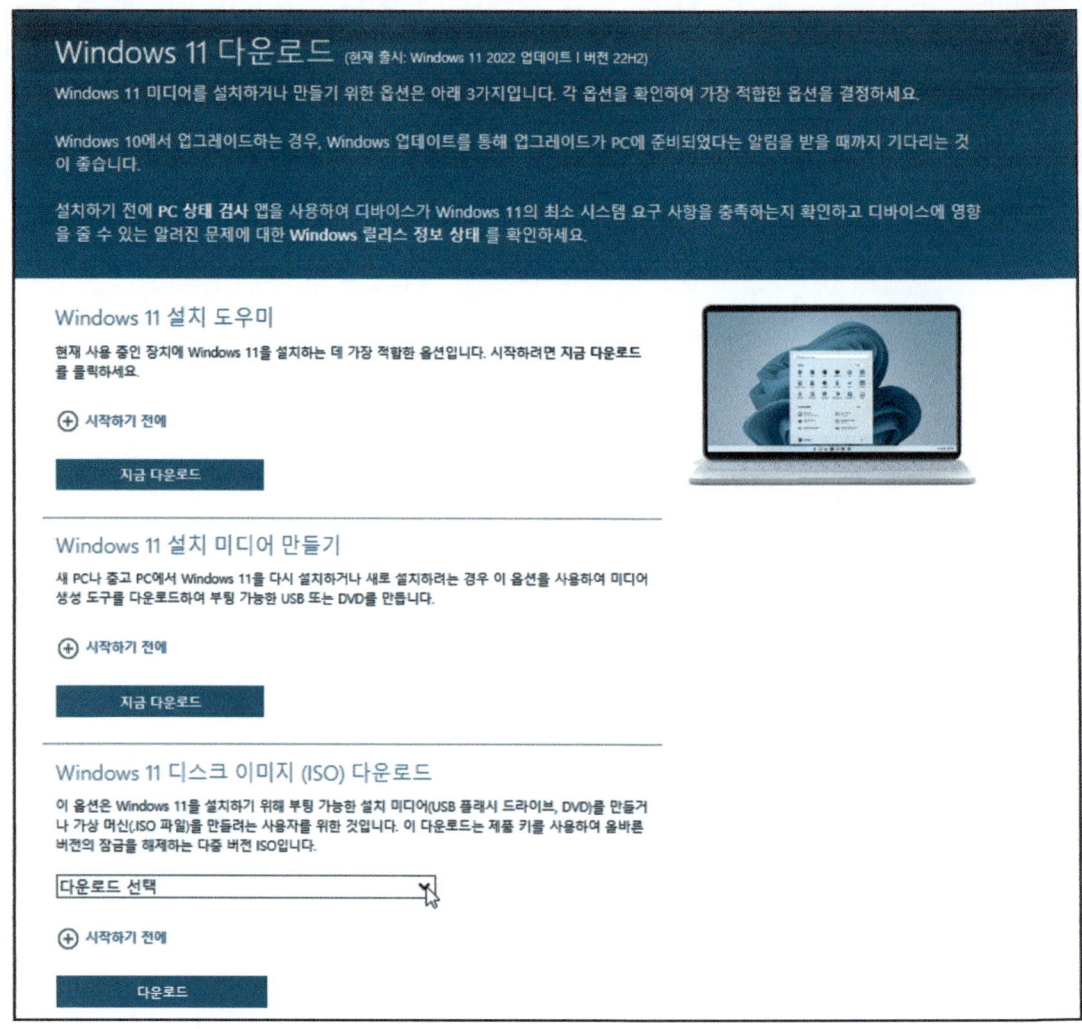

참고로 필자의 블로그에 오시면 바로 갈 수 있는 링크가 있고요,..

위의 화면에서 맨 위의 링크는 설치 도우미이며 가운데 링크는 앞에서 설명한 인텔 i7-6세대 이후의 고사양 PC에만 설치할 수 있는 Win 11 USB 설치 디스크를 직접 여기서 만들 수 있습니다.

그러나 고사양 PC라도 위의 마우스가 가리키는 곳을 클릭하여 iso 파일을 다운로드하는 것이 좋다고 앞에서 설명을 했고요, 특히 저사양 PC,.. 너무 오래 된 저사양 PC는 윈도우 7을 설치하는 것이 좋다고 앞에서 설명했고요, 적어도 필자가 지금 이 책을 집필하는 정도의 사양, 인텔 i7-2세대 시피유를 장착하고 8Gb의 램을 끼운 정도의 사양이라야 Win 11을 원활하게 사용할 수 있습니다.

꼭 PC정비사가 아니더라도 필자의 다른 저서 '컴퓨터조립및 업그레이드 - PC정비사 교본' 책을 보셔야 하는 이유가 여기에 있습니다.

필자의 책으로 PC 정비사 공부를 하여 기술을 습득하면 필자가 현재 이 책을 집필하는 PC 정도의 컴퓨터는 단돈 10만원이면 뒤집어 쓸 정도입니다.

그리고 소소한 고장은 컴퓨터 전문가를 부를 필요 없이 스스로 고칠 수도 있는 것입니다.

앞의 화면의 마우스가 가리키는 곳을 클릭하고 아래 화면에 보이는 Windows 11 (multi-edition ISO) 를 선택하고 다운로드를 클릭하여 자신의 PC에 이 파일을 다운로드합니다.

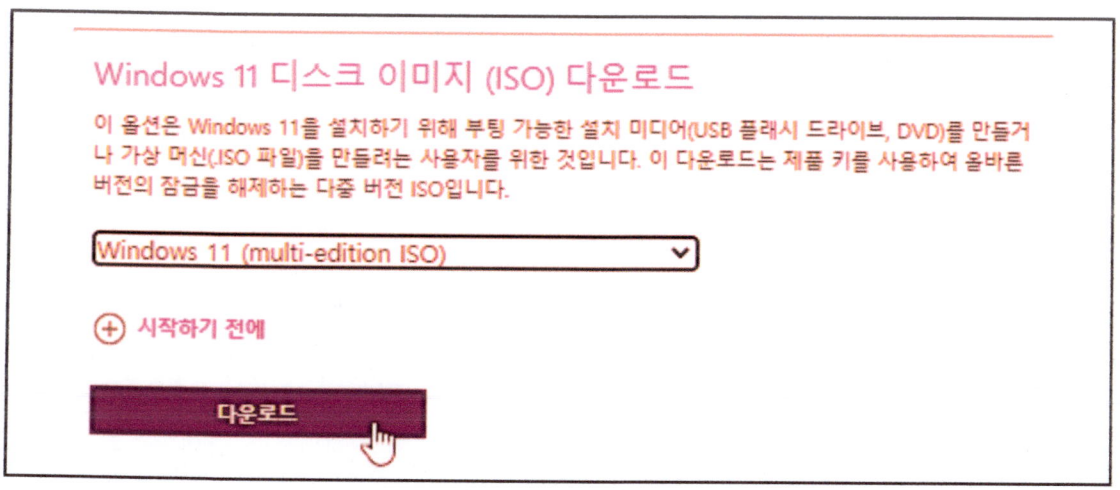

위의 손가락이 가리키는 곳을 클릭하여 파일을 다운로드하면 다음 화면에 보이는 파일이 다운로드 되는데요,..

이 파일은 또 다시 Rufus 라는 프로그램이 있어야 Win 11 USB 설치 디스크를 만들 수 있습니다.

그러나 이렇게 간단하면 필자가 윈도우 11 설치를 20번이나 실패할 리가 없죠..

1-6. Rufus 프로그램

앞의 설명에 따라 마이크로소프트 다운로드 센터에서 Windows 11 ISO 파일을 다운로드 했다면 이제는 Rufus라는 프로그램이 있어야 합니다.

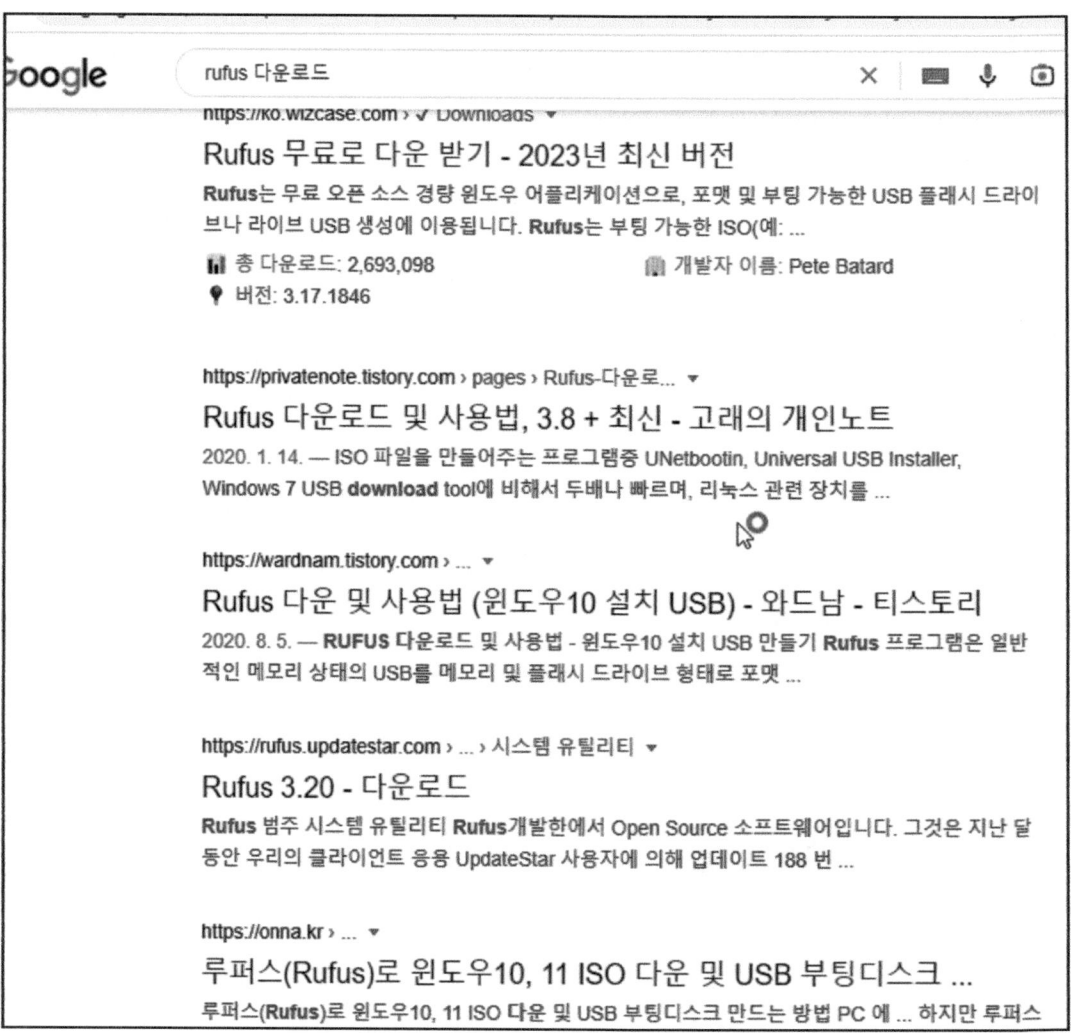

위와 같이 인터넷 검색하면 수 많은 Rufus 프로그램이 검색되는데요, 필자는 Rufus 버전 3.8에서 실패했고요, 3.2버전 및 3.21 버전에서도 모두 실패를 했습니다.

결국 나중에 Rufus 3.16 버전을 다운로드하여 지금 이 책을 쓰고 있는 구형 PC

에 Win 11 설치 성공하여 지금 이 책을 쓰고 있고요,..

그러나 컴퓨터라는 것은 워낙 생각지도 않은 일이 비일비재하게 일어나는 요물이기 때문에 필자와 다른 사람들도 있을 것입니다.

따라서 혹시 필자의 설명대로 되지 않는다 하여 필자의 설명이 틀린 것이 아니라는 것을 아시고요, 일단 아래 Rufus 프로그램 사용법부터 알아보겠습니다.

필자의 경우 Rufus 버전 3.2, 3.21, 3.8에서 모두 실패를 했습니다만, 이것은 오로지 필자의 경우에 해당되는 내용일 수 있으므로 여러분은 될 수도 있고요, 필자의 경우 Rufus 3.16 버전으로 성공을 했습니다만, 일단 이보다 높은 버전을 먼저 설명을 하겠습니다. 사용법은 모두 거의 동일합니다.

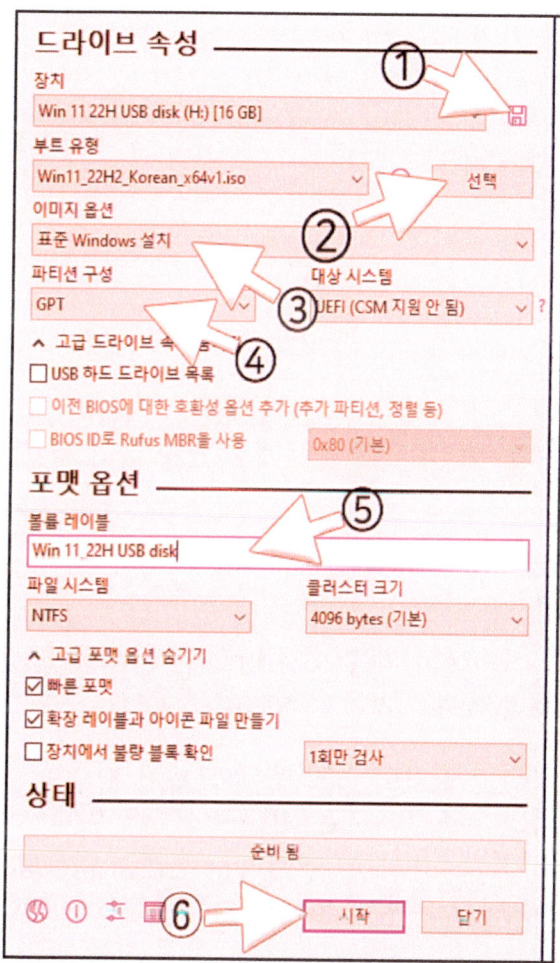

인터넷에서 다운로드 하거나 필자의 블로그에 오시면 바로 갈 수 있는 링크가 있으므로 필자의 블로그에서 다운로드를 하여 Rufus를 실행시키면 우측 화면이 나타납니다.

우측은 Rufus 3.21 버전인데요, 3.2 이후 버전은 모두 동일합니다.

우측 [1]은 자신의 컴퓨터에 미리 꽂아 놓은 8Gb 이상의 usb 드라이브가 나타나는 것입니다.

[2]를 클릭하여 앞쪽에서 설명한 방법대로 마이크로소프트 다운로드 센터에서 다운로드한 Win 11 IOS 파일을 선택합니다.

[3]은 어떤 항목을 선택하든 결과는 동일하고요,..

[4]는 다음과 같은 약간 복잡한 설명

이 필요합니다.

1-7. GPT, MBR, UEFI

Win 11 을 제대로 사용하려면 MBR, GPT 에 대한 이해가 있어야 합니다만, 여기서는 비교적 쉽게 설명을 하도록 하겠습니다.
 MBR은 레거시, 즉, 옛날 방식입니다.
이에 비하여 GPT 방식은 최신의 방식이며 GPT는 최신의 UEFI 펌웨에서 사용하는 파일 시스템입니다.

<u>(참고 MBR에서도 GPT 를 만들 수 있고, 인식도 됩니다.)</u>

필자가 지금 이 책을 집필하고 있는 PC는 약 10년 ~ 13년 전에 생산된 메인보드를 사용한 PC이고요, 이 시기(인텔 코어 2 듀오 시절)는 과도기이기 때문에 필자가 현재 이 책을 집필하는 PC와 같은 시기에 나온 메인보드는 MBR과 UEFI를 동시에 지원합니다.

이에 비하여 그 이전에 나온 메인보드는 당시에는 아직 UEFI가 개발되기 이전이므로 오로지 MBR만 지원하고요, 필자가 현재 이 책을 집필하는 PC와 비슷한 시기 이후에 나온 메인보드는 최신 펌웨어인 UEFI만 지원을 합니다.

다행히 필자가 현재 이 책을 집필하는 PC는 과도기에 나온 메인보드이기 때문에 MBR과 UEFI를 동시에 지원을 하며 사용자가 원하는 방식으로 설치할 수 있습니다.

필자의 경우 '컴퓨터조립및 업그레이드 - PC정비사 교본' 책을 집필한 사람이고요, 필자의 저서 '컴퓨터조립및 업그레이드 - PC정비사 교본' 책으로 공부를 하여 PC정비사가 되신 분이나 지금 공부를 하시는 분들을 위한 보충 설명을 수시로 동영상 등으로 만들어 올리고 있고요,..

이러한 필자의 입장 혹은 필자의 책으로 공부를 하셔서 PC정비사가 되신 분들은 거의 무조건적으로 MBR 방식으로 만드는 것이 좋습니다.
특히 PC정비사는 여러가지 여건을 염두에 두어야 하며 아직도 저사양 PC를 사용하는 사람들과의 호환을 위하여 MBR 방식으로 설치하는 것이 좋고요, 특히 필자가 현재 이 책을 집필하는 PC와 같이 MBR과 UEFI를 동시에 지원하는 메인보드의 경우, 그 이전에 나온 MBR만 지원하는 구형 보드와 마찬가지로 MBR로 설치하는 것이 좋습니다.

물론 최신의 보드는 아예 MBR은 없고요, 오로지 최신의 펌웨어인 UEFI만 있으므로 이 경우에는 UEFI로 설치를 해야 하지만, Win 11 USB 설치 디스크 자체는 MBR로 만들어도 됩니다.

앞의 Rufus 프로그램에서 UEFI를 선택하면 오로지 UEFI에서만 Win 11을 설치할 수 있고요, 그 이전에 나온 PC에는 Win 11을 설치할 수 없습니다.

따라서 PC정비사라면 무조건적으로 MBR로 설치를 해야 하고요, 일반인도 필자의 설명을 이해를 했다면 Win 11 UBS 설치 디스크는 MBR로 하는 것이 좋다는 것을 알았을 것입니다.

MBR과 UEFI의 가장 큰 차이점은 2Tb 이상의 HDD를 인식할 수 있는가 없는가의 차이입니다만, MBR로 설치한다고 2Tb 이상의 HDD를 인식하지 못하는 것이 아닙니다. (정확히는 2.2Tb입니다.)

MBR 방식으로 설치하더라도 2Tb 이상의 HDD만 GPT로 변환하면 되고요, MBR 방식으로 만든 Win 11 USB 설치 디스크라 하더라도 UEFI 방식으로 Win 11 설치를 할 수 있습니다.

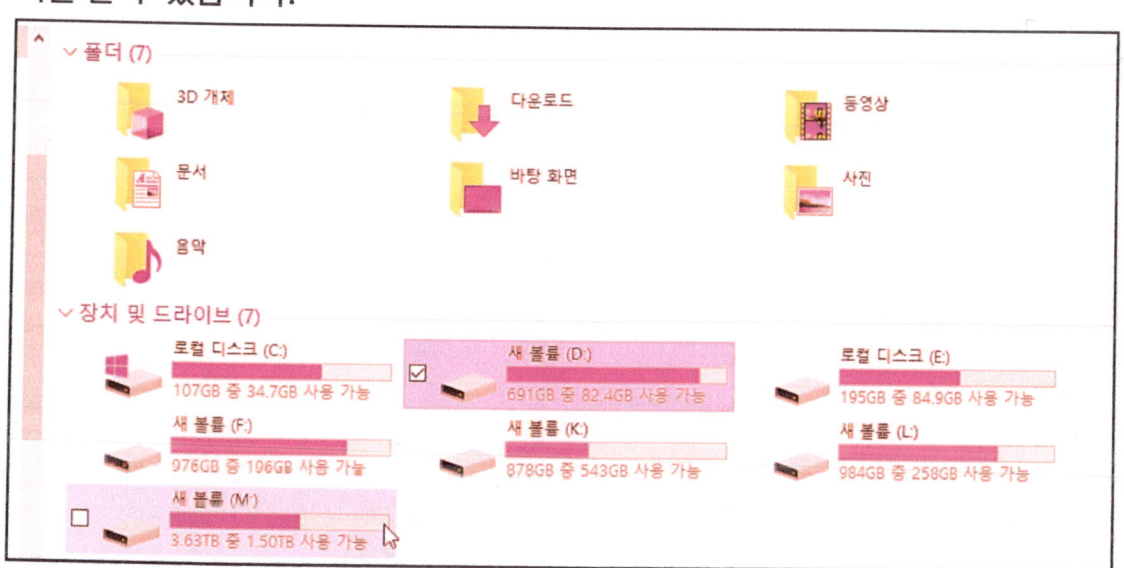

앞의 화면은 MBR로 설치를 했지만, 앞의 화면 마우스가 가리키는 드라이브는 4Tb 용량인데요, 이 HDD만 GPT로 변환을 해서 MBR로 설치했어도 2Tb 이상의 HDD를 정상적으로 사용하는 모습입니다.

다음은 디스크를 MBR 혹은 GPT로 변환하는 방법입니다.

1-8. GPT 디스크로 변환하는 방법

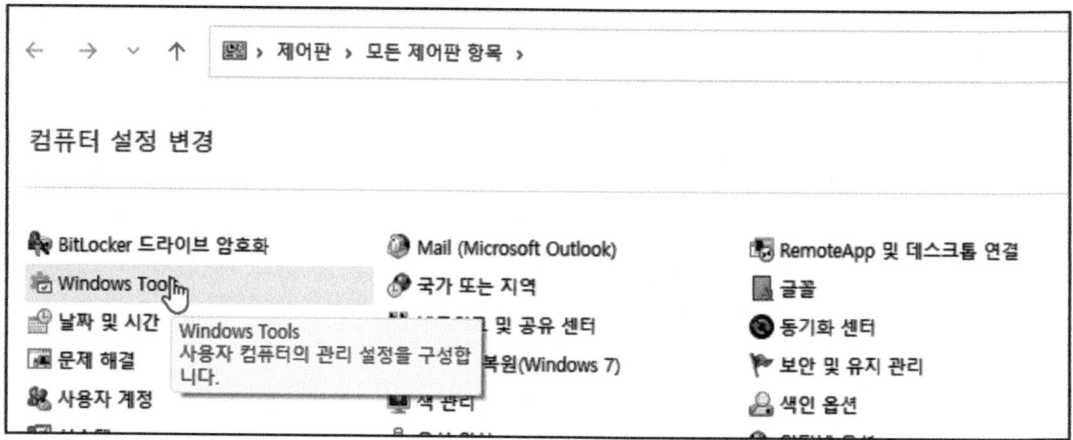

위의 화면 참조하여 위의 손가락이 가리키는 [Windows Tools]를 클릭합니다. 위의 화면은 Win 11 화면이므로 Win 10과 다릅니다만, 디스크 관리 화면은 동일합니다.

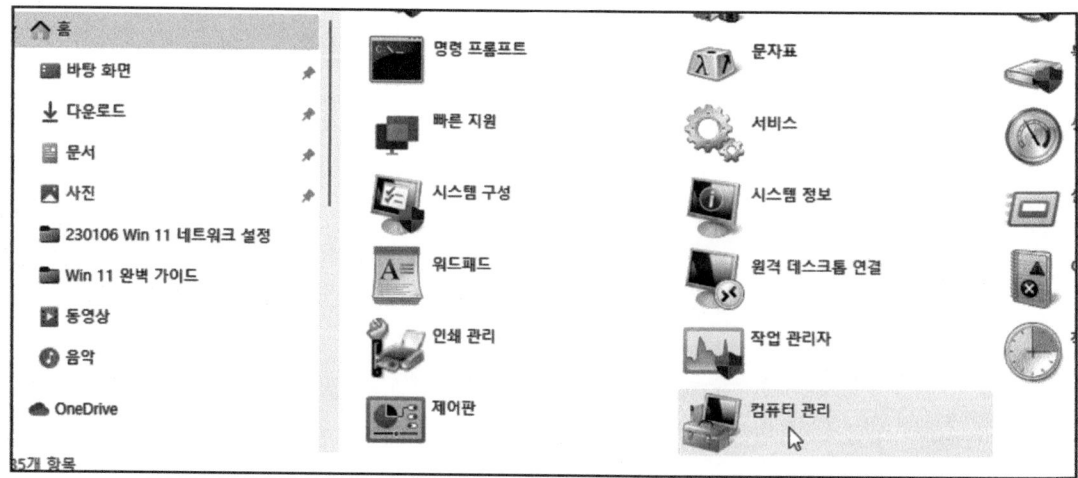

앞의 화면에서 마우스가 가리키는 [컴퓨터 관리]를 클릭하면 다음 화면이 나타납니다.

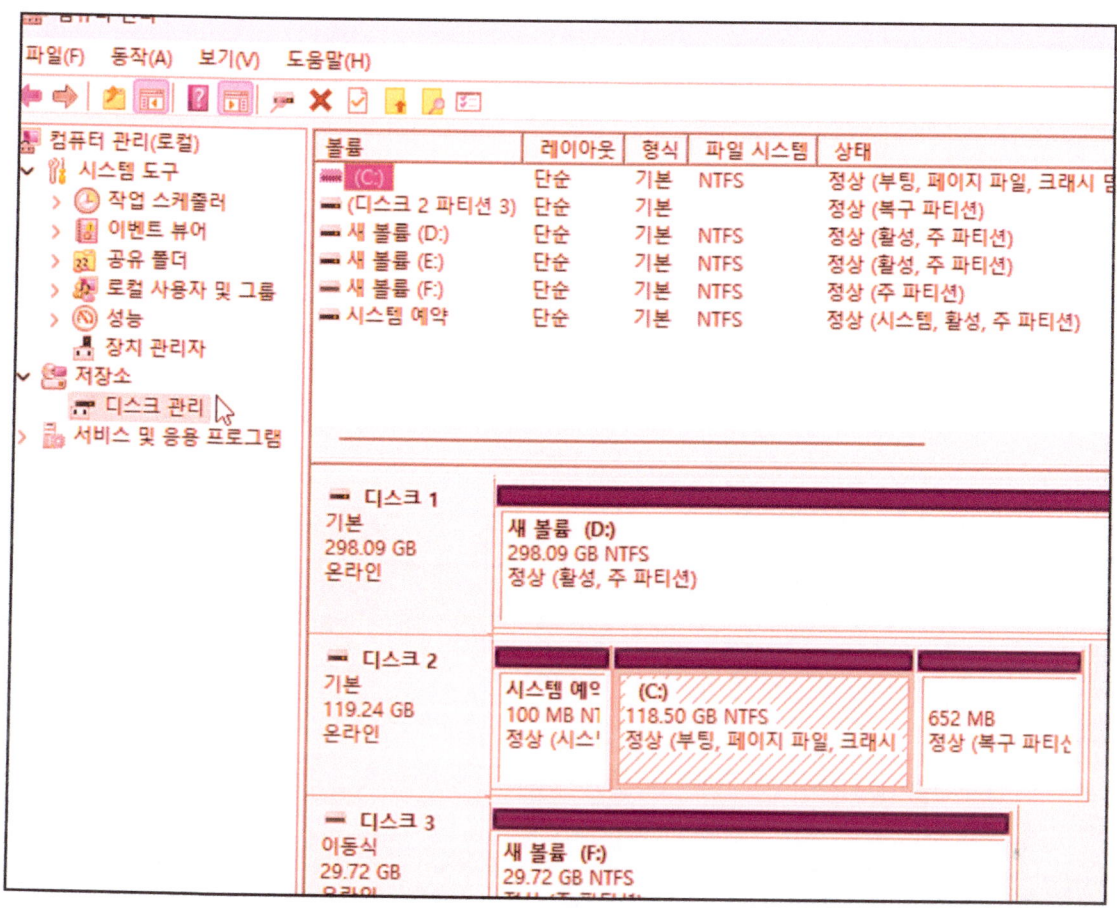

위의 화면에서 마우스가 가리키는 [디스크 관리]를 클릭하면 위의 화면에 보이는 것과 같이 자신이 사용하는 PC에 설치된 디스크를 모두 보여줍니다.

위에서 중요한 것은 디스크1, 디스크2, 디스크3 등으로 표시되어 있는 이름이 중요합니다.

디스크 관리는 위의 화면에서 윈도우 방식으로 할 수도 있지만, 컴퓨터를 조금이라도 다룰 줄 안다면 다음 CMD 창을 띄우고 도스 명령을 사용하는 것이 좋습니다.

다음 화면 참조하여 [시작] - [cmd] 입력하고 반드시 [관리자 권한으로 실행]을 클릭해야 합니다.

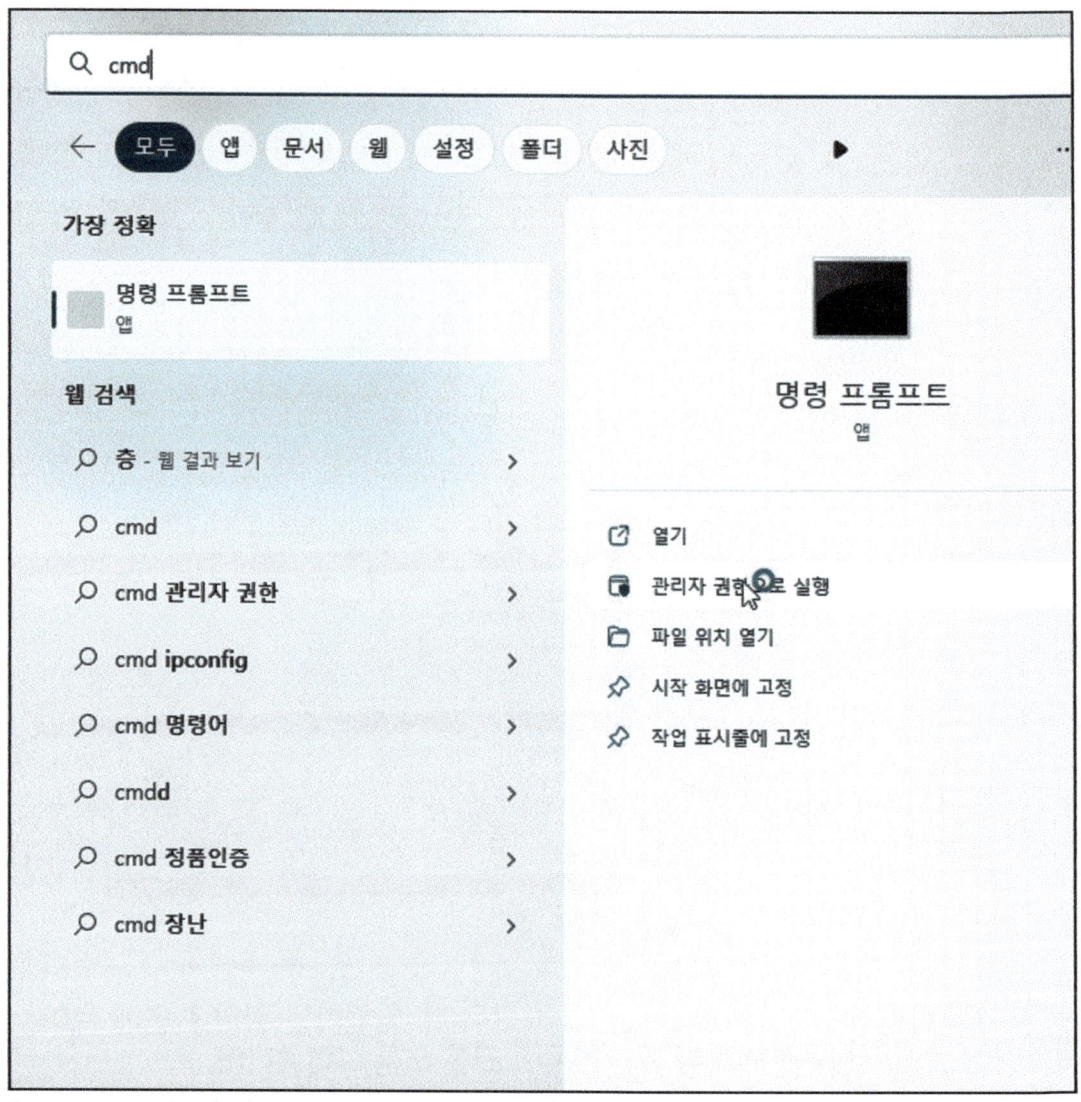

위와 같이 [시작]-[cmd 입력]-[관리자 권한으로 실행]을 클릭하면 다음 화면에 보이는 도스 창이 나타나는데요..

이 명령어는 시스템 파일이 들어 있는 디스크 등도 무자비하게 초기화를 시킬 수 있는 강력한 명령어를 사용하기 때문에 위의 화면에서 반드시 [관리자 권한으로 실행]을 클릭해야 합니다.

권한이 부족하면 명령이 실행되지 않을 수도 있기 때문입니다.

```
관리자: 명령 프롬프트

Microsoft Windows [Version 10.0.22621.525]
(c) Microsoft Corporation. All rights reserved.

C:\Windows\System32>diskpart_
```

위의 화면에 보이는 것과 같이 'diskpart' 를 입력하고 엔터를 칩니다.

```
관리자: 명령 프롬프트 - diskpart

Microsoft Windows [Version 10.0.22621.525]
(c) Microsoft Corporation. All rights reserved.

C:\Windows\System32>diskpart

Microsoft DiskPart 버전 10.0.22621.1

Copyright (C) Microsoft Corporation.
컴퓨터: DESKTOP-M4U06L9

DISKPART> list disk_
```

위의 화면에 보이는 것과 같이 'list disk' 를 입력하고 엔터를 칩니다.

```
Copyright (C) Microsoft Corporation.
컴퓨터: DESKTOP-M4U06L9

DISKPART> list disk

  디스크 ###  상태         크기     사용 가능  Dyn  Gpt
  ----------  -----------  -------  --------  ---  ---
  디스크 0    온라인       1863 GB     0 B
  디스크 1    온라인        298 GB     0 B
  디스크 2    온라인        119 GB  1024 KB
  디스크 3    온라인         29 GB     0 B

DISKPART>
```

아까 앞에서 보았던 윈도우 제어판 디스크 관리에서 보았던 디스크 넘버가 보입니다.

앞의 화면에 보이는 0, 1, 2, 3.. 이 현재 이 PC에 연결된 디스크들이고요, 용량을 보면 어떤 디스크인지 알아보아야 하며 헷갈릴 수 있으므로 앞에서 보았던 윈도으즈 제어판의 [디스크 관리]화면을 같이 띄워놓고 확인하면서 작업을 해야 합니다.

앞의 화면을 보면 맨 우측 GPT 표시가 하나도 없습니다.
즉, 이 글을 쓰고 있는 Win 11 운영체제를 설치한 PC도 MBR로 설치를 했고요, 디스크도 하나도 GPT로 변환된 디스크가 없습니다.

그러나 위의 화면에 보이는 디스크는 모두 2Tb 이하의 디스크이기 때문에 그냥 MBR로 사용해도 되는 것이고요, 만일 2Tb보다 큰 디스크를 장착한다면 반드시 GPT로 변환을 해야 합니다.

2Tb 이상의 고용량 디스크를 장착했다 하더라도 디스크 방식이 MBR 방식이면 2Tb이상은 인식하지 못하기 때문에 예를 들어 6Tb 이상의 디스크를 연결했다 하더라도 MBR 방식의 시스템에서는 2Tb로 인식을 하며 최대 2Tb만 사용할 수 있으며 나머지 4Tb는 사용할 수 없습니다.
그래서 MBR 방식으로 Win 11 을 설치 하더라도 2Tb보다 용량이 큰 디스크를 설치했다면 해당 디스크는 GPT로 변환을 해야 하는 것입니다.

```
Microsoft DiskPart 버전 10.0.22621.1
Copyright (C) Microsoft Corporation.
컴퓨터: DESKTOP-M4U06L9

DISKPART> list disk

  디스크 ###   상태          크기      사용 가능   Dyn  Gpt
  ----------   ----------    ------    ---------   ---  ---
  디스크 0     온라인        1863 GB        0 B
  디스크 1     온라인         298 GB        0 B
  디스크 2     온라인         119 GB     1024 KB
  디스크 3     온라인          29 GB        0 B

DISKPART> select disk 0
```

앞의 화면에 보이는 디스크 0 은 2Tb용량의 HDD인데요, 만일 이 디스크를 GPT로 변환을 하고 싶다면 앞의 화면에 보이는 'select disk 0' 을 입력하고 엔터를 치면 다음 화면이 나타납니다.

주의 : 여기서는 디스크 이름을 영어로 써야 하며 dksk 다음에 한 칸 띄우고 디스크 넘버를 입력해야 합니다.

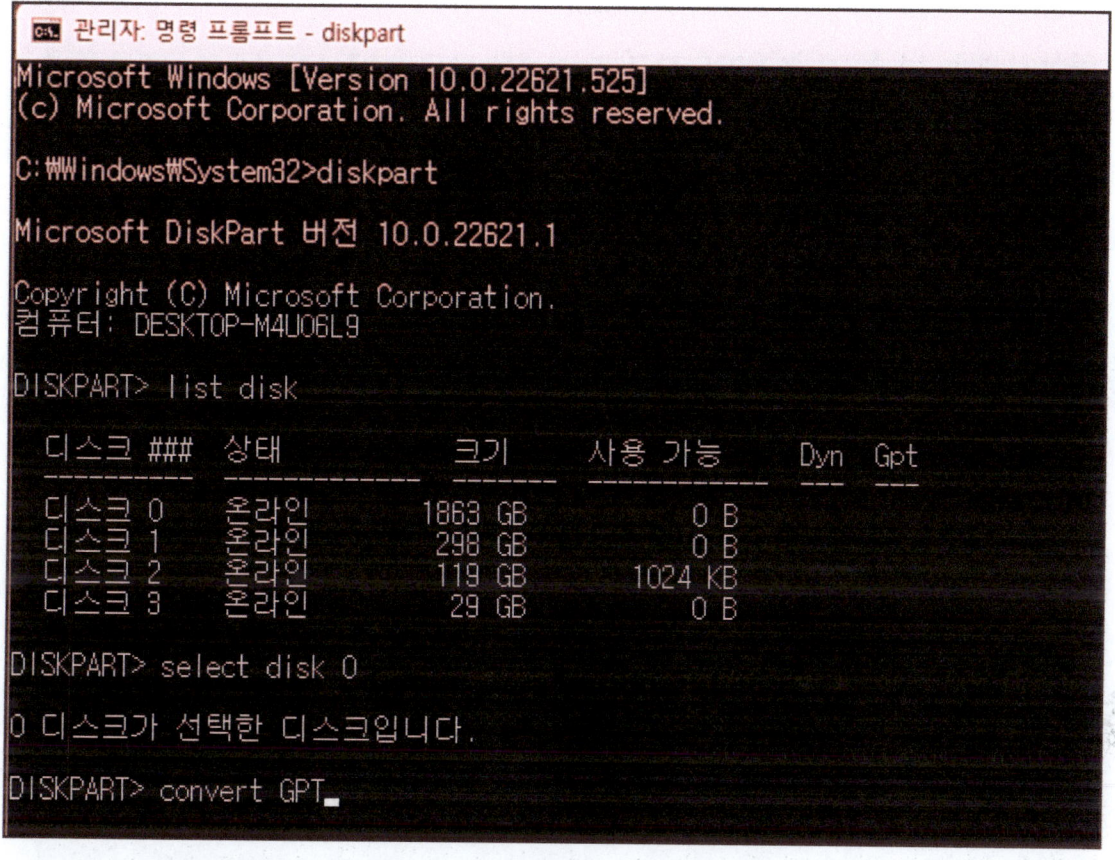

위와 같이 현재 선택한 디스크가 디스크 0이라고 나옵니다.

이 상태에서 위와 같이 'convert GPT' 를 입력하고 엔터를 치면 해당 디스크가 GPT로 변환이 됩니다.

만일 GPT를 다시 MBR로 바꾸는 것은 것은 가능하지만, 2Tb 이상의 디스크를 사용하기 위하여 GPT로 바꾸었던 것을 다시 MBR로 바꾸면 디스크의 모든 자료를 잃을 수 있습니다.

여러분이 만일 초보자라면 지금 설명은 어려울 수 있습니다만, 이 부분을 충분히 이해를 하고 넘어가야 Win 11을 원활하게 사용할 수 있습니다.

이 밖에 CMD 명령으로 할 수 있는 디스크 검사, 초기화 등 많은 유용한 기능이 있습니다만, 지금은 도스를 사용하는 시대가 아니고요, 윈도우즈 운영체제를 사용하는 시대이므로 더 자세한 설명을 생략하도록 하겠습니다.

이상의 Win 11 을 사용하기 위한 기초 지식을 쌓은 후에 Win 11 usb 디스크를 만들 수 있으며 아울러 Win 11 설치를 할 수 있습니다.

다시 앞에서 보았던 Rufus 화면을 다시 보겠습니다.

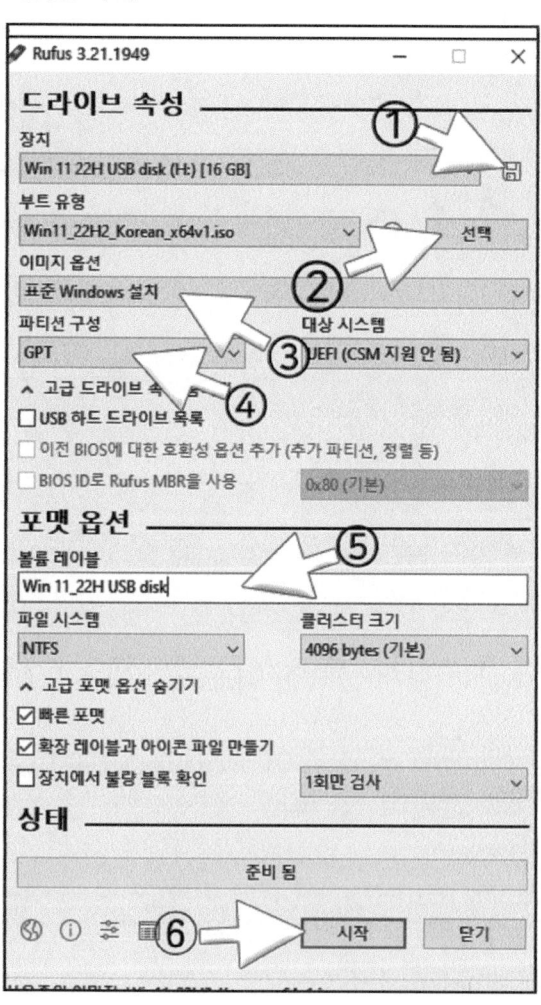

의 보충 설명과 같이 우측에 보이는 Rufus 화면에서 [4]는 GPT가 아닌 MBR로 선택을 합니다.

우측 화면의 [3]은 어떤 선택을 해도 결과는 마찬가지이므로 그냥 둡니다.

우측 화면의 [5]는 볼륨 레이블로 탐색기에 나타나는 디스크 이름입니다.

그냥 자동으로 나타나는 이름을 사용해도 되지만, 필자는 우측에 보이는 것과 같이 Win 11_22H USB MBR dksk 라고 입력했고요,..

즉, Win 11 최종 버전이며 MBR 방식으로 만든 Win 11 usb 설치 디스크라는 것을 나중에라도 알아보기 위해서 일부러 이렇게 한 것입니다.

이 책으로 공부를 하시는 분이라면 전문 PC정비사이든 개인이든 지금 인스톨한 윈도우11을 이미지 형태로 만들어서 저장을 해 두었다가 필요시 다시 SSD에 풀어서 사용할 수 있도록 조치를 해 두어야 합니다.

이왕 설명이 나왔으므로 이렇게 하는 방법을 알려 드리겠습니다.

지금 인스톨한 윈도우11 뿐만이 아니라 윈도우7, 윈도우10 등 모든 운영체제를 이렇게 이미지로 저정해 두었다가 나중에 PC에 문제가 생겼을 때 SSD에 그대로 복원을 해서 PC를 복구할 수 있습니다.

이렇게 하는 프로그램은 필자가 함부로 올릴 수 없으므로 필자의 블로그에 오시면 해당 파일을 다운로드할 수 있는 링크가 있습니다.

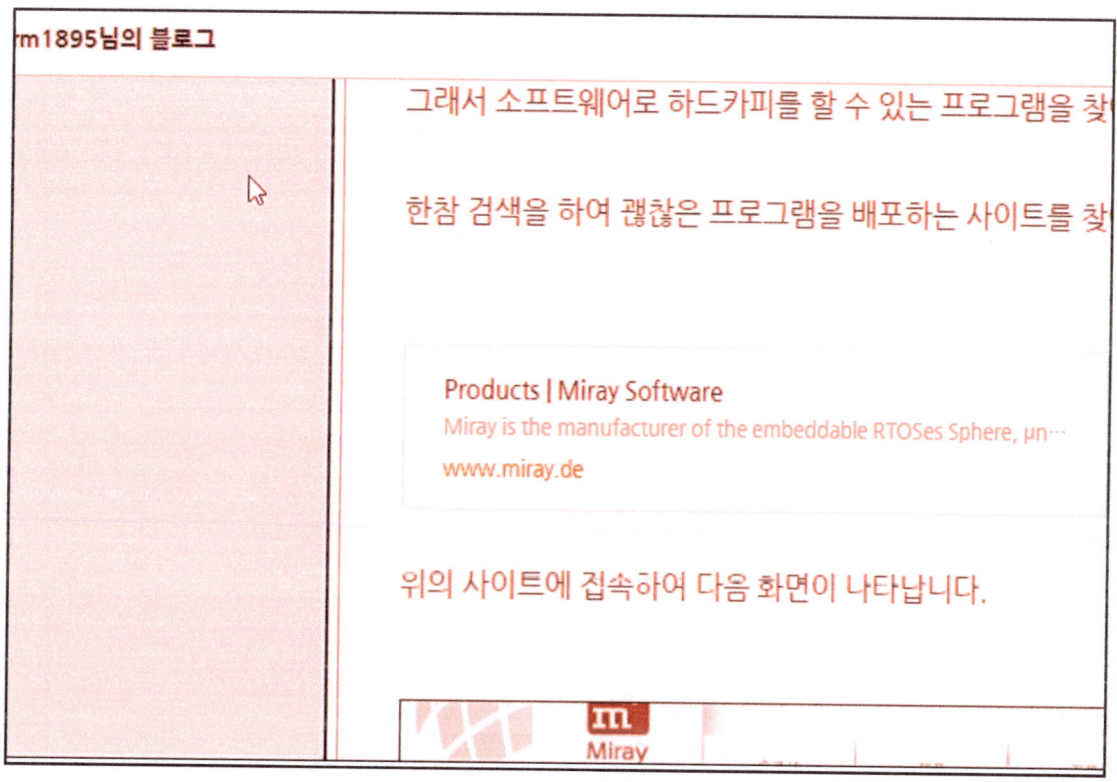

필자의 책으로 공부를 하시는 분이라면 인터넷창 웹브라우저 주소표시줄에 '가나출판사.kr' 입력하고 엔터를 쳐서 필자의 홈에 오셔서 [네이버 블로그]를 클릭하여 맨 하단 검색어 입력란에 '하드카피소프트웨어' 검색하여 위의 포스트를 보를 보시면 앞의 화면에 보이는 링크가 있고요, 이 링크를 클릭하면 다음 화면이

나타납니다.

1-9. 하드카피 프로그램(매우 중요)

이 프로그램은 굉장히 중요한 프로그램으로 윈도우즈 운영체제를 사용하는 내내 이 프로그램으로 운영체제를 인스톨한 드라이브를 이미지로 구워서 보관을 했다가 나중에 컴퓨터에 문제가 생겼을 때 구워 놓은 이미지를 풀어서 즉시 해결할 수 있는 귀중한 프로그램입니다.

다시 한 번 강조합니다만, 이 프로그램은 너무나도 귀중한 보석과 같은 프로그램이기 때문에 이 프로그램 사용법을 몇 번을 반복해서 읽어서라도 달달달달 외워서 숙지를 해야 합니다.

위의 화면에서 손가락이 가리키는 HDClone & Co 를 클릭하면 다음 화면이 나타납니다.

위의 화면에서 손가락이 가리키는 링크를 클릭하면 다음 화면이 니타납니다.

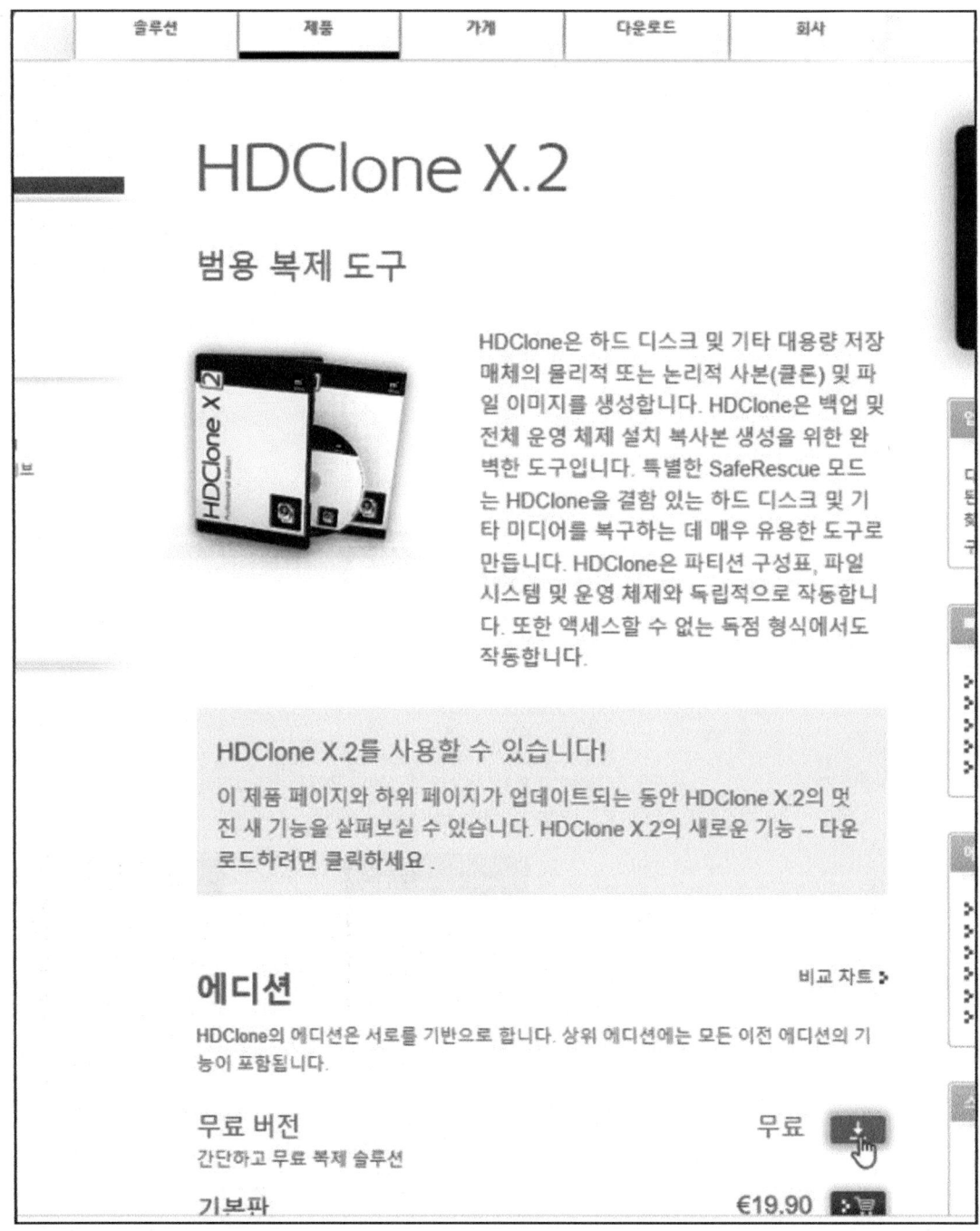

위의 화면에서 손가락이 가리키는 다운로드 버튼을 클릭하여 해당 파일을 다운로드하여 실행시켜서 프로그램을 설치하고 실행시킵니다.

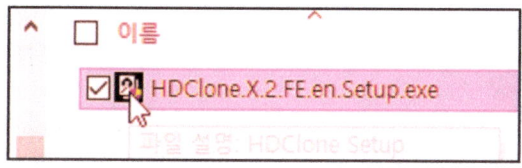

좌측 화면에 보이는 것이 해당 파일입니다.

이 프로그램을 더블 클릭하여 화면의 안내에 따라 설치를 하면 좌측 화면에 보이는 아이콘이 생성됩니다.

좌측에 보이는 아이콘 중에서 밑에 있는 아이콘은 32비트용이고요, 위에 있는 아이콘이 64비트입니다.

자신이 사용하는 운영체제의 비트수에 맞는 아이콘을 클릭해야 하는데요, 윈10 이상이라면 대부분 64비트를 사용하므로 좌측 아이콘 중에서 위에 있는 64비트 아이콘을 더블 클릭하여 실행 시키면 다음 화면이 나타납니다.

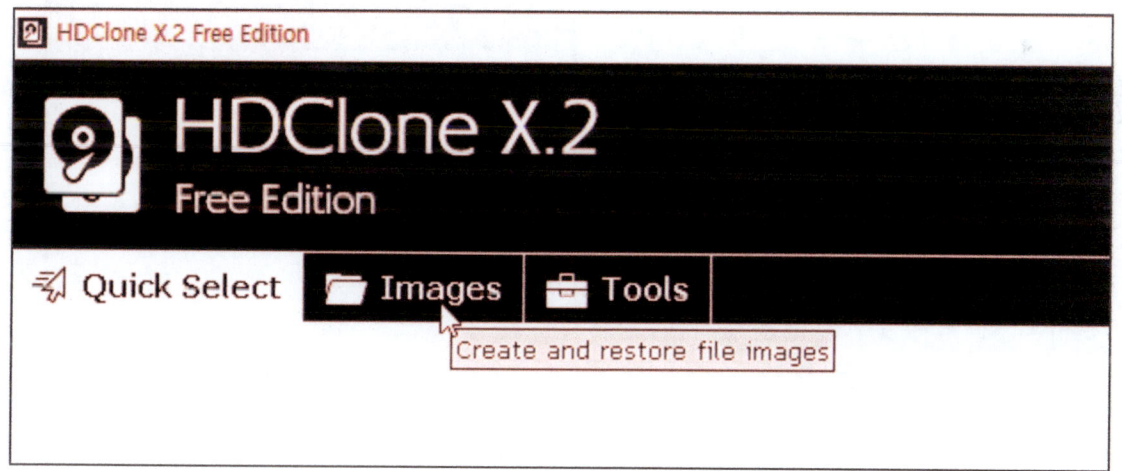

이 프로그램 하드 카피 프로그램입니다만, 지금은 이미지를 풀어야 하므로 위의 화면에서 마우스가 가리키는 Images를 클릭합니다.

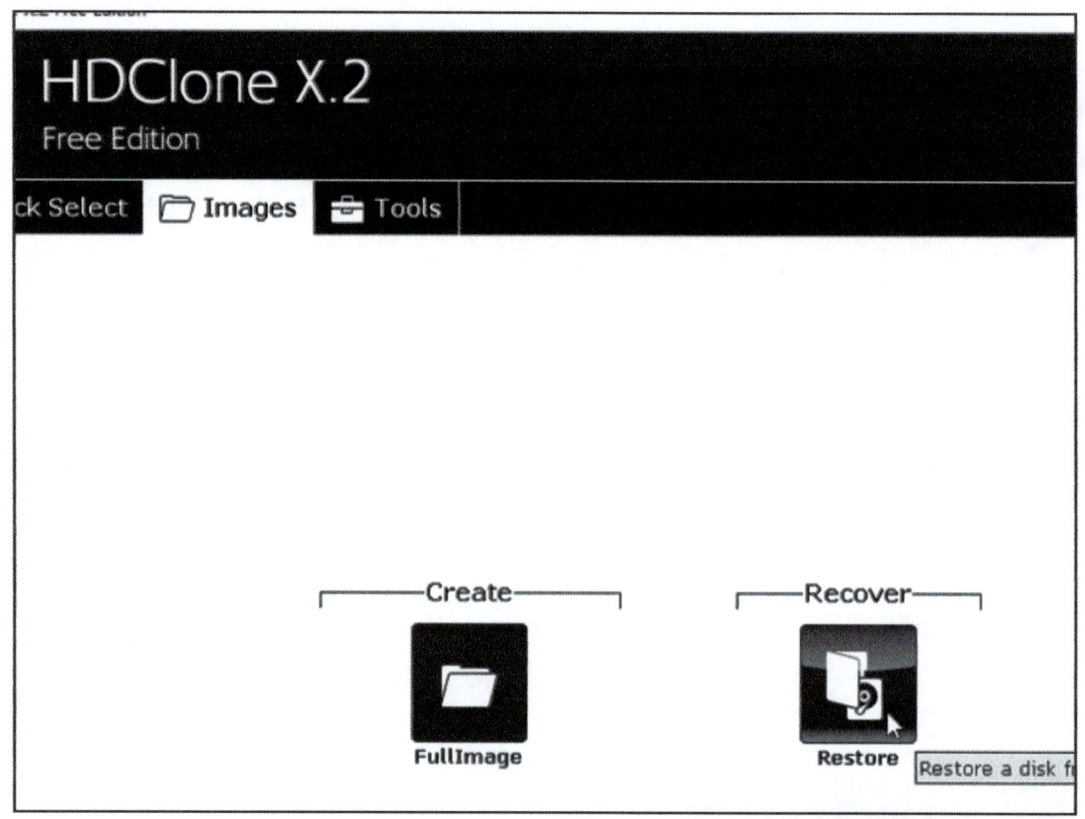

위의 화면에서 마우스가 가리키는 아이콘을 클릭하면 우측 화면이 나타납니다.

우측 화면의 [images] 항목을 클릭하고 필자가 보내드리는 이미지 파일을 선택하고 [Target]에는 8Gb 이상의 메모리 카드가 들어 있는 경로를 지정하고 맨 아래 [Start]를 클릭하면 Win 11 MBR 방식의 USB 설치 디스크가 만들어집니다.

주의 : 반드시 타켓 디스크의 용량이 같거나 조금이라도 커야 합니다.

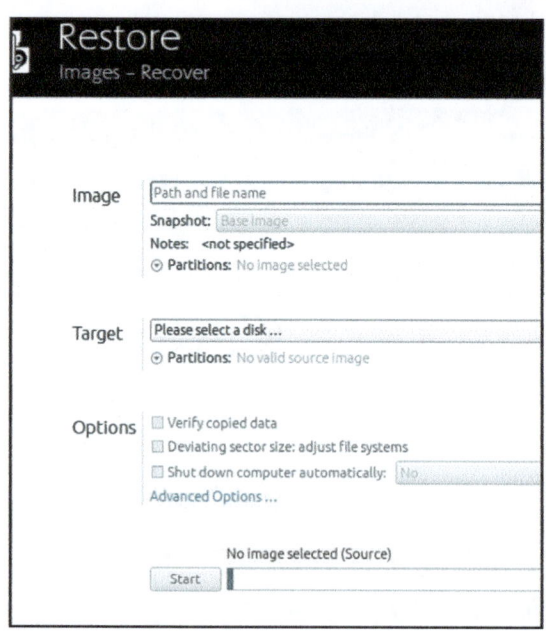

1-10. TPM 우회

앞에서 Win 11은 대체로 인텔 i7-6 세대 이후의 고사양 PC에만 설치가 되도록 만들어진 운영체제라고 설명을 했습니다.

그래서 마이크로소프트 다운로드센터에서 직접 Win 11 USB 설치 디스크를 만들면 이보다 사양이 낮은 PC에서는 '이 컴퓨터는 Windows 11을 설치할 수 없습니다.' 라는 메시지가 나오며 더 이상 진행이 되지 않습니다.

그래서 마이크로소프트 다운로드 센터에서 직접 Win11 USB 설치 디스크를 만들지 않고 Rufus 프로그램으로 만드는 것인데요, 앞에서 Rufus 프로그램 설명을 하던 것을 이어 가겠습니다.

앞쪽의 Rufus 프로그램 설정을 하고 진행을 하면 다음 화면이 나타납니다.

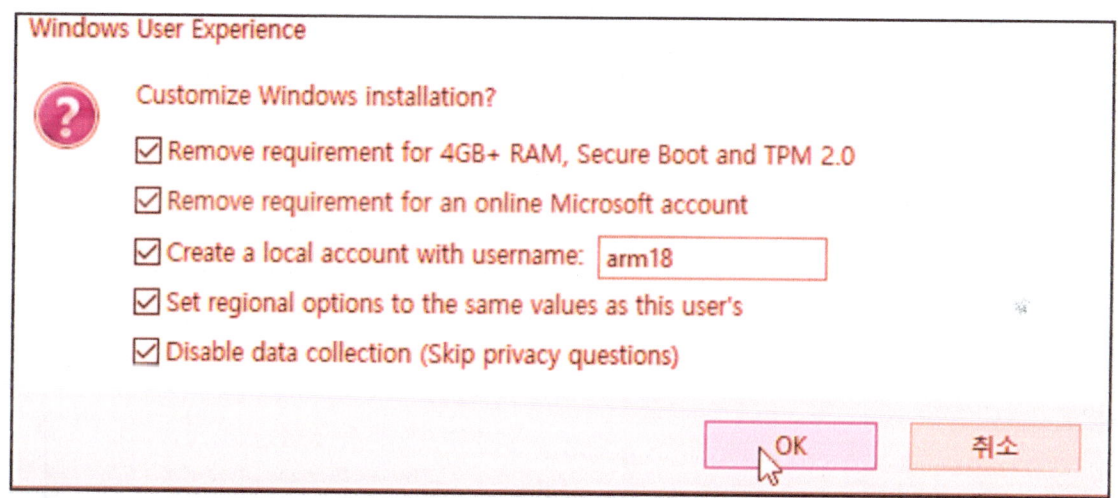

필자는 Rufus 버전 3.0, 3.2, 3.8, 이렇게 3가지 버전에서 실행하여 위의 화면이 나타났고요, 위의 화면은 모두 체크를 했지만, 위쪽의 2개만 체크를 하면 되고요, 위의 체크의 뜻은 마이크로소프트사에서 저사양 PC에는 윈도우 11을 설치할 수 없습니다 하고 더 이상 진행되지 않는 것을 제거하는 메뉴입니다.

그러나 필자는 필자가 시도한 Rufus 버전 3.0, 3.2, 3.8, 이렇게 3가지 버전에서는 위와 같이 분명히 체크를 하고 진행을 했는데도 Win 11 설치를 실패했습니다.

그래서 필자가 무려 20번 이상 Win 11 설치를 시도하여 모두 실패를 했고요, 그러다가 우연한 기회에 Rufus 3.16 버전으로 Win 11 USB 설치 디스크를 만들어서 지금 이 책을 집필하고 있는 PC에 윈도우 11을 인스톨하여 지금 이 글을 쓰고 있는 것입니다.

물론 필자에게만 일어난 일 일 수 있고요, PC는 어떠한 PC라도 똑같은 증상은 단 한 가지도 없습니다.

모든 PC가 독특한 증상이 서로 다르므로 필자와 다른 환경에서는 될 지도 모릅니다.

그러나 일단 필자가 이렇게 여러 번 실패를 하다가 성공한 버전이 Rufus 3.16 버전이므로 가능하면 필자가 성공한 버전으로 만드시기를 권장합니다.

실력이 있으신 분들은 직접 RuFus 3.16 프로그램을 다운 받으시고요, 필자의 블로그에 오시면 Rufus 3.16 파일을 다운 받을 수 있는 링크가 있으므로 필자의 블로그에 오셔서 다운 받으시는 것이 편합니다.

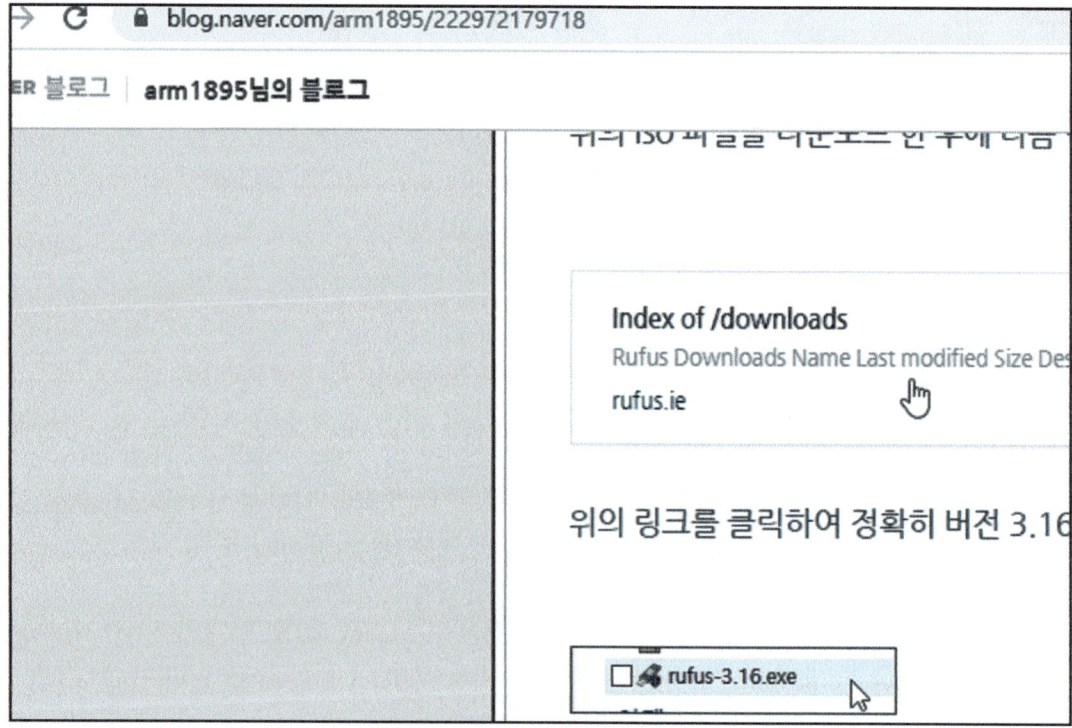

앞의 화면은 필자의 블로그에 있는 링크를 보시는 것이고요, 앞의 화면에 보이는 것과 같이 필자의 블로그에서 해당 링크를 클릭하면 아래 화면이 열립니다.

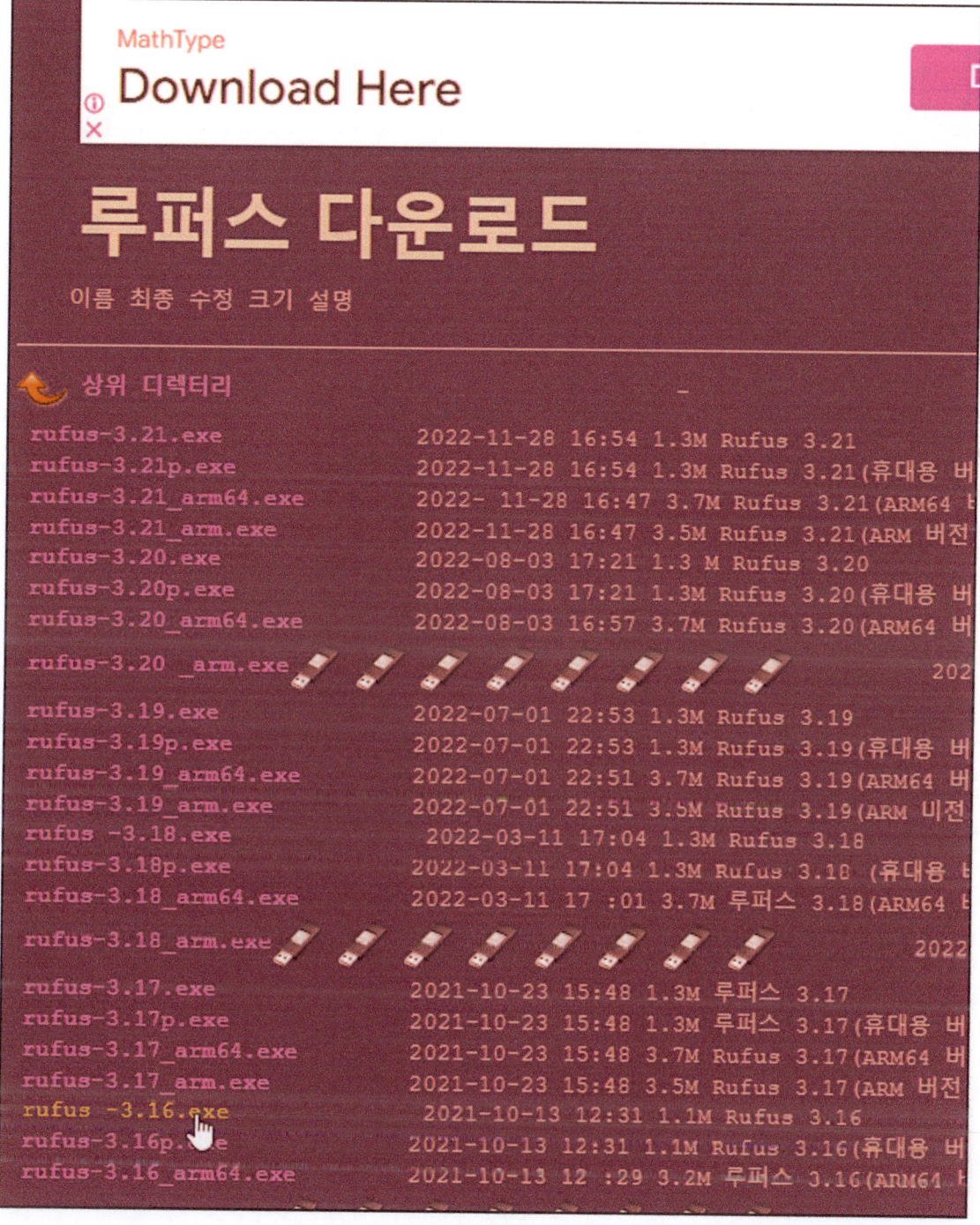

앞의 화면에서 손가락이 가리키는 링크를 클릭하여 정확하게 Rufus 3.16 버전을 다운로드하여 실행시키면 다음 화면이 나타납니다.

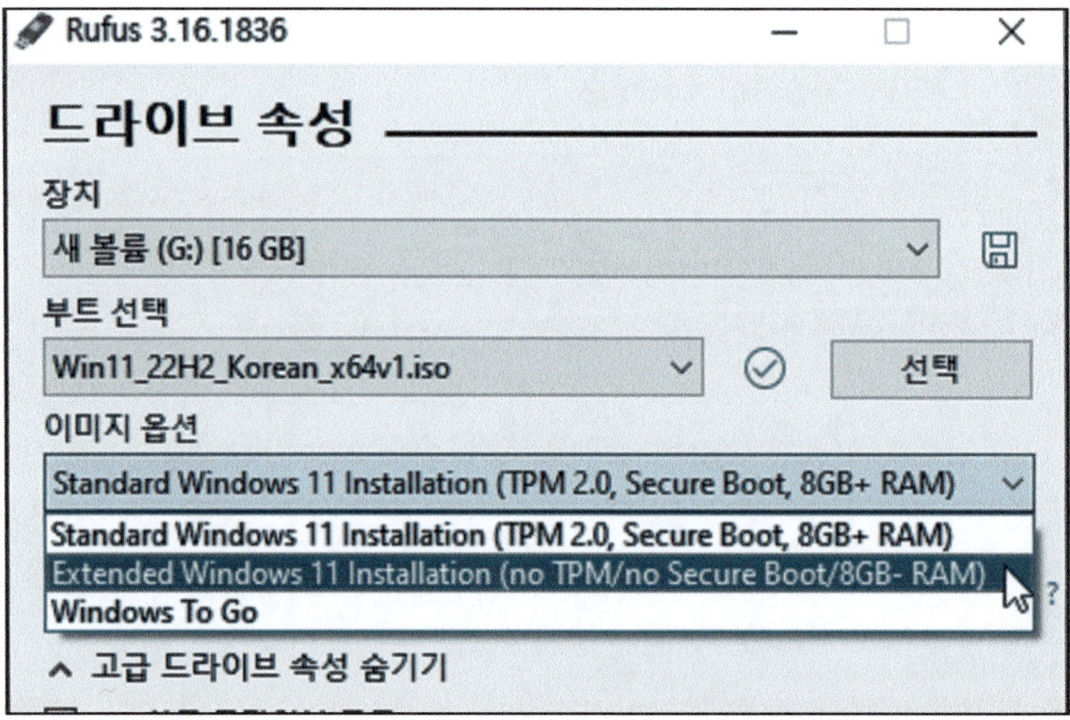

앞에서 보았던 Rufus 버전 3.0, 3.2, 3.8 버전과 거의 같은 인터페이스이지만, 메뉴가 다릅니다.

위의 화면에서 맨 위는 자신의 PC에 꽂혀 있는 8Gb 이상의 메모리 카드 경로가 나타나는 것이고요,..

부트 선택은 마이크로소프트 다운로드 센터에서 다운로드한 Win 11 ISO 파일이고요,.. 위에서 중요한 것은 위의 마우스가 가리키는 메뉴입니다.

위의 마우스가 가리키는 메뉴를 보면 저사양 PC에서는 Win 11을 설치할 수 없게 하는 TPM 보안 부팅을 제거하는 기능을 하는 메뉴입니다.

필자가 사용해보니 마이크로소프트사의 요구 사항보다 낮은 사양의, 지금 이 글을 쓰고 있는 PC에 윈도우 11을 설치해 보니 빠르고 아주 좋은데 왜 이런 PC에는 윈도우 11을 설치할 수 없게 했는지 모를 일입니다.

앞의 화면에서 마우스가 가리키는 보안 부팅 제거 옵션을 선택하고 그리고 다음 화면을 잘 보세요..

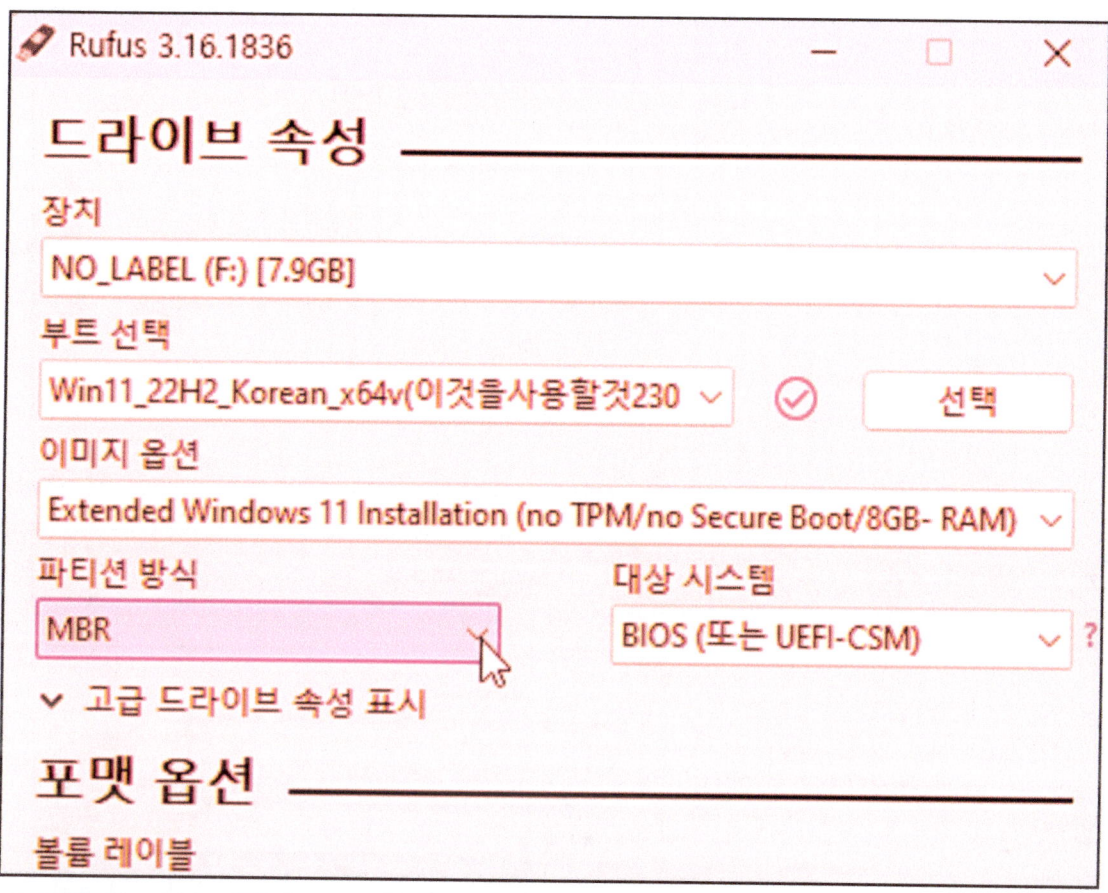

앞에서 여러 번 설명한 것과 같이 위에서 중요한 것은 마우스가 가리키는 곳을 클릭하여 MBR로 선택을 하는 것입니다.

그러면 우측에 BIOS(또는 UEFI) 옵션이 나타나서, MBR 혹은 UEFI로 선택해서 설치할 수 있다는 것을 알 수 있습니다.

위의 화면에 보이는 [이미지 옵션]에는 반드시 위에 보이는 Extended Windows 11 installation(noTPM/no Secure Boot/8Gb - RAM)을 선택하고 설치를 해야 '이 PC는 Windows 11 을 설치할 수 없습니다' 를 우회할 수 있습니다.
앞의 화면에서 Standard Windows 11 Installation... 을 선택하면 안 됩니다.
반드시 no TPM을 선택해야 합니다.

앞의 설명과 우측 화면 옵션을 잘 살펴보시고요, 우측 화면과 같이 지정하고 [시작]을 눌러서 우측 화면에 보이는 것과 같이 Win 11 MBR 방식의 usb 설치 디스크가 만들어졌습니다.

그러나 복병은 여기에만 있는 것이 아닙니다.

이제 지금 만든 Win 11 MBR 방식의 USB 디스크를 넣고 설치를 시도하면 또 다시 네트워크 부분에서 막힙니다.

해결 방법은 해당 부분에서 다시 설명하겠습니다.

이제 USB에 삽입한 Win 11 usb 설치 디스크로 가장 먼저 부팅이 되게 셋업부터 만져야 합니다.

메인보드마다 천차만별이므로 여기 설명과 다른 분은 연구를 조금 하셔야 합니다.

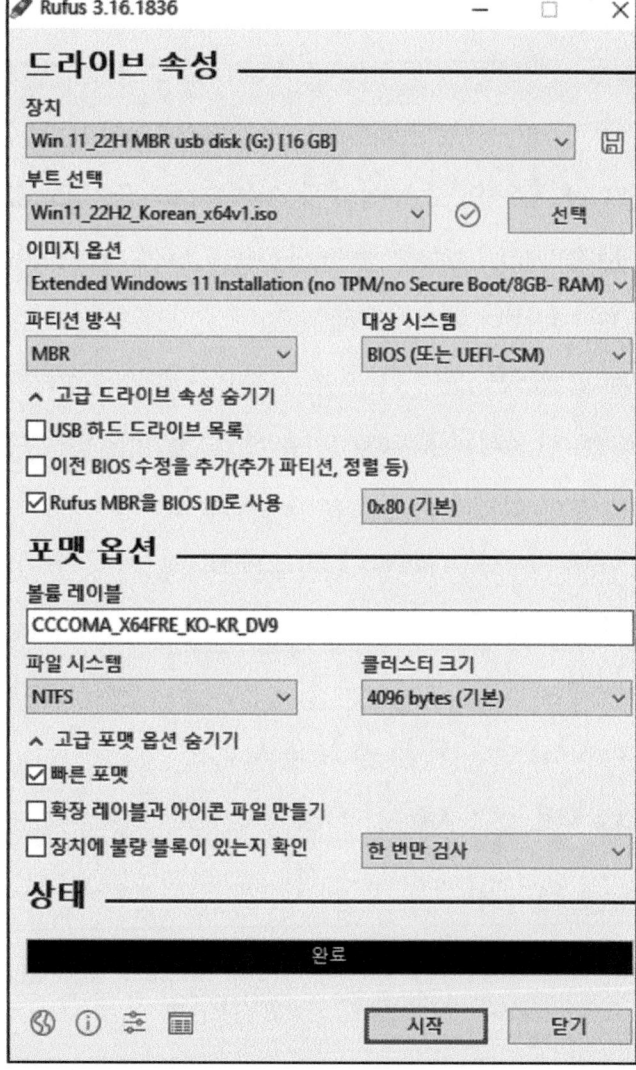

혹시 지금까지의 설명대로 진행을 해도 Win 11 MBR 방식의 usb 설치 디스크가 만들어지지 않는 분은 요청하시면 필자가 만든 Win 11 MBR 방식의 usb 설치 이미지를 보내 드리므로 앞에서 설명한 하드클론 프로그램에서 이미지를 풀어서 자신의 PC에 8Gb 이상의 메모리 카드를 꽂고 만들면 됩니다만,..

앞쪽의 설명 및 화면 참조하여 필자가 현재 이 책을 집필하고 있는 PC보다도 더 사양이 낮은 컴퓨터를 사용하시는 분은 윈도우11은 어려울 수도 있습니다. 이 경우 앞쪽의 설명 참조하여 차라리 윈도우7을 사용하기기 바랍니다.

1-11. 셋업에서 USB로 가장 먼저 부팅되게 하는 방법

이제 Win 11 MBR 방식의 usb 설치 디스크를 자신의 PC의 usb 에 꽂았다면 해당 PC가 usb로 가장 먼저 부팅이 되게 해야 합니다.
이것을 셋업에서 변경할 수 있는데요, 셋업으로 진입하는 방법은 천차 만별이지만, 대부분 컴퓨터의 전원을 켜고 화면에 무언가 나타났을 때 키보드의 Del 키를 한 번, 두 번, 혹은 서 너 번, 약간의 텀을 두고 눌러주면 셋업으로 진입됩니다.

이 밖에 F2, F9, F10, F12 등을 눌러서 셋업으로 진입하는 경우도 있는데요, 처음 PC에 전원을 켜면 화면에 어떤 키를 눌러야 셋업으로 진입한다는 메시지가 나옵니다만, 바로 사라집니다.

따라서 잘 모르시는 분은 스마트폰으로 영상 녹화를 하든지 화면을 잘 응시하고 있다가 화면에 나타나는 메시지를 재빨리 읽어들이고요, 그렇지 않으면 대부분 키보드의 Del 키를 연타하면 셋업으로 들어가므로 이렇게 하시고요, 그래도 안 되면 다시 재부팅을 하면서 F2, F9, F10, F12 등을 눌러보는 것도 하나의 방법입니다.

앞의 화면은 셋업으로 진입한 예를 보여드린 것이고요, 앞의 화면에 보이는 것과 같이 초기 화면에 하단 좌측에 Del키를 누르면 셋업으로 진입한다는 메시지가 보입니다.
이 때 Del 키를 누르면 다음과 같이 셋업으로 들어갈 수 있습니다.

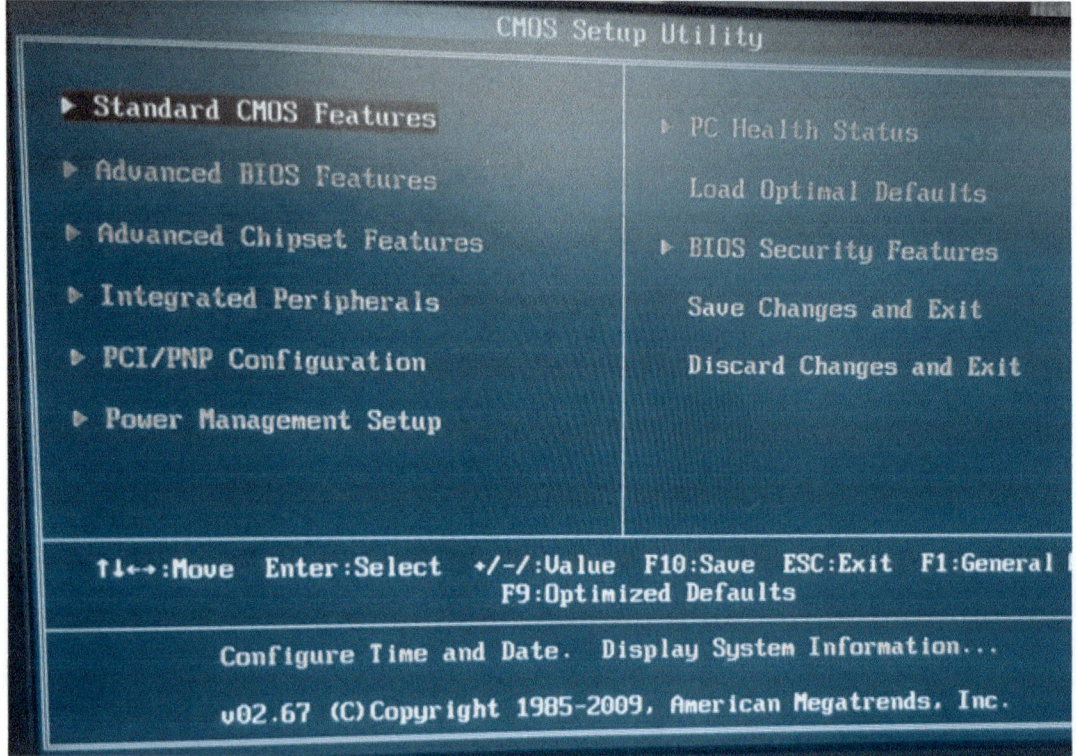

위의 셋업 화면은 가장 쉽고 유명하고 보편적인 어워드 바이오스 화면인데요, 다른 종류의 바이오스도 기능은 동일하지만, 메뉴 이름이나 배치 등이 천차만별이고요, 특별히 셋업을 만져야 하는 특수한 경우를 제외하고는 위의 셋업은 일반적으로 디폴트값, 즉, 기본값으로 하는 것이 무난합니다.

자신이 특수한 게임을 한다든지 특수한 프로그램을 사용할 경우 해당 프로그램에서 요구하는 조건을 충족하기 위하여 셋업을 수정하기도 합니다만, 이는 상당한 고수급 실력이 있는 사람만 이렇게 하는 것이고요, 셋업을 잘 못 만지면 부팅조차 되지 않기 때문에,.. 부팅이 안 되면 화면에 정보가 나타나지 않아서 어떠한 조치도 취할 수가 없습니다.
그래서 잘 모르면 무조건 디폴트, 즉, 기본값으로 하는 것이 무난한 것입니다.

지금 셋업으로 들어온 목적은 Win 11 USB 설치 디스크가 들어 있는 USB로 가장 먼저 부팅이 되게 하려고 들어온 것이므로,..

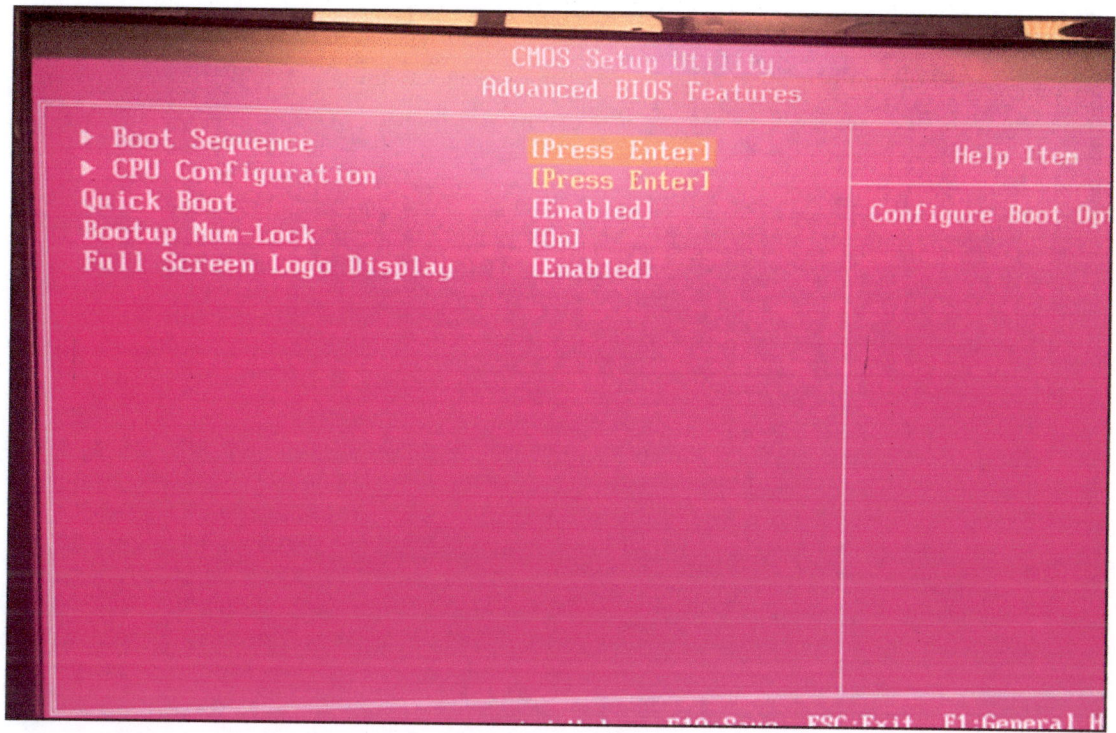

위의 화면에서 부팅 관련 메뉴(보통 Boot로 표시되어 있습니다.)를 선택하여 자신의 USB 로 가장 먼저 부팅이 되게 해야 하는데요,..

위의 화면은 위의 화면을 예로 든 컴퓨터에 있는 셋업 화면일 뿐 바이오스 종류도 천차만별, 같은 바이오스라 하더라도 메인보드 제조사에 따라 틀리고요, 특히 여기 보이는 바이오스는 이른바 메이커 PC인 엘지 컴퓨터이고요, 이런 메이커 PC는 일반인이 잘 모르는 무언가 조작을 해 놓기 때문에 PC정비사가 골탕을 먹는 일이 잦은 골치 아픈 컴퓨터입니다.

그리고 여기 설명과 같이 셋업에서 usb로 가장 먼저 부팅이 되게 한다.. 라는 말을 모를 사람이 어디 있겠어요..??

그러나 실제 PC를 다루다보면 그야말로 혀를 내두를 정도로 기가 막히게 북한 괴뢰군 간첩 암호보다 복잡한 암호를 풀어야 겨우 usb로 부팅이 되게 만든 괴상한 PC도 있으므로 쉽게 생각하면 절대로 안 됩니다.

다행히 지금 설명하는 셋업 화면은 앞의 화면에서 [Boot Sequence(부팅 순서)] 항목을 선택하고 엔터를 쳐서 다음 화면이 열렸습니다.

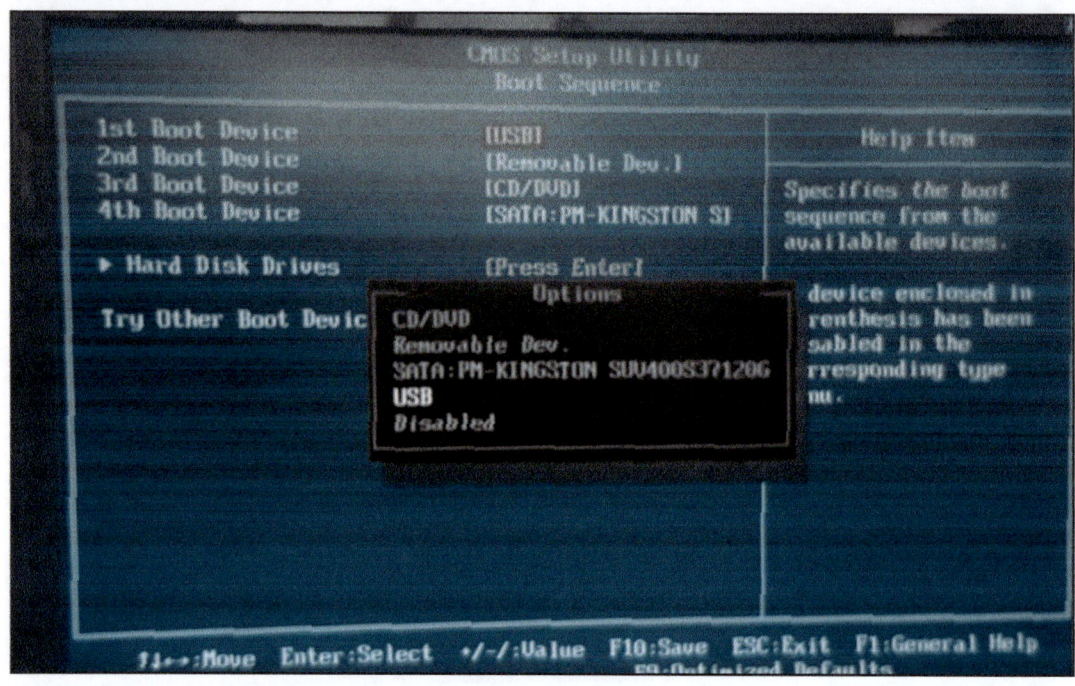

위의 화면에서 키보드의 화살표 키를 이용하여 USB 혹은 다른 경우 Generic STORAGER DEVICES USB Device 라고 나오는 경우도 있고요, 기타 다른 명칭으로 나오는 수도 있으므로 헷갈리면 안 됩니다.

위의 화면에서 usb를 선택하고, 셋업은 반드시 저장 메뉴..이 역시 셋업마다 다르고요, 특히 메이커 PC는 전문가도 잘 모르는 괴상한 방법을 사용하므로 잘 보고 저장을 하고 재부팅을 해야 usb로 가장 먼저 부팅이 됩니다.

USB에 Win 11 USB 설치 디스크를 넣고 Win 11 을 설치하는 것이기 때문에 USB로 가장 먼저 부팅이 되게 하는 것이고요,..

이렇게 설정하고 부팅을 하면 잠시 후에 화면에 'Press Any Key To Continue.. 라는 메지시가 뜹니다.

이 때 키보드의 아무 키나 누르면 Win 11설치가 진행됩니다.

그리고 중요한 설명을 한 가지 빠뜨렸습니다만, 지금 USB에 Win 11 USB 설치 디스크는 넣었지만 Win 11 을 어디에 설치할 것인지 설명을 누락했습니다.

1-12. SSD (Solid State Drive)

 이 책은 초보부터 중급까지 볼 수 있도록 집필을 하는 것입니다만, 아직 컴맹 수준이라면 조금 난해할 것입니다.

컴퓨터는 전원을 켜면 끌 때까지의 모든 작업은 램(RAM - Random Access Memory)에서 이루어집니다.

램은 아주 빠르기 때문에 이렇게 하는 것이고요, 10억분의 몇 초라는 엄청난 속도로 연산을 하기 때문에 단순 계산기로 본다면 이 세상에서 가장 빠른 계산기인 셈입니다.

그래서 오늘날 컴퓨터로 거의 만능으로 일을 할 수 있는 것인데요, 그러나 이렇게 빠르고 정확한 램이지만, 전원을 끄면 기억하고 있던 모든 것을 잊어버리는 휘발성 메모리입니다.

그래서 컴퓨터로 무언가 작업을 한다면 중간 중간 저장을 하는 것이며 컴퓨터를 끄기 전에 작업하던 문서가 있다면 반드시 저장을 해야 합니다.

그렇다면 이렇게 저장은 어디에 하는 것일가요?
컴퓨터는 크게 주기억장치와 보조기억장치가 있습니다.

원래의 큰 뜻은 컴퓨터의 심장으로 불리는 CPU안에 들어 있는 일반 램보다 훨씬 더 빠른 초고속 램이 들이 있고요, 이것을 주기억장치로 부르는 것이 맞지만, 일반적으로는 시스템에 설치된 램을 주기억장치로 부르기도 합니다.

필자의 경우 앞에서 램은 8Gb 용량이라고 소개를 했습니다.
그러나 램, 즉, 주기억장치는 전원을 끄면 기억하고 있던 모든 것을 잊어버리는 휘발성 메모리이기 때문에 영구 저정 장치인 보조기억장치에 저장을 해야 하는데요,.

이것을 지금도 많은 사람들이 사용하는 HDD(Hard Disk Drive), 즉 하드디스크에 저장을 합니다.

그러나 HDD는 물리적으로 하드 디스크 안에 들어 있는 스테핑 모터가 플래터를 회전시켜서 레코드판 바늘이 움직이는 것과 같이 플래터에 기록되어 있는 정보를 읽어들이는 것이고요, 모터가 회전을 하는 방식이기 때문에 전자적으로 작동하는 램과는 속도 차이가 비교도 되지 않습니다.

즉 매우 느립니다.

그러나 과거에는 램의 가격이 금값보다 비쌌으므로(지금도 CPU 내부에 있는 주기억장치 - 캐시메모리는 금값보다 비쌉니다.) 램을 크게 할 수 없으므로 느려도 어쩔 수없이 HDD에 운영체제를 인스톨해서 사용했습니다.

아주 먼 옛날에는 HDD라는 것도 없어서 플로피 디스크를 사용했고요,..

앞의 화면에 보이는 것이 지금도 많은 사람들이 사용하는 HDD 모습인데요, HDD 역시 우리나라의 삼성전자에서 세계를 제패하여 지금은 HDD 불량률이 거의 제로입니다만, 과거에는 HDD불량이 매우 많았습니다.

그래서 필자는 우리나라 컴퓨터 1세대로서 우리나라에 처음 컴퓨터가 들어왔을 때부터 컴퓨터를 해 왔지만, 필자에게는 옛날 자료가 남아 있는 것이 거의 없습니다.

과거에는 HDD 제조 기술이 부족하여 용량도 작고 고장이 잦아서 HDD에 저장한 데이터가 소실되는 경우가 아주 많았습니다.

그러다가 우리나라의 삼성전자에서 HDD 제조에 뛰어들어 삼성 HDD가 나온 후로는 HDD의 불량률이 거의 제로이고요, 급기야 지금은 무려 100Tb의 하늘도 놀라도 땅도 놀랄 제품이 판매되기에 이르렀습니다.

다시 말해서 오늘날 전세계인이 PC를 불편없이 사용하는 것도 사실 따지고보면 삼성전자 때문이라는 것을 알아야 합니다.
그러나 삼성은 이제 너무나 큰 거대 글로벌 기업이 되어 HDD같은 것은 만들지 않고요, 삼성에서 만들던 설비를 시게이트에서 인수를 하여 지금 나오는 시게이트 하드는 삼성 하드라고 보셔도 됩니다.

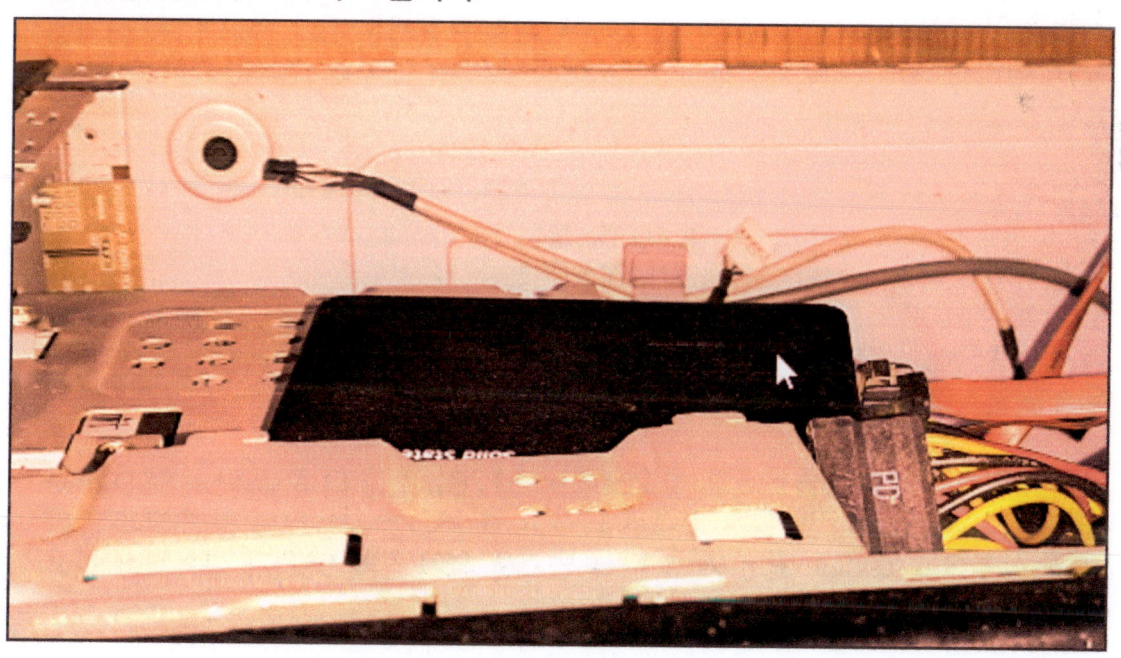

앞의 화면에 보이는 것이 지금 이 책을 집필하고 있는 PC이고요, 앞의 화면 마우스가 가리키는 것이 SSD이고요,..

SSD는 다른 종류도 있지만, 대체로 앞의 화면에 보이는 SSD(2.5인치)가 가장 많이 사용되고요, 필자는 가능하면 삼성 제품을 사용하는 사람이지만, 필자가 서울에서 사업을 할 때는 비교적 사업을 크게 했기 때문에 PC가 여러 대 있었고요, 당시에는 삼성 SSD는 품귀 현상이어서 구할 수도 없었고요, 그래서 세계 여러 나라의 수 많은 메이커의 SSD를 사용했지만, 어떤 메이커이든 체감적으로는 속도든 뭐든 동일하고요,..

그리고 중요한 것은 앞의 화면에 보이는 필자가 현재 사용하는 SSD는 120Gb 용량입니다.
보통 PC에 운영체제를 인스톨하는 것은 마스터 드라이브, 즉, C 드라이브에 운영체제를 인스톨하는 것이고요, 앞에서 설명한 것과 같이 HDD는 램에 비하여 현저하게 속도가 느리므로 램과 같은 속도로 작동하는 아주 빠른 HDD, 즉, 램디스크를 마스터 드라이브, 즉, 부팅 드라이브로 사용하는 것이고요, 이것이 바로 SSD이고요,..

정상적이라면 SSD 용량이 256Gb~500Gb 정도 되면 운영체제를 인스톨하고 필요한 각종 응용 프로그램을 모두 깔아도 충분하지만, 필자는 앞에서 설명한 것과 같이 돈이 많이 들어가기 때문에 120Gb 의 최저 용량의 SSD에 Win 11을 설치했고요, 따라서 Win 11을 인스톨하고 필요한 프로그램 대부분 설치를 할 수 있지만, 남는 용량이 적게 됩니다.

이렇게 SSD의 남아 있는 용량이 부족하게 되면, 예를 들어 사람도 음식을 위의 80% 정도만 차게 먹어야 하는데 100% 혹은 110% 먹으면 위가 소화를 시킬 수가 없어서 토하거나 심한 고통을 맛보게 되는데요,..
SSD 혹은 HDD의 잔량이 적당량 이하로 작아지면 컴퓨터의 속도가 현저하게 떨어지고 종국에는 메모리가 부족하여 실행할 수 없습니다.. 라는 메시지와 함께 마우스도 움직이지 않고 결국 다운되는 사태가 발생합니다.

그래서 여유가 있는 분들은 SSD를 256Gb~512Gb 혹은 더 큰 용량의 SSD를 사용하는 것이 좋습니다만, 필자의 경우 120Gb의 SSD를 사용해도 전혀 문제 없이 PC를 사용하고 있고요, 일단 Win 11을 인스톨 하기 전에 SSD가 설치되어 있어야 합니다.

제 2 장

윈도우 11 설치

2-1. Win 11 설치 시작

윈도우즈 운영체제를 단 한 번도 인스톨 해 본 적이 없는 사람은 다소 어려울 수도 있습니다만, 사실 현재인으로서 윈도우즈 운영체제 설치는 선택이 아니라 필수입니다.

따라서 어렵다고 생각하지 마시고요, 현대인이라면 컴퓨터를 못하면 현대 생활을 할 수 없고, 따라서 컴퓨터의 가장 기본이 되는 운영체제 설치를 못하면 이 또한 현대 생활에서 낙오한다는 생각으로 반드시 설치할 줄 알아야 합니다.

지금까지의 설명을 이해하시고 잘 따라오신 분은 이제 Win 11 MBR 방식의 usb 설치 디스크를 넣고 부팅을 하면 다음 화면이 나타납니다.

필자가 20번 이상 Win 11 설치를 시도하면서 위의 메시지가 나타나지 않는 경우도 있지만, 윈7이든, 윈10이든, 윈11이든 위의 메시지가 나타나며, 위의 메시지가 나타났을 때 키보드의 아무키나 누르면 다음 화면이 나타납니다.

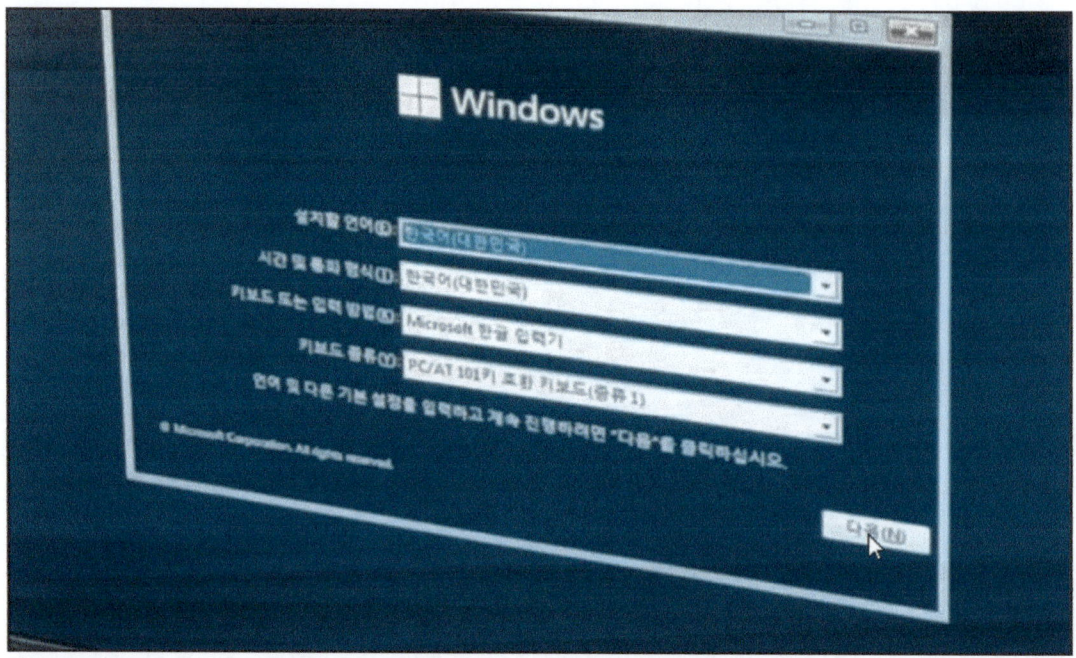

위의 화면에서는 그냥 다음을 클릭하면 다음 화면이 나타납니다.

필자가 윈도우 11 을 설치하면서 필자 옆 뒤쪽에서 촬영하여 화면이 이렇게 보이는 것이고요, 앞의 화면에서 [지금 설치]를 클릭합니다.

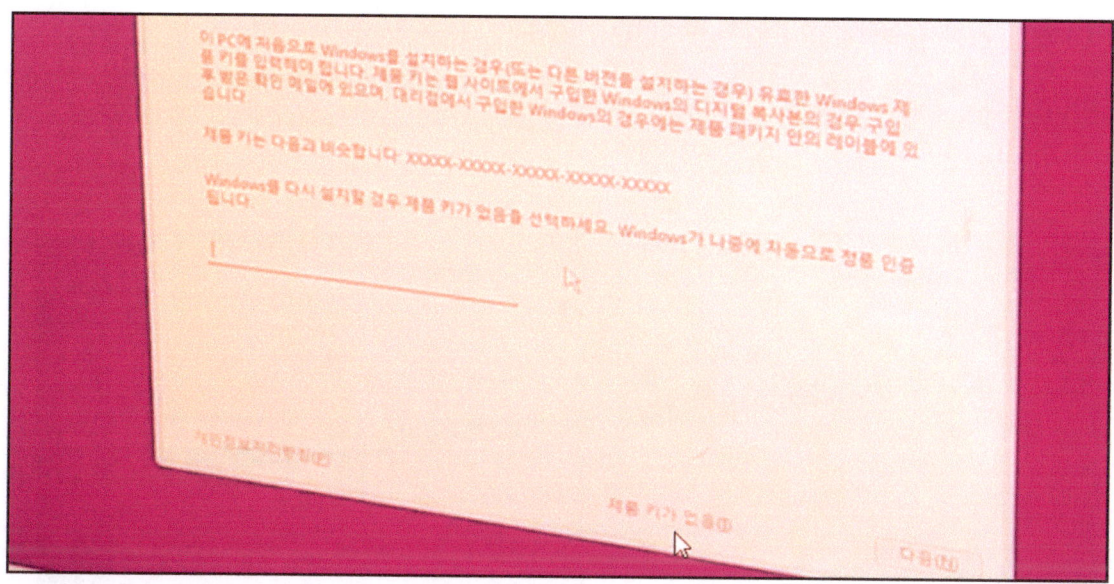

[참고] 현재 랜선을 빼고 설치하는 것입니다.
정품 사용자이고 시스템의 사양이 높다면 랜선을 끼우고 설치하는 것이 정석이지만, 특히 PC정비사라면 고객의 PC에 운영체제를 설치하는 것이므로 랜선을 빼고 설치를 하면서 로컬 계정으로 Win 11을 인스톨해야 합니다.

위의 화면에서는 라이센스 키를 입력하는 화면인데요, 어차피 랜선을 빼고 설치하는 것이므로 정품 사용자라 하더라도 지금은 라이센스 키를 입력할 수 없고요, 모든 설치를 완료하고 랜선을 꽂고 그 때 인증하면 됩니다.

따라서 위의 화면에서는 [제품 키 없음]을 눌러서 일단 진행을 합니다.

여담입니다만, 마이크로소프트사에서 이렇게 만들어 놓았기 때문에 이 방법을 사용하는 것이고요, 예를 들어 PC정비사의 경우 자신이 사용하는 PC가 아니라 고객들의 PC에 운영체제를 설치해 주는 것이며 경우에 따라서는 여러 대 납품을 하는 경우도 있을 것입니다.

이 경우 자신의 아이디로 마이크로소프트사에 로그인을 하고 인증을 해서 Win 11을 설치해서 고객에게 보낼 경우 고객은 마이크로소프트 계정과 암호를 물어

올 것입니다.
그래서 특히 PC 정비사라면 반드시 랜선을 빼고 설치를 하고 로컬 계정으로 Win 11을 설치해서 고객에서 인도를 해야 고객이 제어판(Winn 11은 설정)에 들어가서 자기 계정으로 바꾸고 비밀번호 등을 바꾸어 사용할 수 있게 해야 합니다.
일반인이라도 필자의 말뜻을 이해하신 분은 로컬 계정으로 Win 11을 인스톨 하는 것이 좋다는 것을 눈치 챘을 것입니다.

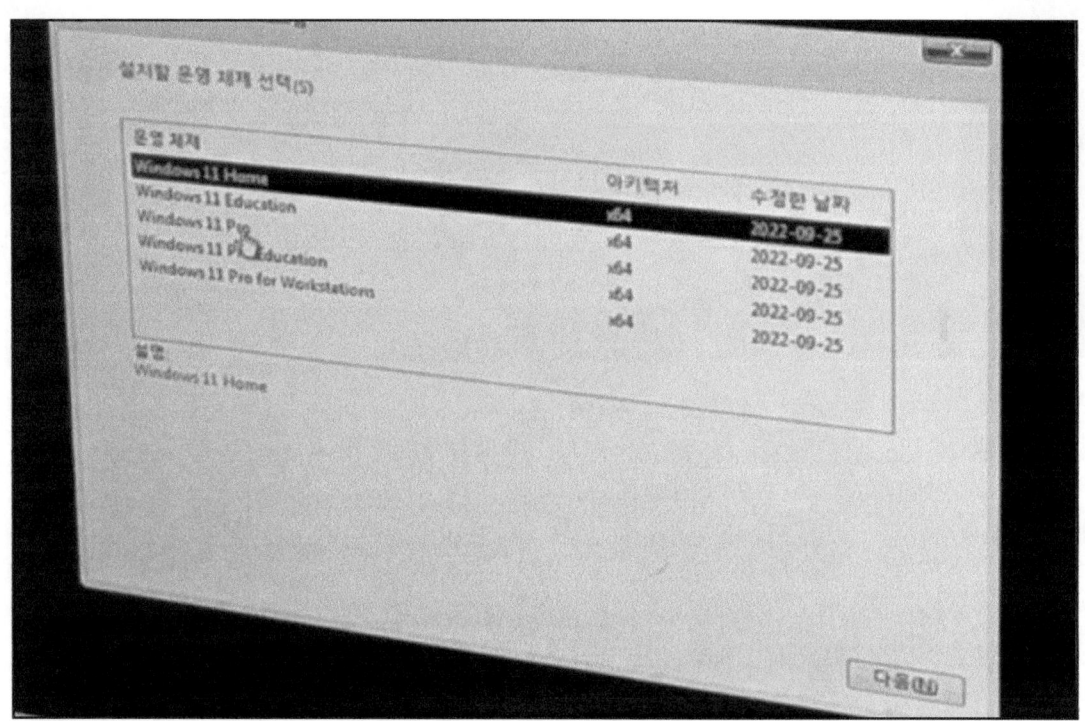

위의 화면에서 Win 11 설치 버전을 선택하는 화면인데요, 개인이라면 HOME 버전을 사용하는 사람도 있을 것이고요,..

학원이나 대학교 등이라면 Education 버전을 선택하면 될 것이고요,..

원칙적으로 위의 화면에서는 자신이 가지고 있는 볼륨 라이센스에 맞는 버전을 선택하는 것입니다만 PC정비스는 여기서 또 기지를 발휘해야 합니다.

일단 여기서는 Windows 11 Pro 버전을 선택해서 진행을 했고요, 나중에 인증을 해 주면 됩니다.

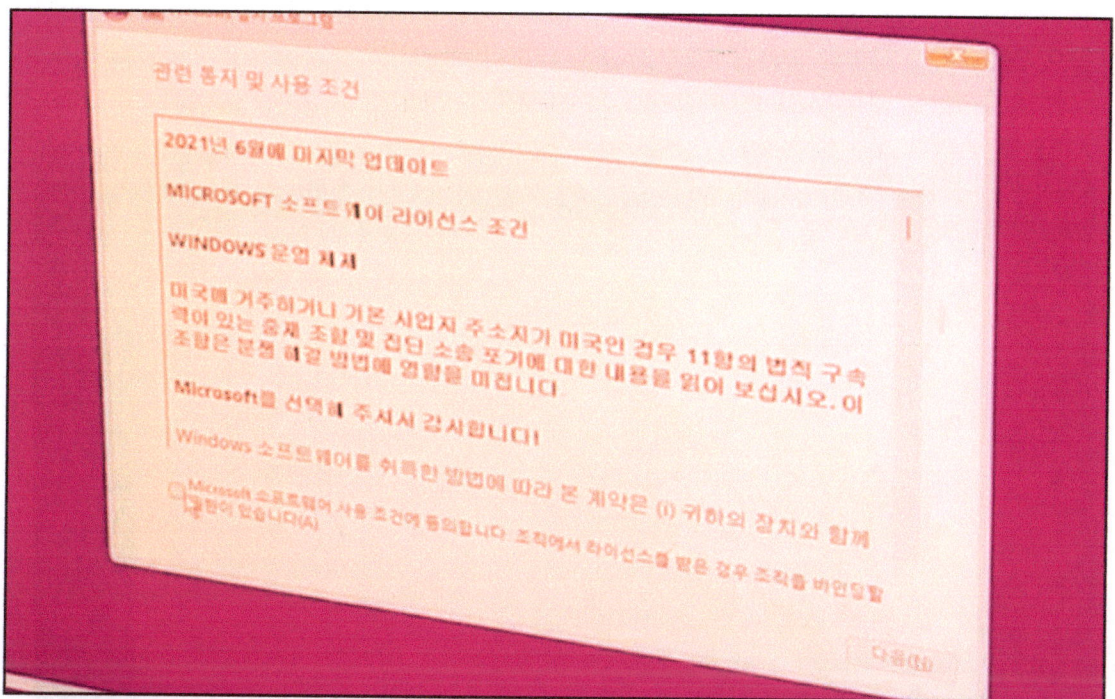

위의 화면은 라이센스에 관한 내용이고요, 수락에 체크를 하지 않으면 다음으로 진행할 수 없으므로 위의 마우스가 가리키는 곳을 클릭하여 수락을 하고 진행..

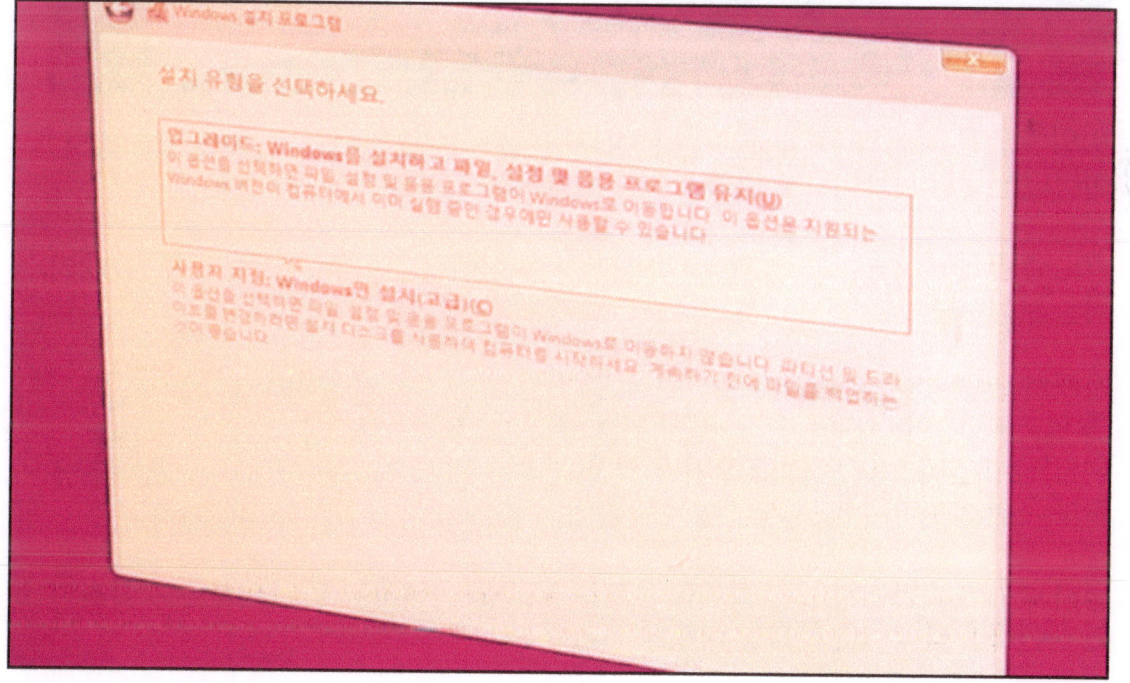

앞의 화면에서 위쪽은 윈10 정품 사용자가 윈11로 업데이트를 하는 경우에 선택하는 것이고요, 대부분의 경우 아래쪽을 선택하고 설치를 진행합니다.

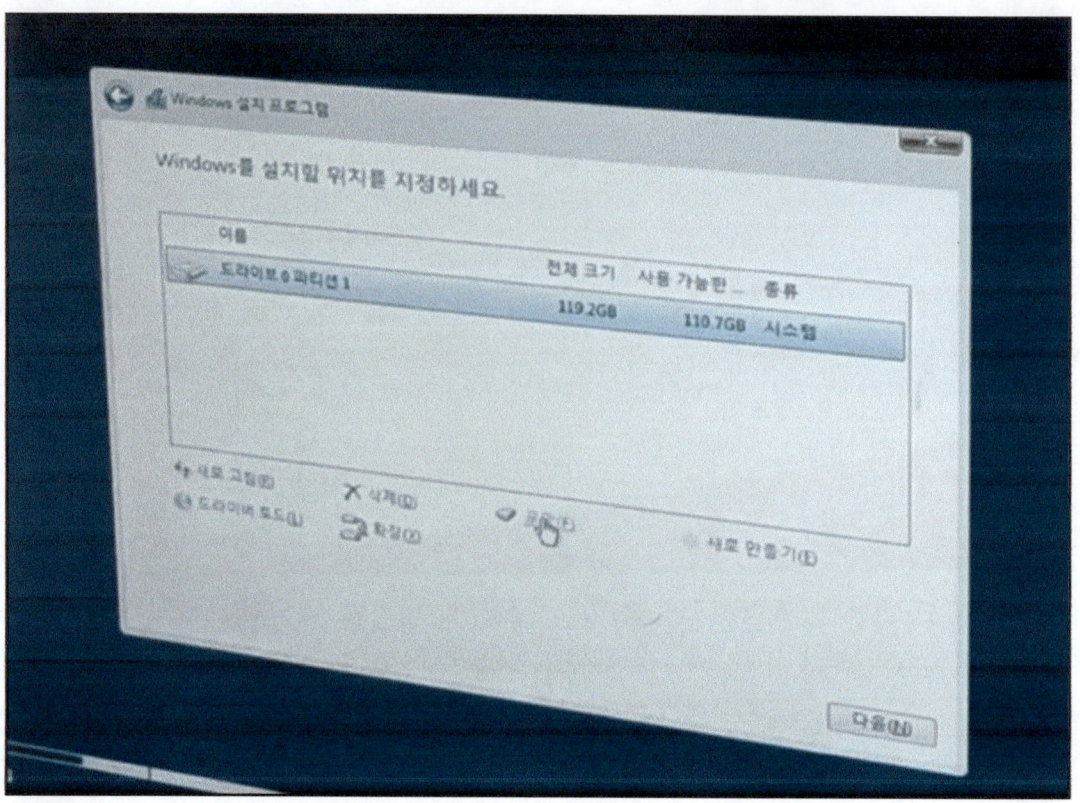

위의 화면은 자신의 PC에 설치된 HDD가 나타나는 것인데요, 필자의 경우 SSD 하나만 연결한 상태이므로 위에 보이는 것은 필자의 경우 SSD입니다.

그러나 자신이 사용하는 PC에 HDD를 연결한 상태라면 위의 화면에 모든 HDD가 다 나타납니다.

그래서 어떤 것이 SSD인지 헷갈릴 수도 있으므로 가장 좋은 방법은 컴퓨터 뚜껑을 열고 HDD의 전원이나 데이터케이블 중에 하나라도 빼 놓고 SSD만 연결을 하여 위의 화면에 보이는 것과 같이 위의 화면에는 SSD 하나만 보이게 하고 작업을 하는 것이 실수하지 않는 가장 좋은 방법입니다.

그리고 위의 화면에서 일단 화면에 보이는 SSD를 선택하고 위의 마우스가 가리키는 [삭제]를 클릭하여 볼륨을 삭제합니다.

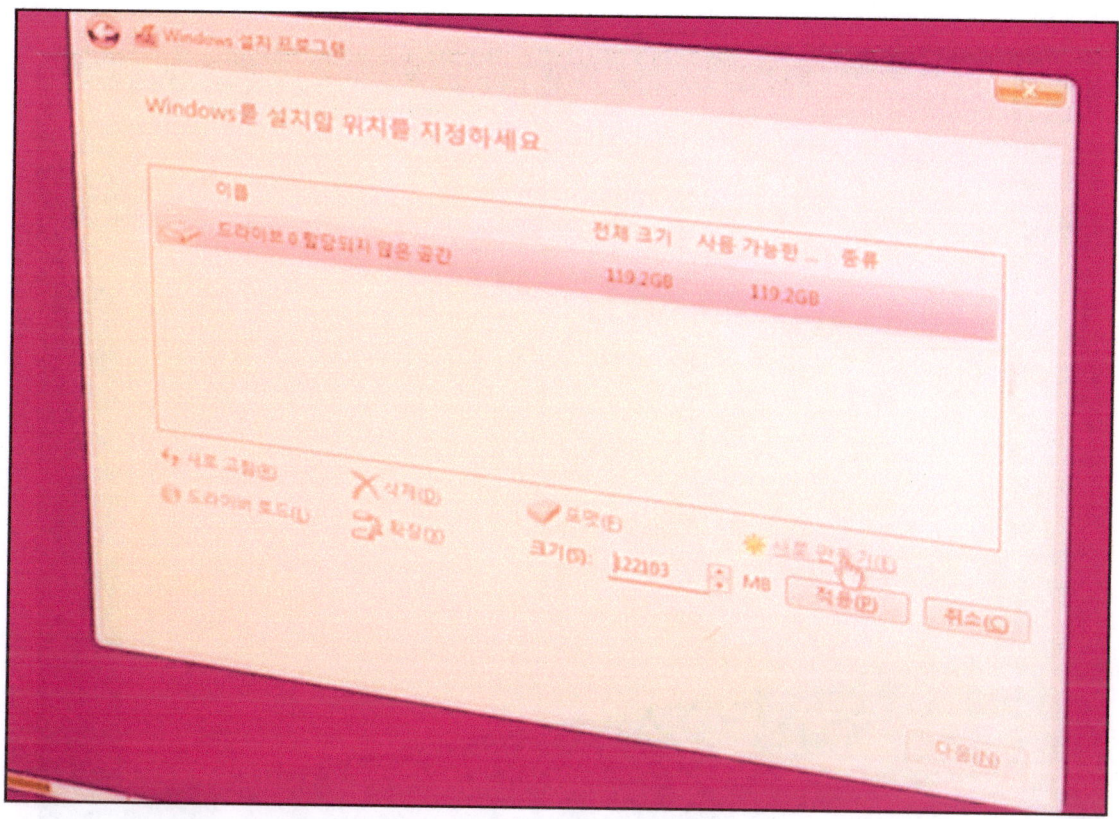

앞쪽의 단계에서 볼륨을 삭제했으므로 공장 초기화가 되어 이 디스크는 현재 사용할 수 없는 상태입니다.

그래서 위의 화면에서 SSD가 선택된 상태에서 위의 마우스가 가리키는 만들기를 클릭하고 모든 용량이 보이는 그대로 [적용]을 클릭하면 위에 보이는 SSD가 하나의 디스크가 되면서 저절로 작은 용량 한 개가 떨어져 나와 작은 파티션이 하나 생기면서 파티션이 분할됩니다.

윈도우 10 시절부터 생겨난 마이크로소프트사의 독특한 방식 때문이고요, 사용자 입장에서는 전혀 필요 없는 작업이지만, Win10 혹은 Win 11을 설치하면서 마이크로소프트사에서 만들어 놓은대로밖에 할 수 없는 노릇이므로 거의 무조건적으로 이렇게 하는 것입니다.

컴퓨터 파워유저가 되면 디스크 관리 혹은 백업 등도 마이크로소프트사에서 만들어놓은 방법을 따르지 않고 각자도생으로 실력이 있는 사람은 기발한 방법으로 디스크 관리 또는 시스템 복원 등을 합니다.

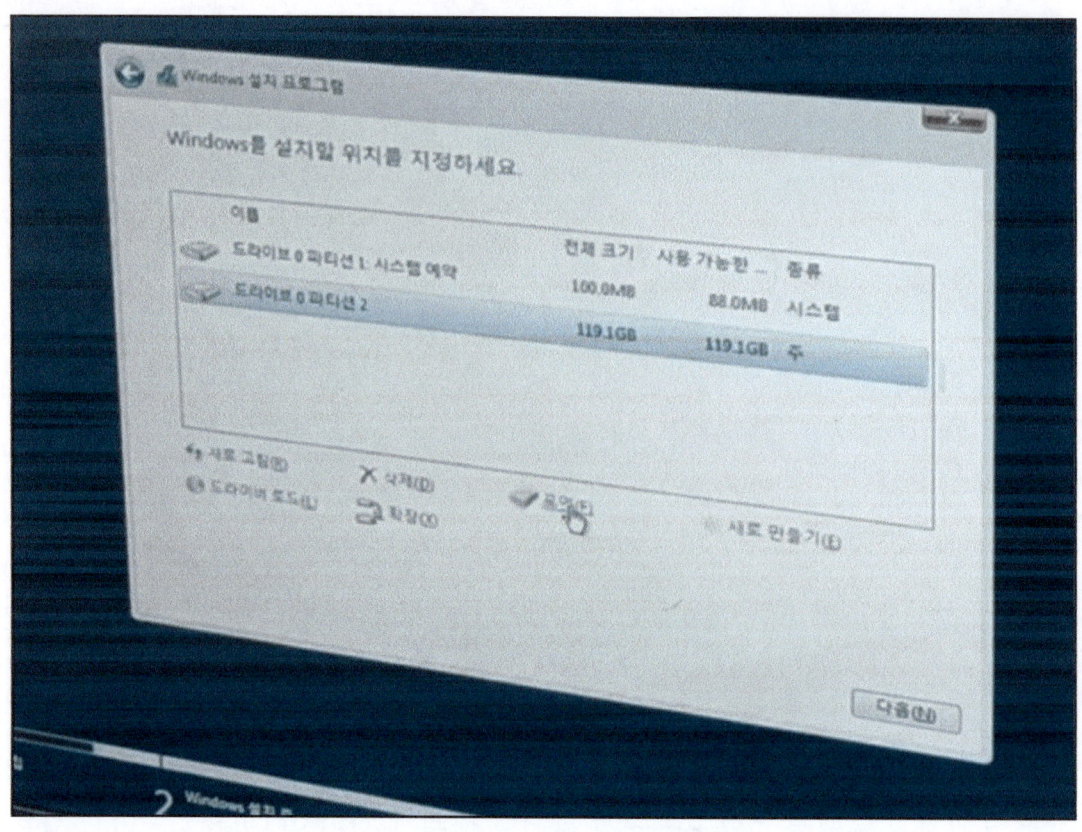

위와 같이 저절로 파티션이 나누어졌고요, 위의 화면 현재 선택된 용량이 큰 파티션을 선택하고 위의 손가락이 가리키는 곳을 클릭하여 포맷을 합니다.

필자는 컴퓨터 자격증도 여러 개 가지고 있고요, 관련 서적도 수십권 집필했고요, 조립 PC를 무려 수 천 대를 조립한 경험이 있는 사람이지만, 이런 필자도 Win 11은 난생 처음 설치를 해서 현재 사용 중이고요,..

이 과정에서 무려 20번 이상 실패를 했고요, 여러가지 원인이 있지만, 가장 큰 원인은 Rufus 버전 3.16을 사용하지 않은 원인이 가장 크고요, 이 과정에서..

위의 화면에서 파티션이 3개로 나누어진 경우도 있었습니다.
현재 MBR로 설치를 하는 중이고요, 혹시 UEFI로 설치하면 파티션이 3개로 나누어지는 것은 아닌지 그것까지는 확인하지 못했습니다.
필자가 샐패를 하면서 MBR로 설치를 했다 UEFI로 설치를 했다 여러 번 반복했고요, 이 때 UEFI는 GPT 디스크에만 설치가 되므로 SSD를 GPT로 변환을 했다가 다시 MBR로 설치를 할 때는 또 다시 SSD를 MBR로 변환을 하는 등 여러 번 반복을 하여 에러가 나서 그랬을 수도 있습니다만, 사용자는 상관할 필요는 없습니다.

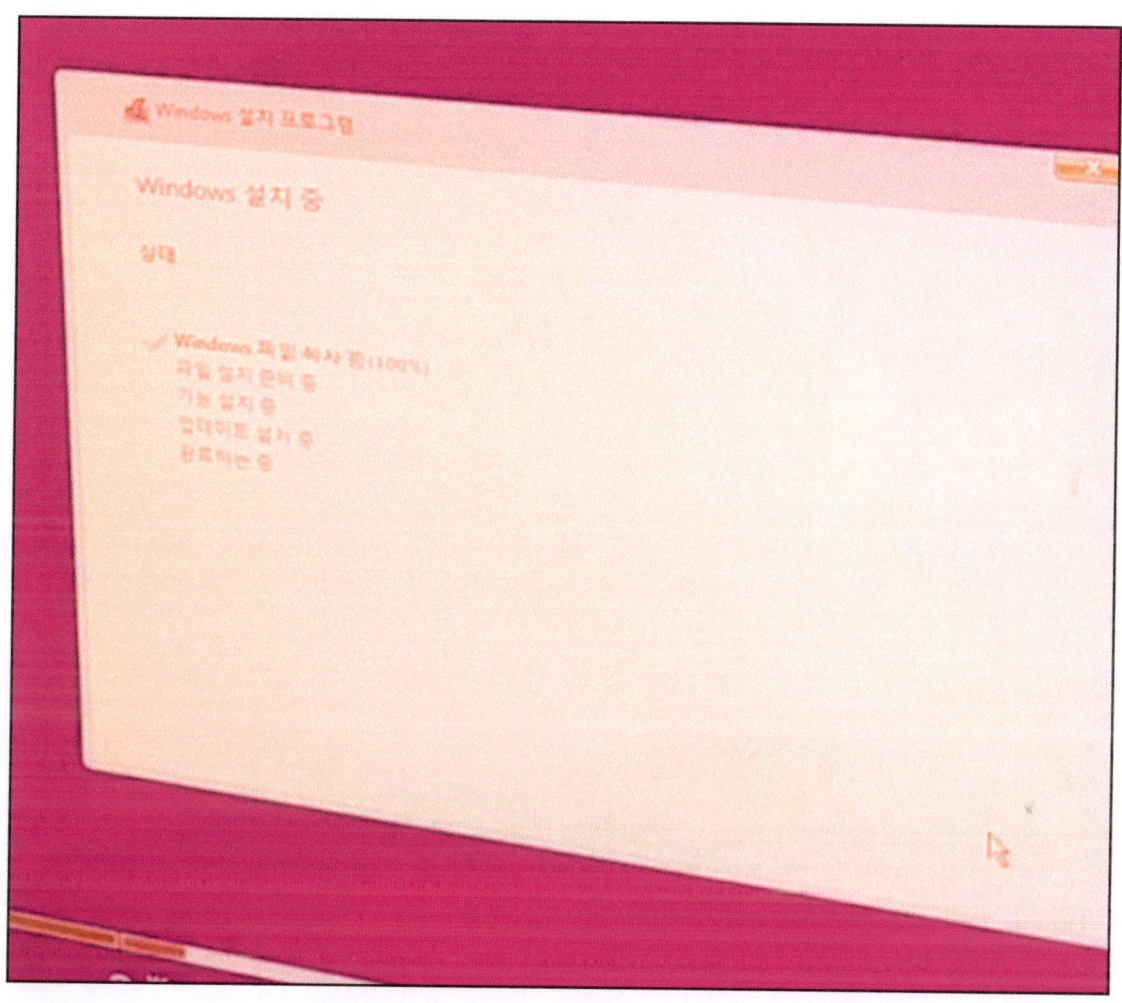

이제 비로서 Win 11 설치가 위와 같이 진행되고요, 위의 과정은 불과 몇 분 아니면 10분 정도 밖에 걸리지 않습니다.

필자의 경우 앞에서 소개한 바와 같이 비교적 저사양 PC인데도 10분이 안 걸렸고요, 이는 윈도우7이나 윈도우10이나 윈도우11이나 동일합니다.

그래서 어디 가지 말고 지켜서서 바라보고 있다가 다음과 같이 재부팅이 될 때 USB에 있는 Win 11 usb 설치 디스크를 빼야 합니다.

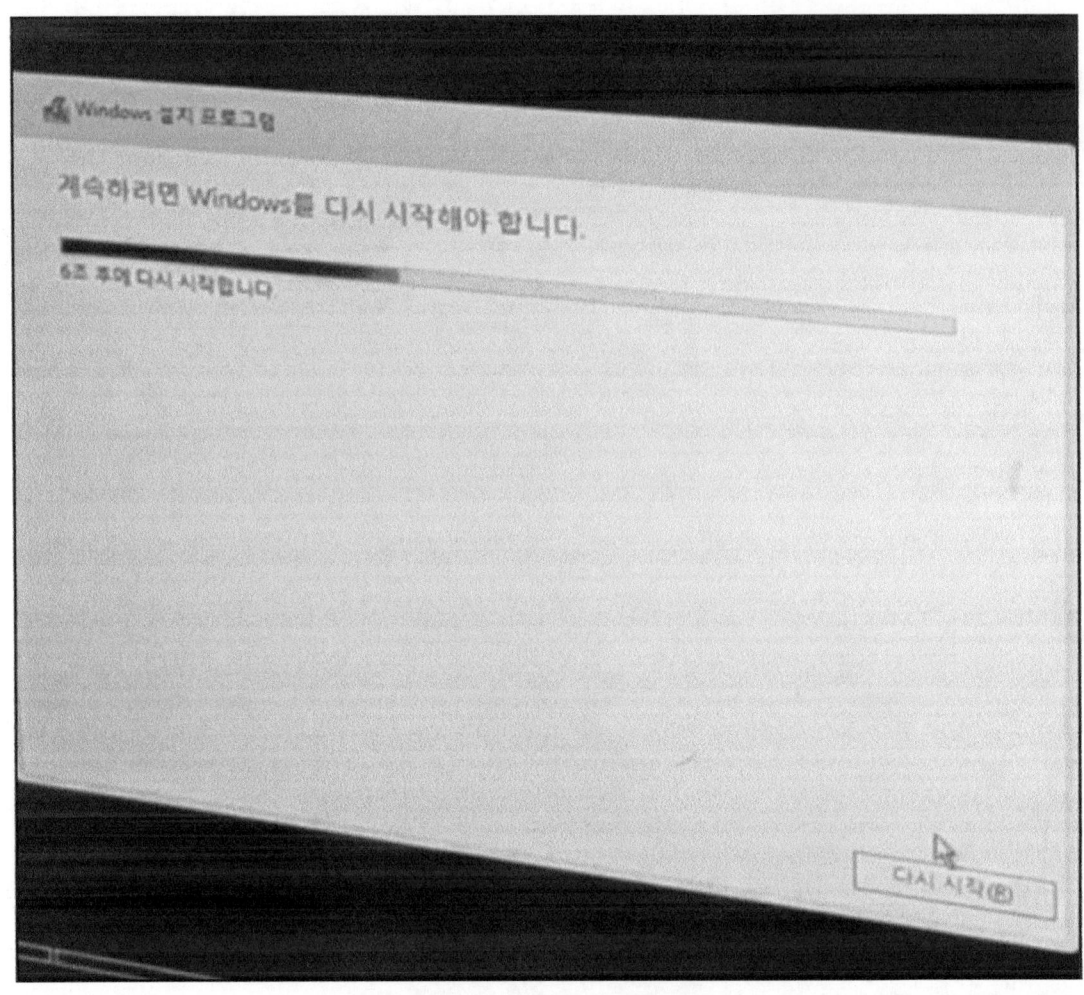

위와 같이 윈도우 설치가 끝나고 재부팅이 될 때 Win 11 usb 설치 디스크를 빼지 않으면 도로 Win 11 설치 화면이 반복되므로 빼야 하고요,..

다른 방법은 재부팅이 될 때 다시 키보드의 Del키를 눌러서 맨 처음 부팅되는 순서를 이제는 SSD로 바꿔주면 됩니다.

중요한 것은 이제부터입니다.

다음과 같이 진행되면서 막히는 부분이 있습니다.
그래서 이 책을 보시거나 필자의 블로그 혹은 [유튜브 채널]에 오셔서 필자가 올린 정보를 보셔야 하는 것입니다.

국가를 물어보는 위의 화면에서는 기본 값으로 한국이고요, [예]을 클릭합니다.

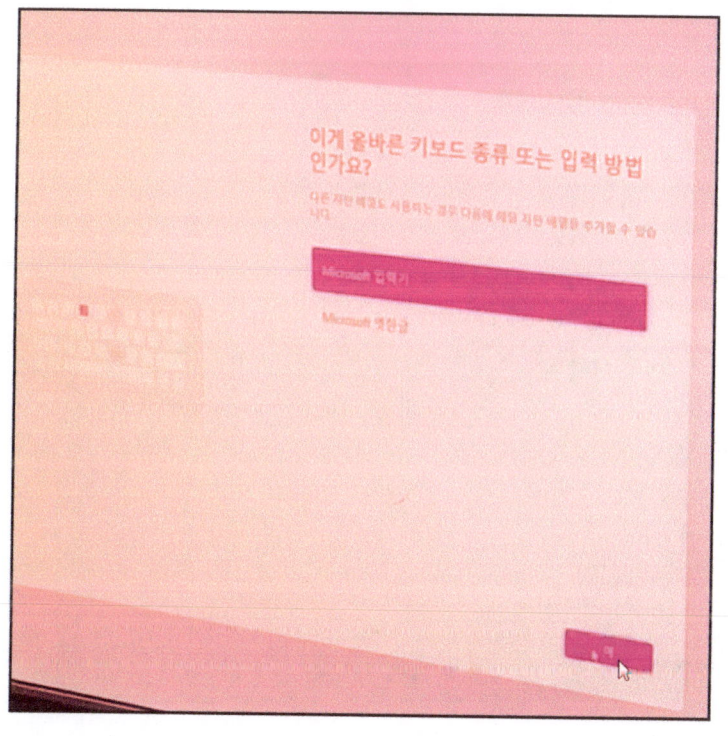

좌측 화면에서도 기본 값으로 선택하고 다음,..

위의 2번째 키보드 레이아웃도 특별한 경우가 아니면 패스합니다.

우측 화면에서 문제에 봉착합니다.

현재 랜선을 빼고 설치를 하는 것이기 때문에 우측 화면에서 건너 뛰어야 하는데 다음 버튼이 활성화가 되지 않아서 다음으로 넘어갈 수가 없습니다.

이 때 다음 방법을 사용하여 우회를 해야 합니다.

[Shift + F10]을 누르면 다음 cmd창, 도스 화면이 나타납니다.

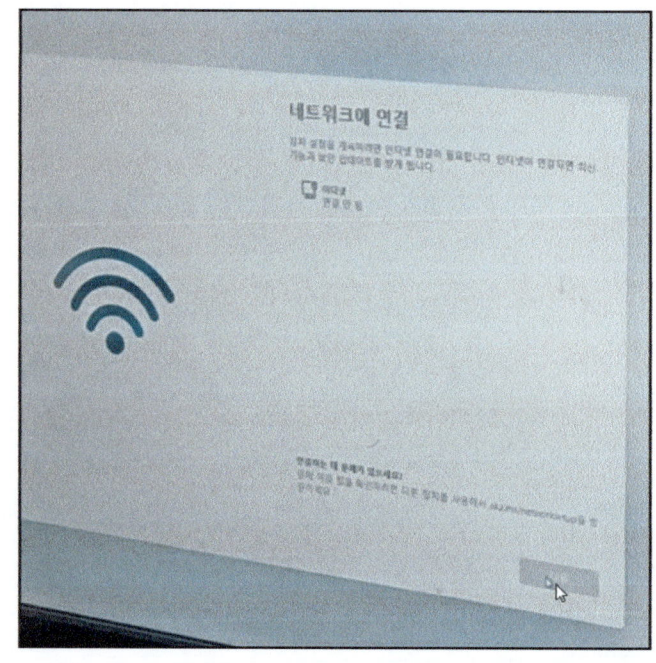

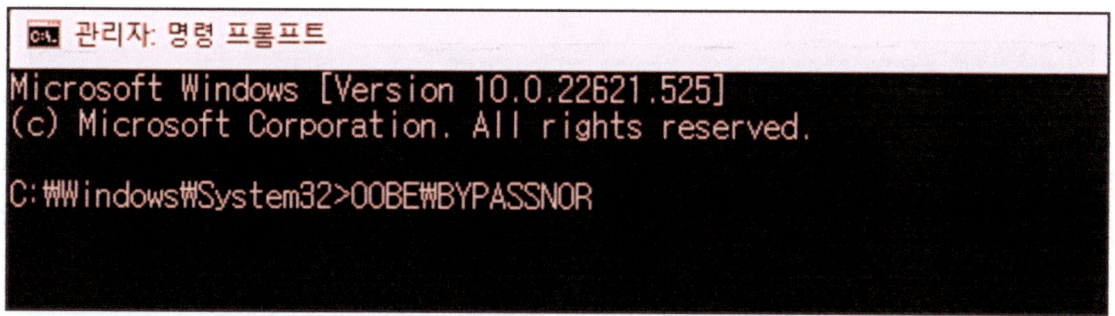

위와 같이 입력을 해야 하는데요, 실제로는 화면에 'OOBE\BY' 까지만 입력하고 엔터를 치면 뒷 부분 명령어는 저절로 입력되면서 진행됩니다.

위와 같이 다시 진행이 되면서 이번에는 위의 화면에 보이는, 마우스가 가리키는 이 단계 건너뛰기 메뉴가 나타납니다.
위의 마우스가 가리키는 [이 단계 건너 뛰기]를 클릭하면 다음 화면이 나타납니다.

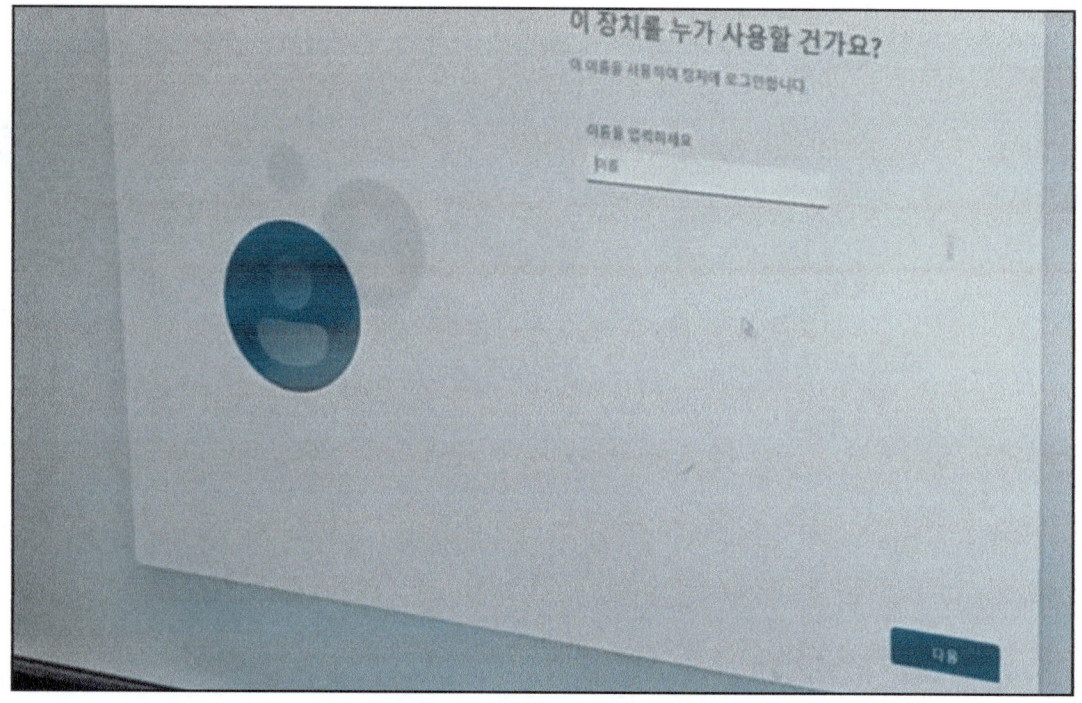

2-2. MS계정이 아닌 로컬 계정으로 설치

원칙적으로는 Win 11 설치시에 랜선을 꽂고 설치를 진행하면 저절로 인터넷 설정이 되면서 위의 단계에서 마이크로소프트 계정으로 로그인을 하여 아이디 및 비밀번호 및 핀 등을 설정해야 하는데요,..
사용자에 따라서는 혹은 같은 Win 11 이라도 설치하는 빌드에 따라 마이크로소프트 계정으로 로그인을 하더라도 로컬 계정을 만들 수는 있지만, 만일 그렇게 하면 로컬 계정은 마스터 계정이 아니기 때문에 권한이 부족하여 프로그램 설치나 파일 삭제 등을 할 수 없는 불상사가 발생 할 수 있습니다.

그래서 현재 랜선을 빼고 설치를 하는 것이며 위의 단계에서 마이크로소프트 계정이 아닌 로컬 계정으로 윈도우 11을 설치하는 것이고요, 개인이라면 위의 화면에서 자신이 사용할 이름을 입력해도 되고요, PC정비사 등 다른 사람의 PC에 Win 11을 설치하는 것이라면 위의 로컬 계정 입력 화면에 영문이든 한글이든 숫자든 어떤 것을 입력해도 되고요, 이것은 나중에 설정에 들어가서 자신의 계정 이름을 바꾸고 비밀번호도 바꿀 수 있으므로 타인의 PC라면 반드시 이렇게 해야 합니다.

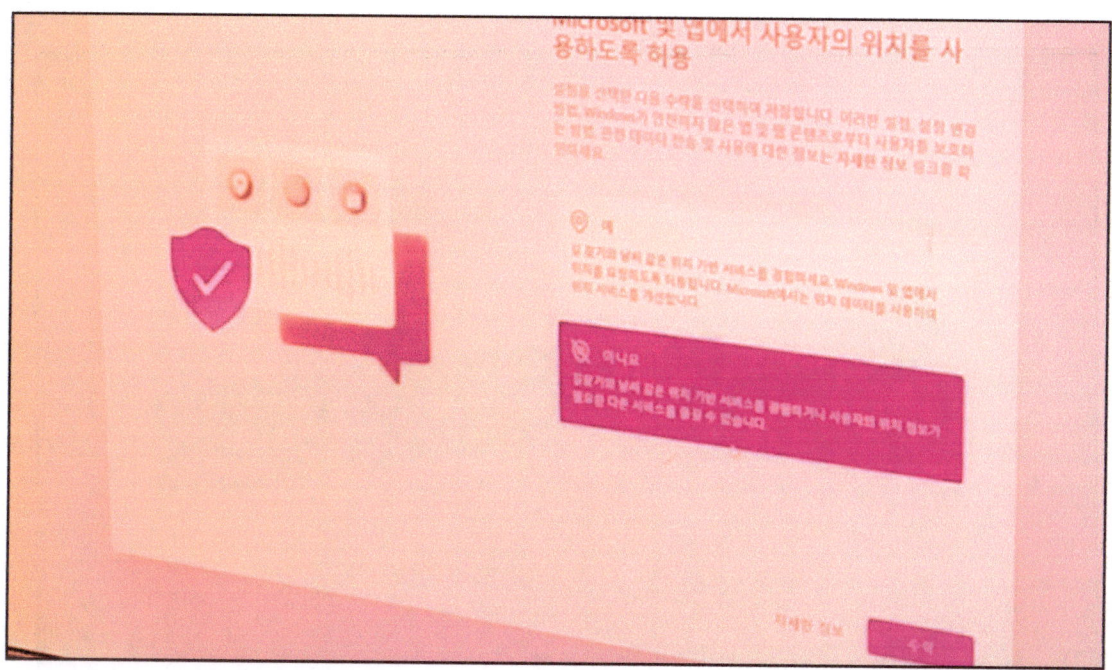

지금부터는 화면의 안내를 잘 읽어보고 답변을 해야 합니다만, 대체로 밑에 있는 항목을 선택하면 무난합니다.

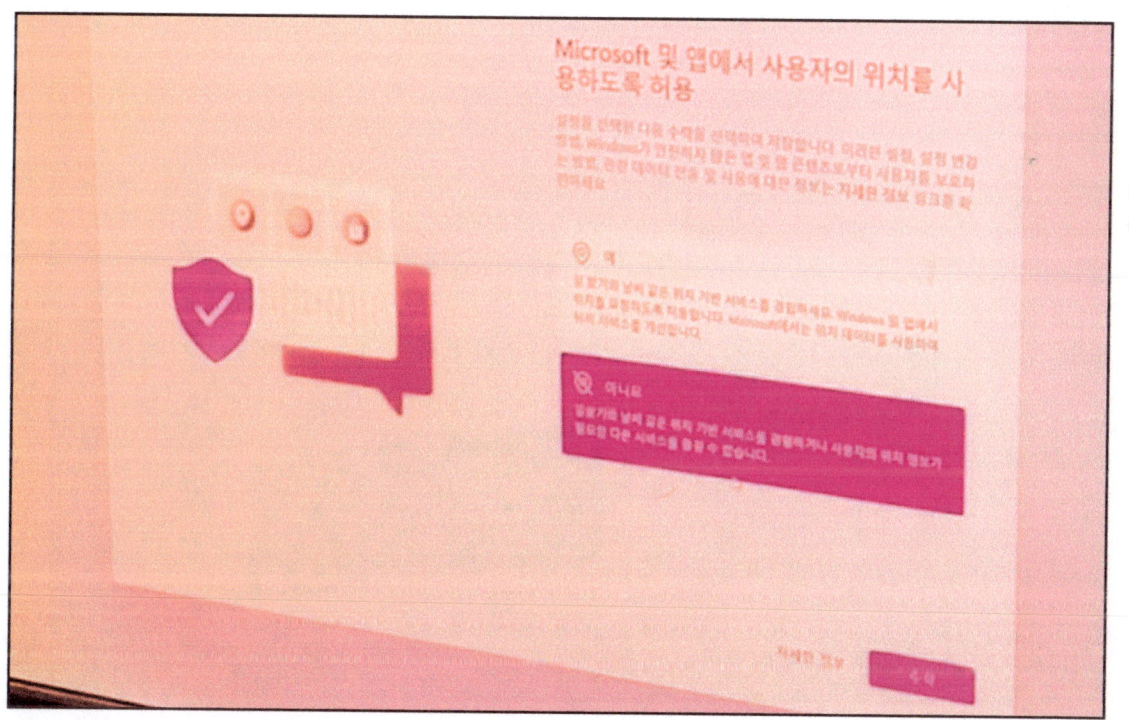

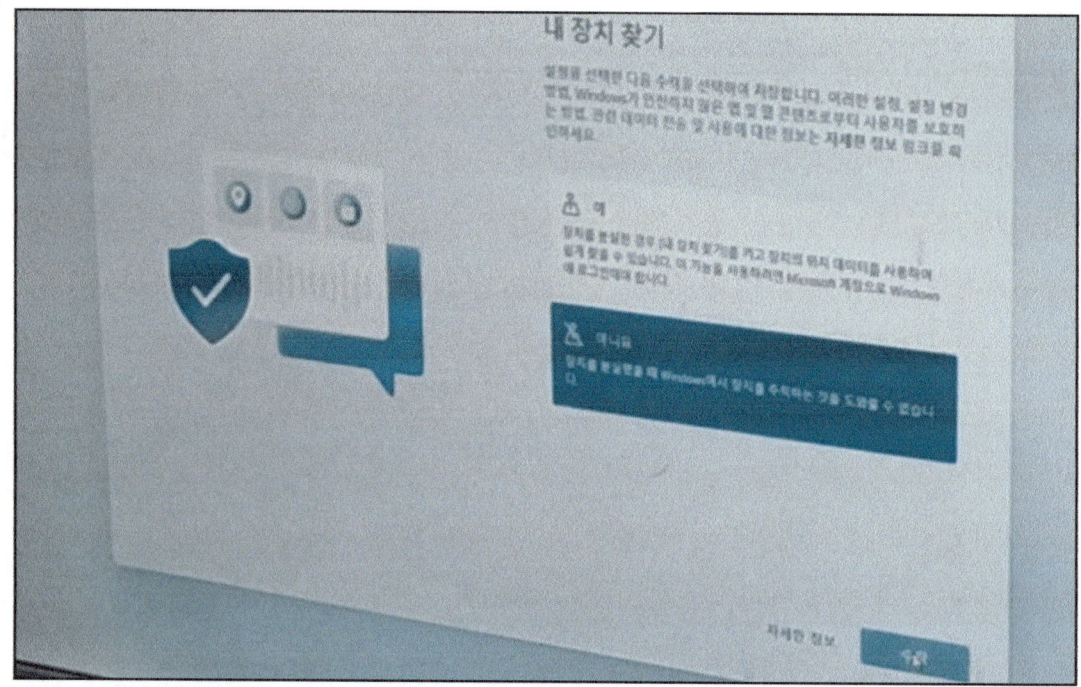

위의 내 장치 찾기도 보편적으로 아래를 선택하면 무난하고요, 그러나 개인이라면 위의 설명을 잘 읽어보고 다른 답변이 필요할 수도 있습니다.

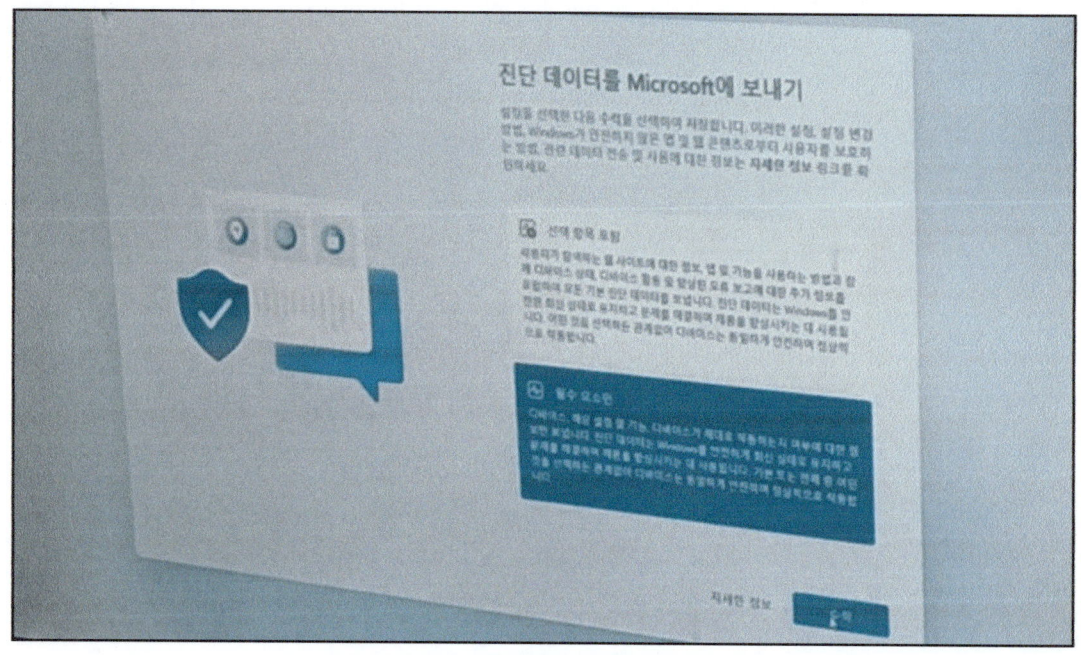

앞의 진단 데이터 보내기도 안함으로 했습니다만, 이 역시 개인이라면 잘 읽어보고 선택을 해야 하고요,..

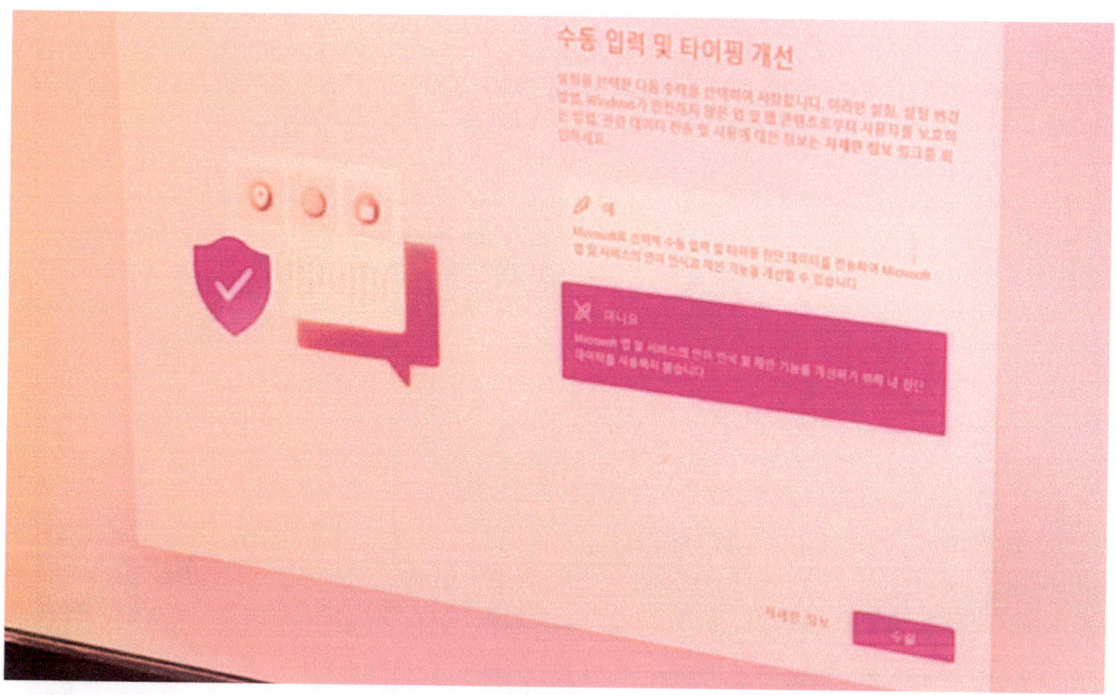

드디어 윈도우 11 설치가 끝이 났습니다.

그러나 끝이 아니라 이제부터 시작입니다.
인터넷을 하기 위해서는 랜선을 꽂아야 하며 랜선을 꽂으면 필연적으로 인증을 해야 합니다.

2-3. Win 11 정품 인증

자신이 산 속에서 세상과 인연을 끊고 혼자 살겠다고 하는 사람이라면 랜선을 꽂지 않아도 되지만, 현대인이라면 인터넷에 연결하지 않으면 안 됩니다.

Win 11은 랜선을 꽂으면 모든 것이 완전 자동으로 인터넷에 연결됩니다.

물론 네트워크 구성은 다른 문제이므로 뒤에 다시 설명을 하고요,..

문제는 랜선을 꽂는 순간 이 PC가 정품인지 아닌지 마이크로소프트사에서 금방 알아챕니다.

그래서 가장 먼저 인증을 해야 하고요, Win 11 인증 역시 윈도우7이나 윈도우 10과 별반 다르지 않고요, 다만 윈도우 11은 매우 심플하고 간결한 느낌이지만, 메뉴가 윈도우10에 비하여 엄청나게 많아졌습니다.

그래서 다소 복잡한 방법을 사용해야 합니다.

어차피 인증을 하지 않으면 지속적으로 인증해야 한다고 나오므로 클릭해서 인증을 해도 됩니다만, 제어판에서 인증하는 방법부터 설명합니다.

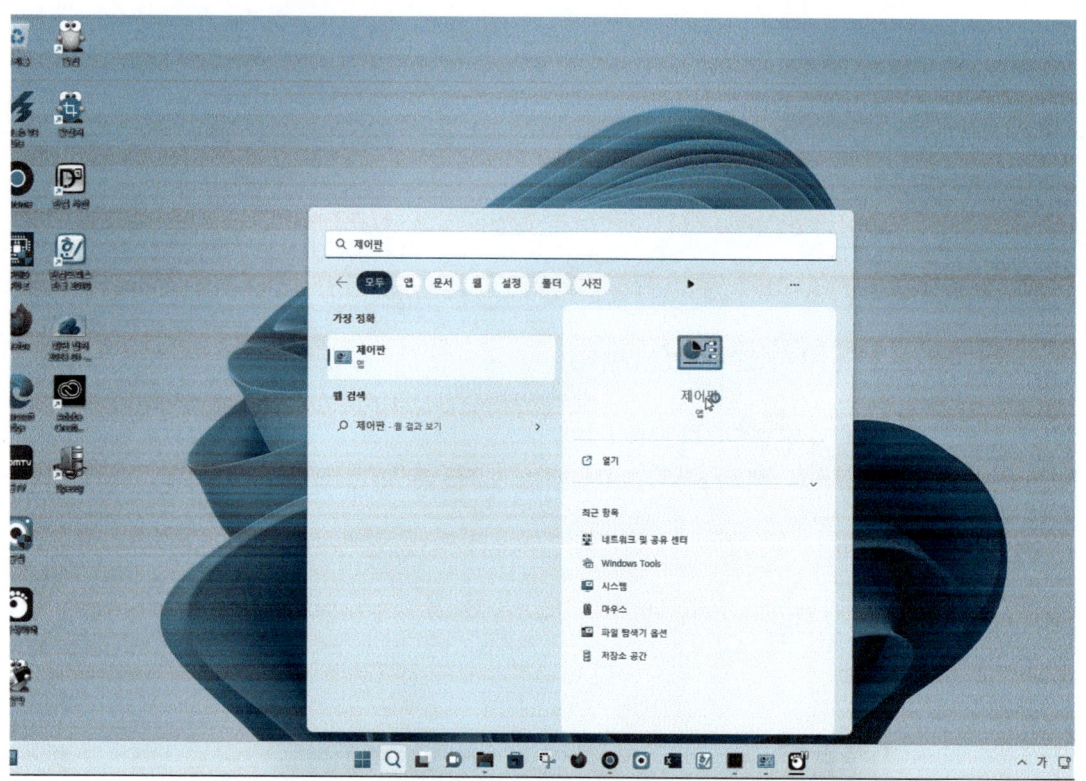

윈도우 11은 위와 같이 매우 간결하고 매우 심플합니다.

메뉴는 엄청나게 많으므로 대부분 검색해서 찾아야 하고요, 시작 버튼도 좌측에 있는 것이 아니라 가운데 있습니다.

그러나 필자의 오랜 경험으로 보아 Win 11 설치 이후 화면이 필자와 다를 수도 있다는 것을 염두에 두시고요, 조금씩 틀리는 부분은 여기 설명 참조하여 찾으면 됩니다.

일단 인증을 하기 위해서는 앞의 화면에 보이는 것과 같이 화면 가운데 쯤에 있는 시작을 누르고 제어판을 입력하여 제어판으로 들어갑니다.

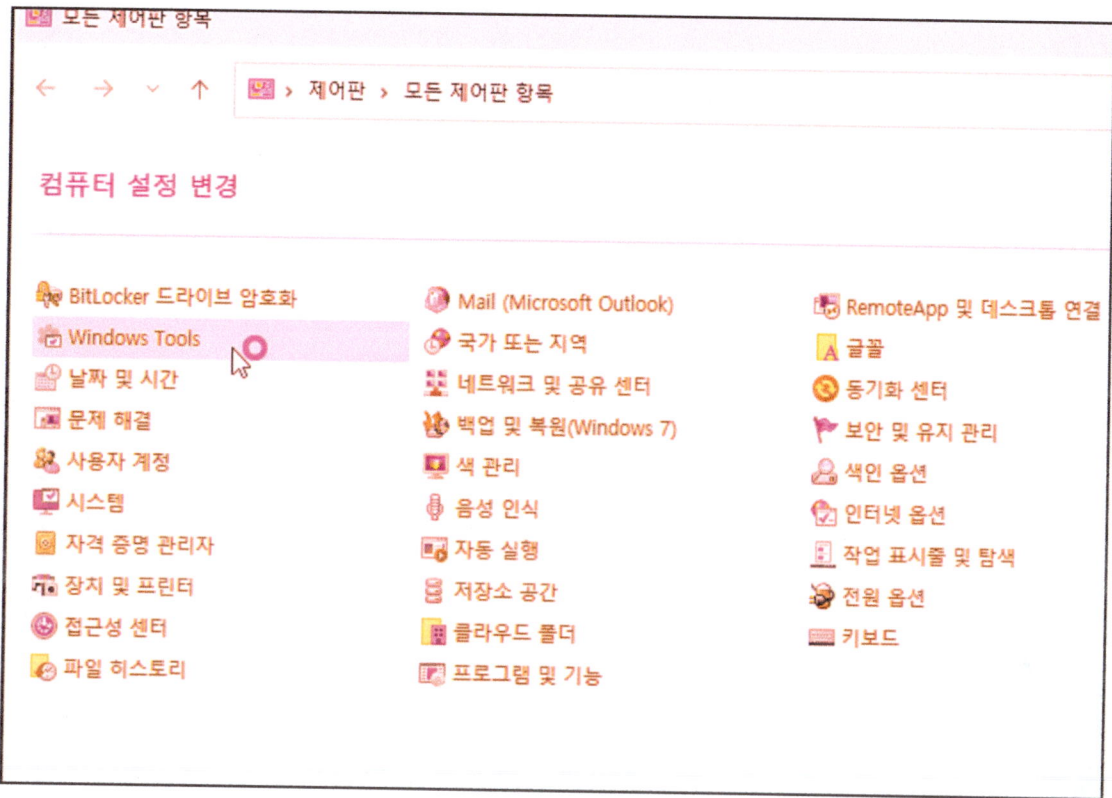

제어판 초기 화면은 윈도우7이나 윈도우10과 별반 다르지 않게 보입니다만, 위의 마우스가 가리키는 [Windows Tools]를 클릭하면 수 많은 메뉴가 들어 있고요,. 그리고 필자가 윈도우 11을 설치하고 맨 처음 제어판을 들어 왔을 때는 제어판에 설정 메뉴가 있었습니다.

그러나 일단 맨 처음 설정 화면에 들어간 후에는 설정 메뉴가 제어판에 나타나지 않고 시작을 누르면 바로 나타납니다.
다음 화면을 보세요..

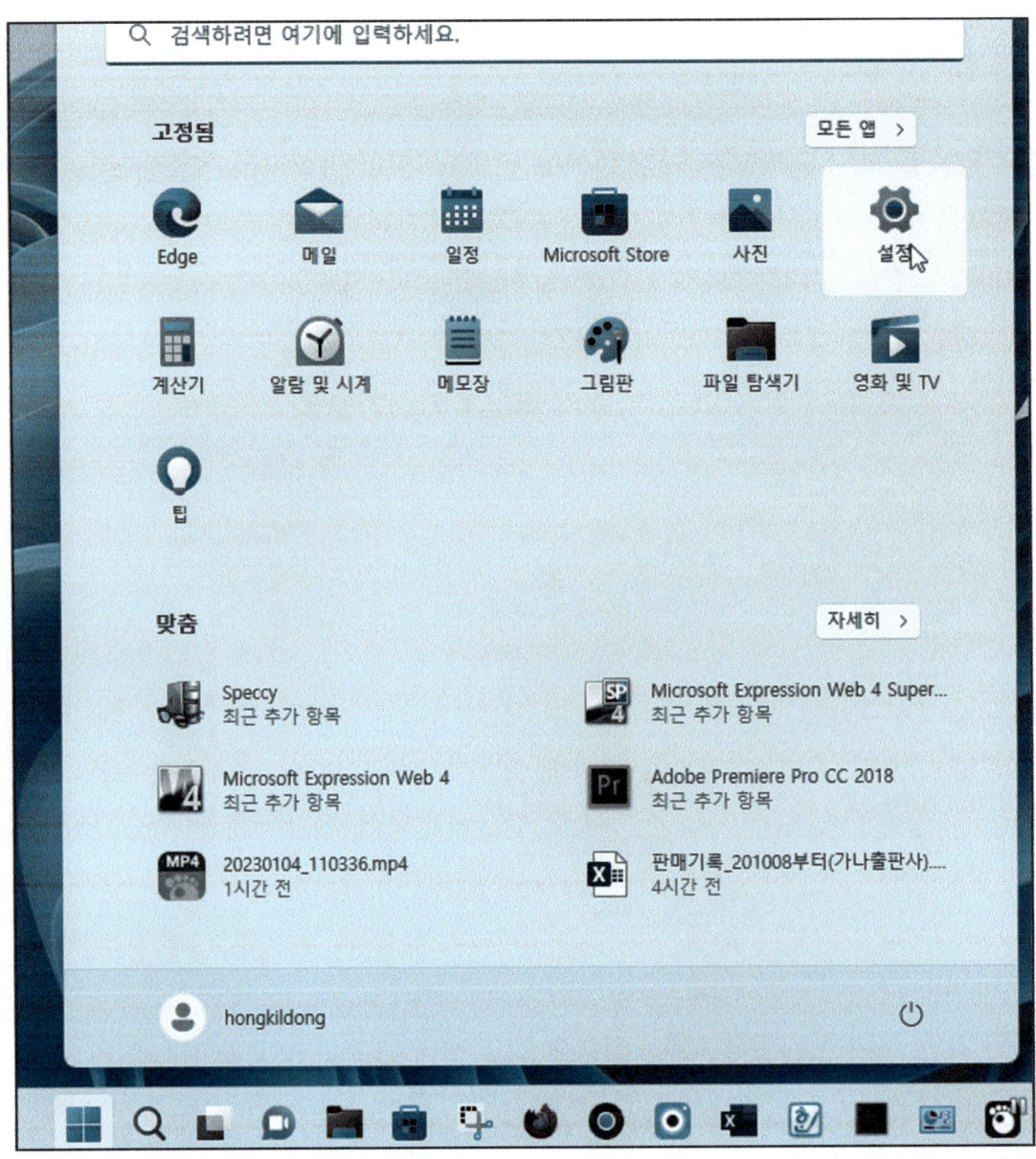

위의 화면 하단 맨 좌측 작은 사각형 4개가 모여 있는 것이 시작 버튼이고요, 이것 역시 필자와 다른 사람이 있을 수도 있고요, 위의 화면 우측 상단 마우스가 가리키는 [설정] 메뉴가 맨 처음에는 제어판에 있었지만, 처음 메뉴를 클릭하여 들어간 후에는 위에 보이는 것과 같이 제어판에는 나타나지 않고요, 시작을 눌러야 나타나고요, 위의 마우스가 가리키는 [설정]을 클릭하면 다음 화면이 나타납니다.

위의 화면에서 마우스가 가리키는 시스템을 다시 한 번 클릭하면 다음 화면이 나타납니다.

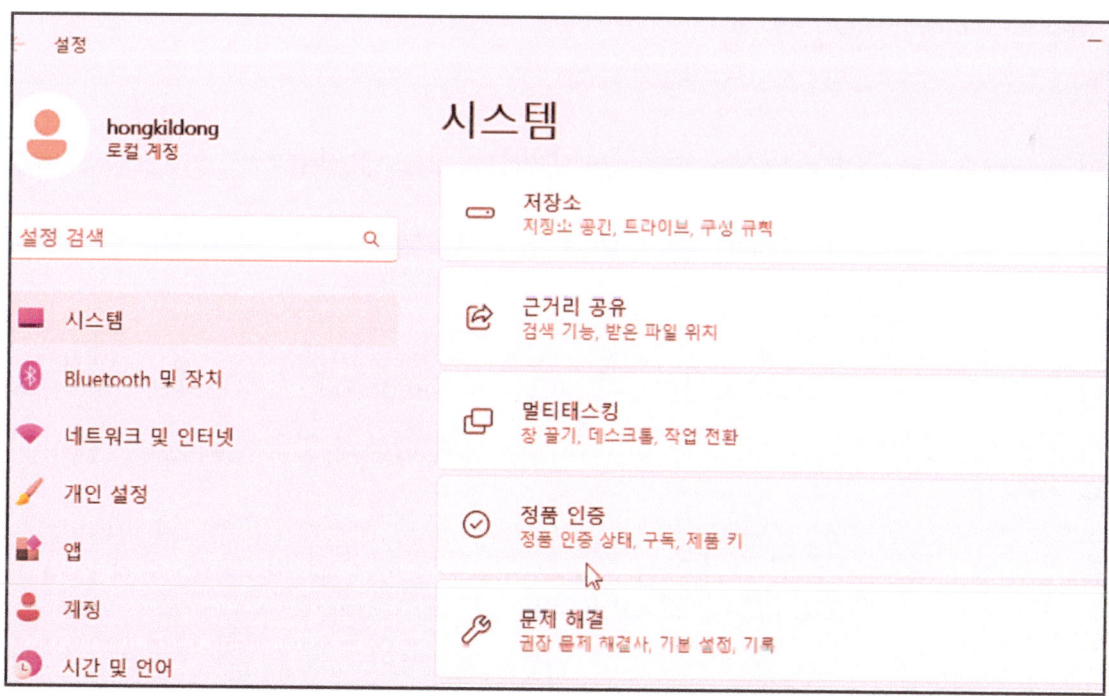

앞의 화면 마우스가 가리키는 정품 인증을 클릭하여 제품 키를 입력하면 정품 인증이 되는데요, 문제는 정품을 사용하지 않는 사용자가 문제입니다.

간혹 정품 인증 크랙 문의를 하시는 분이 있는데요, 필자는 책을 쓰는 작가이며 출판사를 운영하는 공인의 한 사람으로서 그런 방법까지 알려 드릴 수는 없습니다.
개인이 사용하는 것까지 단속을 하는 것은 필자도 불만입니다만, 사실 개인이 사용하는 것까지 단속하는 예는 거의 없습니다.

그러나 무언가 법에 저촉되는 일을 했다면 비 정품 사용자는 나중에 크게 경을 칠 수 있다는 것을 아시고요, 원칙적으로 정품을 사용하는 것이 정석이라는 것을 아시기 바랍니다.

그리고 문제는 윈도우즈 운영체제만 정품이어서 되는 것이 아닙니다.
운영체제는 문자 그대로 빈 깡통에 불과한 PC를 무언가 작업을 할 수 있도록 해 주는 운영체제일 뿐입니다.

하다못해 문서를 작성하기 위해서는 MS워드나 한글 프로그램, 수치 계산 프로그램인 엑셀 프로그램을 사용하지 않는 사람이 거의 없고요,..

기타 웹 서핑은 기본이므로 웹 문서를 만드는 프로그램, 프로그래밍 언어, 포토샵, 일러스트, 동영상 편집하는 프리미어 등등..

거의 모든 프로그램이 마이크로소프트사의 제품이라는 점입니다.

결국 개인은 백만장자가 아닌 바에야 이 모든 프로그램을 정품으로 사용하는 것은 사실상 불가능합니다.

그러나 보다 저렴하게 각종 프로그램을 사용할 수 있는 방법이 없는 것은 아닙니다.
지금은 과거와 달리 프로그램을 돈을 주고 사는 것이 아니라 일종의 임대하는 방식입니다.

즉, 일정한 돈을 내고 일정 기간 해당 프로그램을 사용하는 방식인데요, 사실 필자와 같은 유저들도 할말이 없는 것이 아닙니다.

세상에는 알려지지 않는 기인이사가 많기 때문에 전세계 어디에서든지 뛰어난 프로그래머가 나와서 어떠한 프로그램을 개발을 해서 조금만 유명해지면 마이크로소프트사에서는 금액을 불문하고 인수해 버립니다.

장차 자신들의 경쟁 상대를 미리 꺾어 버리는 것인데요, 마이크로소프트와 쌍벽을 이룰 정도로 거대한, 포토샵을 만든 어도비사 역시 마이크로소프트사에서 인수를 하여 지금은 마이크로소프트 어도비가 되었고요,..

웹에디터로 유명한 매크로미디어사의 플래시나 드림웨버 등도 마이크로소프트사에서 인수를 하여 사라져 버렸고요, 사실상 전세계에서 가장 큰 독과점 업체가 바로 마이크로소프트사입니다.

우리나라의 한글과 컴퓨터사 역시 마이크로소프트사에 매각될 위기에 처했을 때 한글8.15를 시판하여 필자도 구입했고요, 국민적 성원을 받아서 다행히 우리나라는 전세계 유일의 자국 토종 워드 한글 플그램이 마이크로소프트사로 넘어가지 않고 지금도 명맥을 유지하고 있고요, 필자는 한글 2020 책을 집필하면서 역시 한글 2020 정품을 구입했고요,..

포토샵 등의 다른 프로그램들도 저렴하게 사용할 수 있는 플랜이 있습니다.

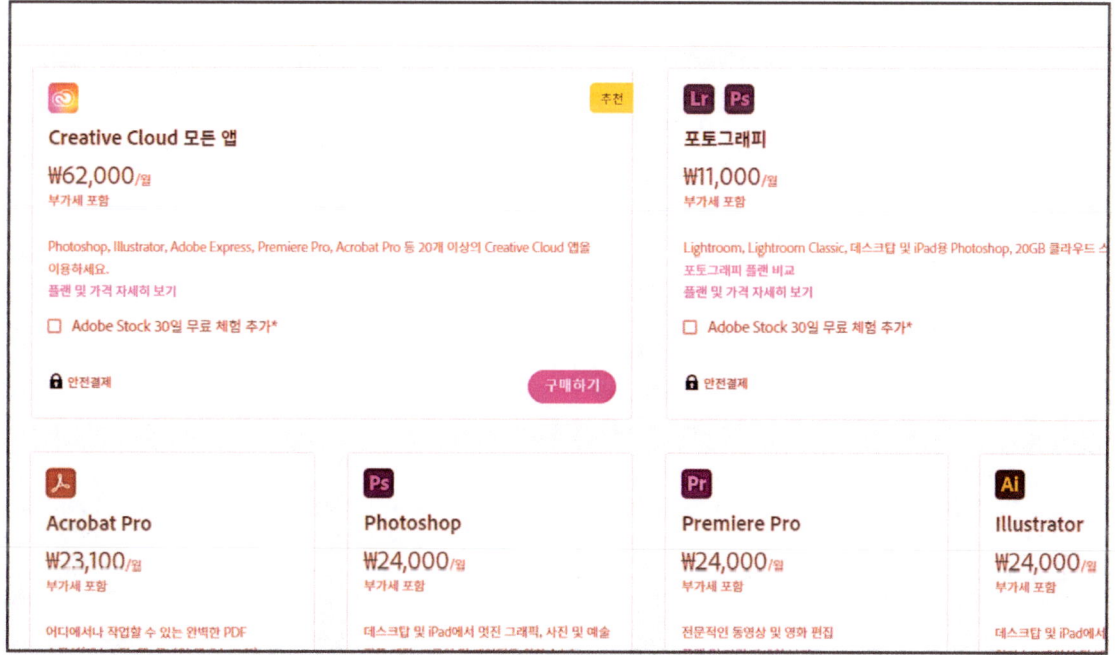

매월 24,000원에서 6,2000원 정도면 원하는 프로그램을 사용할 수 있고요, 가장 저렴한 비용으로 월 11,000원의 플랜도 있습니다.
따라서 정품 구입이 사실상 불가능한 개인의 경우 이런 다양한 어도비 플랜 등을 이용하여 저렴한 가격으로 정품 프로그램을 사용할 수 있는 길이 있으며 대학생의 경우 학생용 플랜을 사용하면 이보다 더 저렴하게 이용할 수 있습니다.

사실 사용자 입장에서 보면 정부 기관, 관공서, 은행, 중소기업 이상 대기업 등에서는 어김없이 정품을 사용하고 있고요, 이러한 기관에서는 정품을 사용하지 않으면 정품 구입 비용보다 더 많은 비용을 지불해야 하기 때문에 정품을 사용할 수 밖에 없고요, 따라서 마이크로소프트사에서는 이렇게 전세계의 모든국가에서 정품을 사용하는 곳이 많기 때문에 전세계에서 가장 큰 부자이며 따라서 개인에게까지 정품 인증을 요구하는 것은 너무한 것이 사실입니다.
이러한 정품 인증과는 별개로 자사의 프로그램이 일단 널리 펴져서 많은 사람들이 그 프로그램을 익혀서 많은 사람들이 그 프로그램을 사용해야 프로그램 개발사도 이익이므로 사실상 개인이 사용하는 프로그램까지 제한을 하지는 않습니다만, 엄밀하게는 개인도 정품을 사용하는 것이 원칙이라는 것을 알아야 합니다.

Win 11 네트워크

우측 화면은 방금 구글 크롬에서 검색한 것이고요, 우측 화면의 설명과 같이 네트워크, Network 는, Net과 Work가 합쳐진 언어로 그물망처럼 짜여진 통신 형태라고 할 수 있습니다.
초기 컴퓨터 네트워크는 미국에서 군사용으로 개발된 것이 시초이고요, 오늘날에는 우측과 같이 정의할 수 있고요, 한국통신 혹은 SK텔레콤 등에 가입하면 깔아주는 선이 WAN, 즉, 광대역 통신망이고요, 이것을 공유기에 꽂아서 가정이나 사무실에 2대 이상의 컴퓨터를 연결하는 것이 바로 LAN, 즉, Local Area Network, 즉, 근거

리 통신망이고요, 일부 특수한 사람들 이외에는 네트워크라 하면 바로 이렇게 랜선을 끼우고 옆에 있는 컴퓨터와 연결하는 근거리 통신망, 즉, LAN을 의미한다고 할 수 있습니다.

사실 네트워크는 이렇게 간단히 설명해서 될 일은 아닙니다.
제대로 파고들면 대학교에서 4년간 전공을 해야 할 정도입니다만, 개인이 가정이나 사무실에서 PC를 사용하는 것은 LAN, 즉, 근거리 통신망만 알면 됩니다.

이런 복잡성은 제쳐두고라도 요즘은 가정이라도 PC가 보통 2대 이상이며 소규모 사무실이라도 최소한 PC가 2대 이상입니다.

이렇게 2대 이상의 PC를 랜선을 이용하여 혹은 무선으로 연결하는 것을 네트워크라고 할 수 있으며 Win 11을 설치한 후에 옆에 있는 윈도우10이나 윈도우7을 사용하는 PC와 공유기를 거쳐서 랜선을 꽂아서 서로 네트워크가 돼야 합니다.

그런데 나날이 복잡해지는 사회 구조와 맞물려서 PC 운영체제 역시 새로운 보안 문제가 대두되어 마이크로소프트사에서 새로 나오는 운영체제는 어김없이 개인은 네트워킹을 쉽게 할 수 없도록 갈수록 어렵게 하고 있습니다.

그래서 윈도우11도 윈도우10과 마찬가지로 일반 개인은 네트워크 구성을 쉽게 할 수가 없습니다.

PC설정을 아무리 잘 해도 네트워크가 안 되기 때문입니다.
윈도우7에서는 그토록 쉽던 네트워킹이 윈도우10 이후에는 일반 설정으로는 도저히 네트워킹이 되지 않으며 물론 필자보다 더 훌륭한 고수라면 네트워킹을 쉽게 하는 사람도 있을 것입니다.

그러나 필자 역시 네트워크를 전공한 것은 아니지만, PC간 네트워크 정도는 식은 죽 먹기로 할 수 있는데도 불구하고 그냥 설정을 해서는 좀처럼 네트워킹이 되지 않습니다.

그래서 필자가 나름대로 연구를 하여 알아낸 방법이 있습니다.

윈도우10과 윈도우11은 부팅후 네트워크를 초기화시키고 다시 재부팅을 해서 네트워크를 개인 네트워크로 지정해 주는 방식입니다.

참고 : 윈도우10과 윈도우11 인스톨 후 업데이트가 되면 자동으로 네트워킹이 되지만, 운영체제 설치 직후에는 이렇게 해야 네트워크가 됩니다.

2-5. 네트워크 초기화

그래서 윈도우10과 윈도우11은 일단 부팅 후 네트워크를 초기화 시키고 다시 재부팅을 해서 네트워크를 개인 네트워크로 지정을 해야 하는데요, 네트워크 초기화는 다음 방법으로 합니다.

우측 화면에 보이는 것과 같이 [시작]클릭, 우측 화면 마우스가 가리키는 [설정]을 클릭합니다.

위의 화면 검색어 입력 란에서 검색을 하거나 위의 마우스가 가리키는 [네트워크 및 인터넷]을 클릭하고, 아래 화면에 보이는 창에서, 우측 메뉴를 스크롤하여 밑으로 내려서 아래 화면에 보이는 [고급 네트워크 설정]을 클릭합니다.

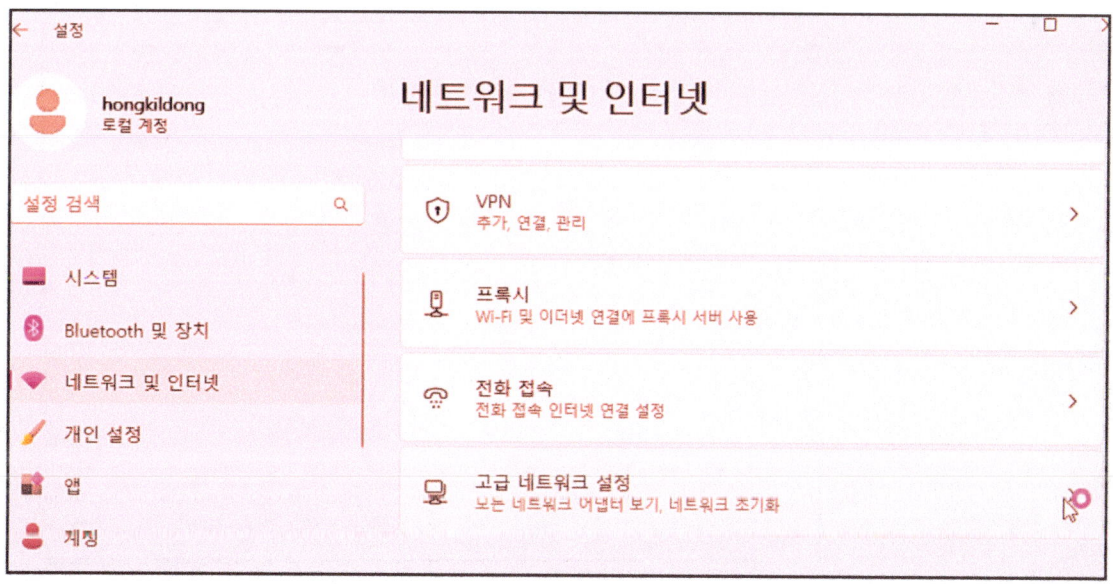

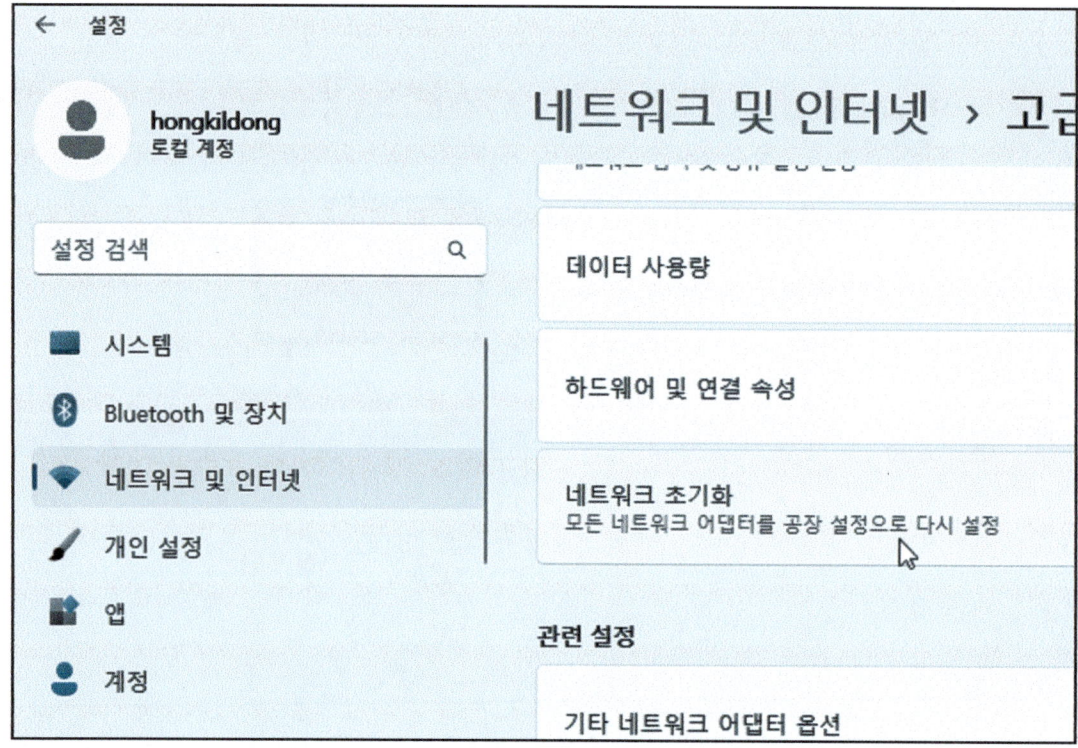

위의 마우스가 가리키는 [네트 워크 초기화]를 클릭합니다.
만일 보이지 않으면 마우스 휠로 위 아래로 스크롤하면 나타납니다.

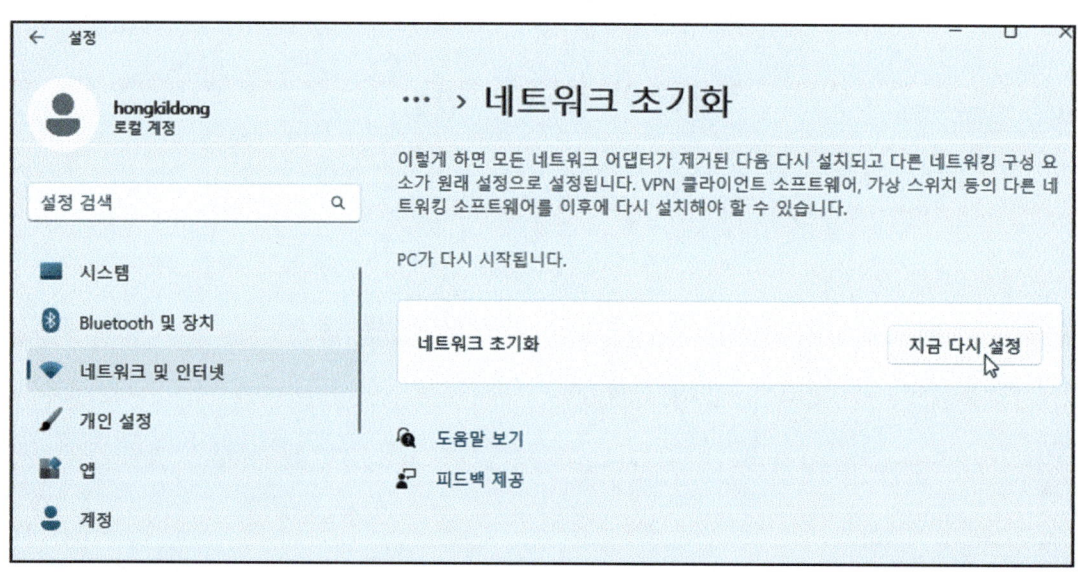

위의 화면에서 [지금 다시 설정]을 클릭하고 나타나는 팝업에서 예를 클릭하고 재부팅을 하는데요, 필자의 경우 필자가 지금 이 책을 집필하는 Win 11을 사용하는 컴퓨터는 시작을 눌러서 종료 버튼이 나오지 않습니다.

대신 시작 버튼을 마우스 우클릭하면 우측 화면에 보이는 메뉴가 나타나서 종료 혹은 재시작 할 수 있고요,..

또 한 가지 방법은 종료 하고 싶을 때 키보드의 [Ctrl + Alt + Del] 키를 누릅니다.

또는 [Ctrl + Alt + Del] 키를 누르면 화면이 까맣게 변하면서 우측에 종료 및 재시작 버튼이 나타납니다.

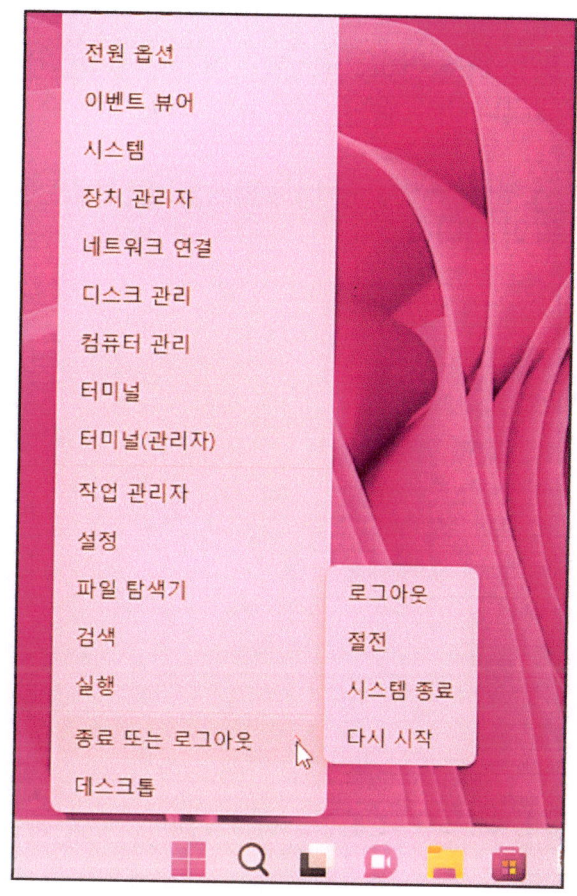

2-6. 재부팅 후 개인 네트워크로 설정

앞에서도 언급했습니다만, 윈도우10과 윈도우11 에서는 네트워크 전문가가 아니면 설정으로 네트워킹을 하는 것은 사실상 불가능합니다.

필자도 여러가지 방법으로 시도를 해 보았는데요, 설정에서는 분명히 네트워킹이 되도록 설정을 해도 네트워킹이 되지 않았습니다.

이 또한 필자보다 더 훌륭한 실력을 가진 사람은 설정을 조절해서 네트워킹을 하는 사람도 있을 것입니다.

그러나 필자의 경험상 필자를 포함한 일반인은 지금 설명하는 방법으로 네트워킹을 하는 것이 가장 쉽고 머리 아프게 고민하지 않아도 되는 방법입니다.
그러나 아직 끝난 것이 아닙니다.

재 부팅 후 반드시 네트워크를 개인 네트워크로 설정을 해야 다른 컴퓨터와 네트워킹이 됩니다.

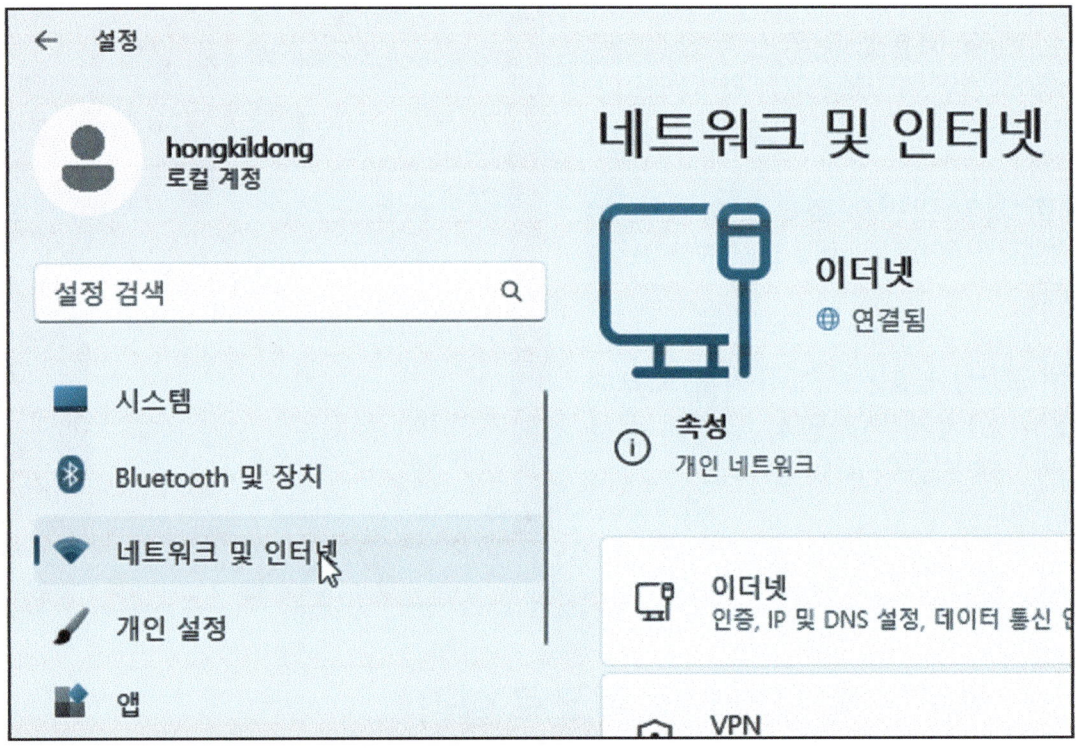

재 부팅 후 다시 [시작] - [설정]을 클릭하여 위의 설정 창을 엽니다.

위의 설정 창에서 마우스가 가리키는 [네트워크 및 인터넷]을 클릭하면 화면 우측에 위에는 [속성 - 개인 네트워크]로 나타나지만, 조금 전에 네트워크를 초기화시키고 재부팅이 된 직후에는 이곳이 공용 네트워크로 되어 있습니다.

그래서 위의 [속성 개인 네트워크]로 보이는 곳을 클릭하여 공용 네트워크로 되어 있는 것을 개인 네트워크로 클릭 지정해야 하는데요,..

이 메뉴가 그냥은 나타나지 않습니다.
마우스 휠로 스크롤하여 아래 위로 올리면 나타납니다.

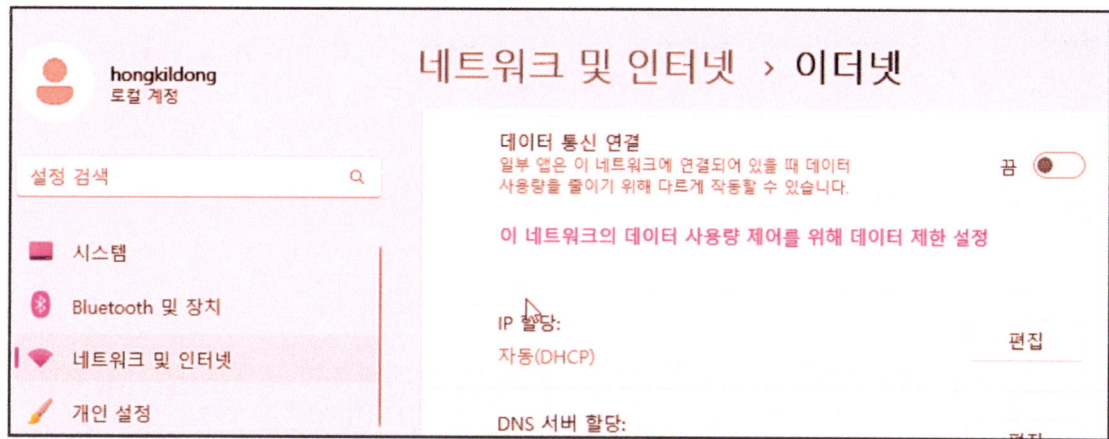

앞의 설명을 참조하여 속성을 클릭해서 들어가도 위에 보이는 것과 같이 공용 네트워크 및 개인 네트워크 설정 메뉴가 나타나지 않습니다.

위의 우측 화면에서 마우스 휠을 스트롤하여 밑으로 내렸다가 다시 올리면 다음과 같이 메뉴가 나타납니다.

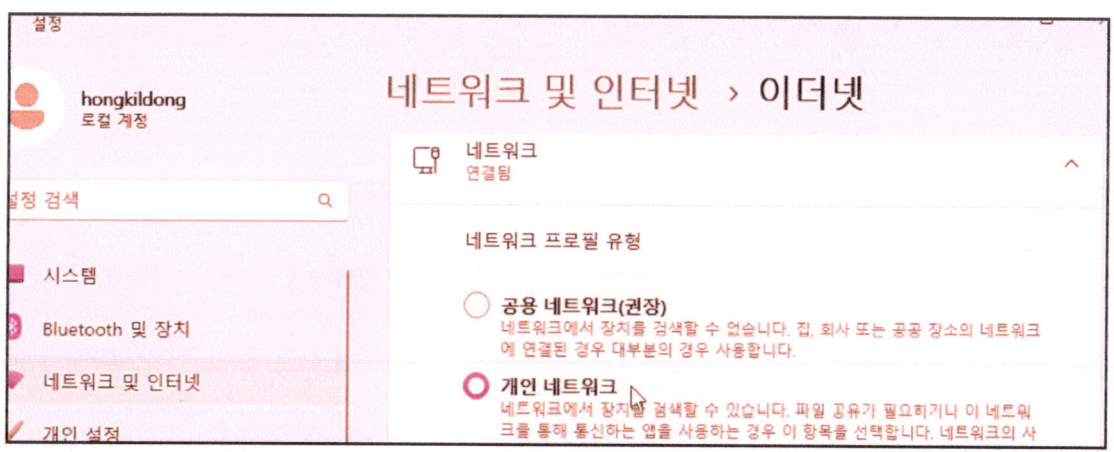

위와 같이 우측 화면을 마우스 휠로 드래그하여 화면을 밑으로 내렸다가 다시 올리면 위에 보이는 것과 같이 나타나고요,..

네트워크를 초기화하고 재부팅을 한 직후에는 위의 화면에 [공용 네트워크]로 되어 있고요, 이렇게 되어 있으면 보안을 이유로 다른 컴퓨터와 네트워킹이 되지 않습니다.

위의 화면에서 [개인 네트워크]를 클릭해야 다른 PC와 네트워킹이 됩니다.

지금까지 가장 최신의 운영체제인 윈도우11을 인스톨하고 네트워크 구성까지 하는 방법을 알아 보았는데요, 윈도우7은 아무래도 지금은 마이크로소르트사에서 지원도 끊겼고요, 사용하는 사람이 그리 많지 않기 때문에 .. 사실상.. 별 문제가 없지만,..

윈도우10과 윈도우11은 정품 소프트웨어를 사용하면 상관이 없지만, 정품이 아닌 크랙 버전 등을 사용하면 마이크로소프트사의 주 타킷이 됩니다.

어차피 중소기업 이상 은행이나 관공서 학교, 학원 등에서는 모두 정품을 사용하므로 이렇게 정품을 사용하는 곳에서만 수입을 올려도 마이크로소프트사는 세계에서 가장 큰 부자이면서도 배가 터져도 더 먹는 개구리 배와 같이 배를 물리려고 개인에게까지 단속을 하는 것은 필자도 불만이지만, 어쨋든 정품을 사용하는 것이 원칙이므로 딱히 대책을 알려드릴 수는 없습니다.

다만, 이 책에서 여러번 강조하는 하드카피 프로그램을 달달 외우고 숙달하여 SSD를 항상 복제를 해 두거나 이미지로 저장을 해 두었다가 문제가 생기면 즉시 북구하는 방법을 마련해 두어야 합니다.

이 경우 PC가 1대만 있을 경우에는 애로사항이 너무 많으므로 최소한 2대 이상의 PC를 사용해야 문제가 된 PC의 SSD를 백업해 둔(하드 카피를 해 둔) SSD 혹은 SSD 이미지 파일을 다시 SSD에 풀어서 복원을 할 수 있습니다.

하드카피라는 것은 그냥 단순히 파일을 복사하는 것이 아니라 파티션 구조 그대로 클론을 만드는 것으로 이렇게 해야 부팅이 되기 때문에 반드시 하드 카피를 해야 하는 것이고요, 관련 내용은 해당 단원을 달달달달 외워서라도 반드시 익혀야 합니다.

이것이 컴퓨터 파워유저가 PC를 사용하는 방법입니다.

여러분도 이제는 파워 유저라는 자신감을 가지고 단순히 PC 정비를 넘어서 PC를 자유자재로 사용할 수 있는 파워 유틸리티를 두루 섭렵을 해야 합니다.

다행히 지금은 인터넷이 발달하여 인터넷으로 얻지 못하는 정보는 거의 없습니다. 전세계 어디에서든지 인터넷 접속하여 원하는 검색을 하면 어떠한 프로그램이라도 다운로드 할 수 있으므로 이 책에서 거론하지 않은 여타의 프로그램이나 하드웨어 등은 여러분 스스로 익혀야 합니다.

다행히 지구상에는 80억이 넘는 많은 인구가 있으며 알려지지 않은 수 많은 기인이사가 많기 때문에 PC에 관한한 어떠한 문제가 생겨도 근본적으로 해결하지 못할 문제가 없습니다.

단지 원하는 방법, 꼭 맞는 프로그램을 찾지 못할 뿐입니다.

그래서 구글 등에서는 웹 상에 너무 많은 정보 중에서 원하는 정보만 쉽게 찾을 수 있는 인공지능 검색 기능을 제공하기도 합니다만, 아직은 키워드로 검색하는 것이 대세이므로 정밀한 검색을 하는 방법을 연구를 해야 합니다.

사실 PC 정비사.. PC 하드웨어는 일정 수준 이상이 되면 더 이상 배울 것이 없습니다.

앞에서도 언급했습니다만, PC는 어떠한 대기업이라도 만들 수 있는 회사는 없습니다.

오로지 조립을 하는 것이라고 했고요, 그래서 일정 수준 이상이 되면 더 이상 배울 것이 없는 것처럼 느끼지만, 필자는 컴퓨터 자격증도 많고 책도 많이 썼고, 조립 PC도 무려 수 천 대를 조립한 경험이 있지만, 항상 난생 처음 부딪치는 문제로 고민을 하곤 합니다.

이렇게 징석으로 해서 안 되는 것이 PC이며, 어떻게 가든 서울만 가면 된다고 이때부터는 어떠한 수단 방법을 가리지 말고 스스로 연구하고 터득하든지 인터넷으로 검색하여 해결 방법을 찾아야 합니다.

그래서 경험이 많아야 합니다만, 경험이 아무리 많아도 자신이 알고 있는 지식대로 해도 안 될 때는 상황에 맞는 임기응변을 할 줄 알아야 합니다.

기본적으로 PC 부품은 호환이 안 된다거나 충돌 등의 문제가 발생하면 아무리 정석대로 해도 안 됩니다.

이 때는 이유를 불문하고 해당 무뿜을 교체를 해야 해결 되는 수가 있습니다.

2-7. 악성 댓글

지금 설명하는 네트워크 설정은 윈도우10과 윈도우11 모두 필자의 [유튜브 채널]에 동영상으로 만들어서 올렸습니다.

그런데 윈도우10에서도 메뉴 배치 등은 약간 다르지만, 원리는 동일한데요, 윈도우10에서는 마지막 단계, 개인 네트워크 설정 화면이 저절로 뜨기도 하고 뜨지 않기도 합니다.

필자가 동영상을 만들어 올릴 당시에는 마지막 단계가 화면에 떴으므로 그렇게 하면 된다고 동영상을 올렸더니 "쳐 모르면서 뭣만 한다고.." 악성 댓글을 단 사람이 있습니다.

이 뿐만이 아닙니다.
필자는 수 많은 저서를 집필을 하면서 필자의 책 속에는 이 책에서 부족한 설명은 필자의 블로그 및 [유튜브 채널]에 오셔서 보출 설명을 보시고 공부를 하세요,.. 라는 문구가 있으므로 필자는 수시로 필자의 블로그 및 [유튜브 채널]에 동영상 등을 올립니다.

필자의 블로그에는 현재 약 6,000 여 개의 어마어마한 포스트가 있고요, 필자의 [유튜브 채널]에서 천 개 하고도 몇 백 개의 동영상이 올라가 있습니다.

이렇게 많은 동영상을 올리다보면 그야말로 인신공격성 악성 댓글을 다는 사람들이 있습니다.
이런 저급한 실력으로 무슨 강좌를 하느니..
지금이 어느 시대인데 이런 구닥다리 PC를 가지고 강의를 한다느니..

이런 보잘것 없는 실력으로 무슨 자격증이 많다고 자랑만 한다느니..

필자는 아직 유명인은 아니지만, 유명 연예인 등이 극단적 선택을 하는 이유를 어느정도는 알 것 같습니다.

아무리 서로 얼굴을 마주보고 대화를 하는 것이 아니라 해도 이렇게 악성 댓글을 다는 것은 삼가하는 것이 자신에게도 좋다는 것이 필자의 생각입니다.

제 3 장

제어판

3-1. 제어판의 주요 기능

윈도우7이나 윈도우10과 마찬가지로 윈도우11에서도 제어판은 아주 중요한 기능을 가지고 있습니다.

특히 윈도우 11 운영체제에서는 제어판에 Windows Tool라는 새로운 기능이 내장되었는데요, 제어판에 너무 메뉴가 많아져서 일종의 제어판 내의 폴더 기능이라고 보면 됩니다.

그래서 이전 버전의 제어판과는 약간 다른 모습을 보이는데요, 기본적으로는 대동소이한 기능이지만 처음에는 다소 헷갈려서 이전 버전의 윈도우즈 사용자는 메뉴를 찾는데 어려움을 겪을 수 있습니다.

지금부터 제어판의 주요 기능을 알아보도록 하겠습니다.

우측 화면 참조하여 [시작] - [검색어 제어판 입력] - [제어판]을 클릭하면 제어판으로 들어갈 수 있습니다.

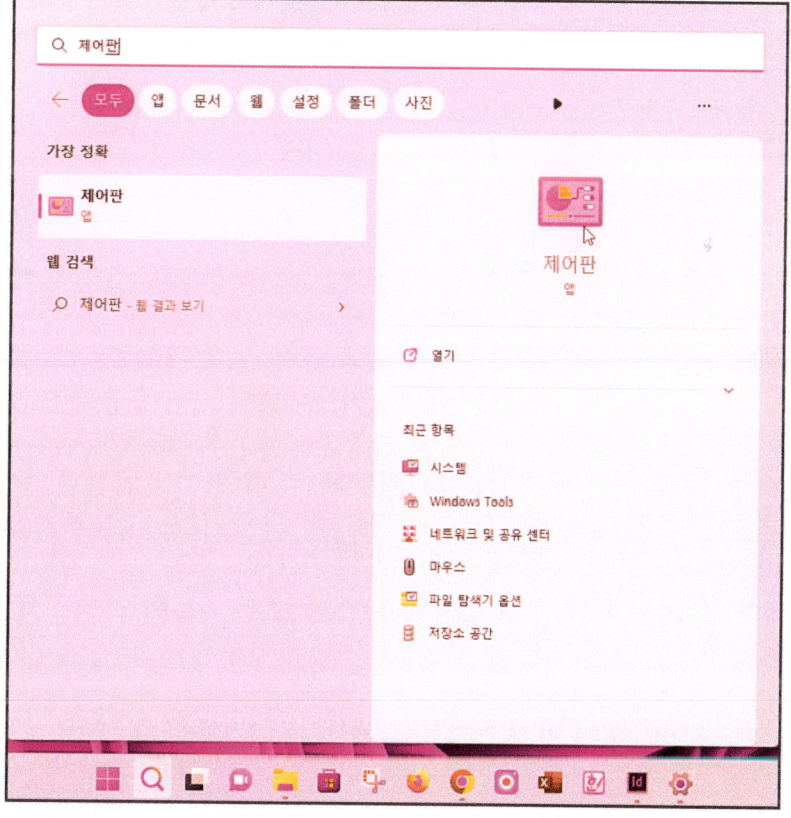

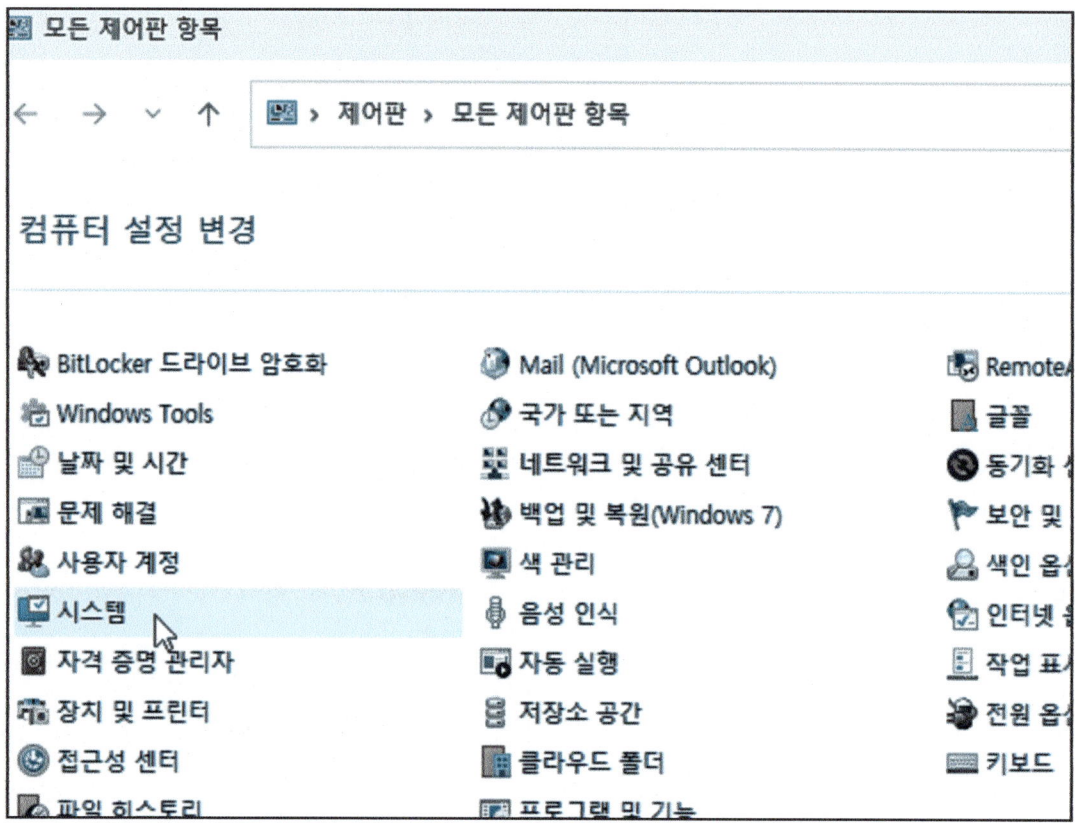

3-2. 시스템 보호

위의 제어판은 PC를 사용하면서 수시로 드나들어야 하는 중요한 메뉴가 들어 있고요, 지금 할 일은 위의 [시스템]을 클릭하여 시스템 보호를 가장 먼저 해야 합니다.

Win 11 혹은 윈도우10이나 윈도우7도 마찬가지이고요, 운영체제를 설치하고 인증을 했다면 계속하여 자신이 필요한 유틸리티나 응용 프로그램들을 인스톨해야 하는데요, 이 과정에서 운영체제에 이상이 생길 수도 있으며 악성 코드나 바이러스에 감염될 수도 있기 때문에 시스템 보호 - 복원점 설정은 아주 중요한 작업입니다.

위의 제어판에서 마우스가 가리키는 [시스템]을 클릭합니다.

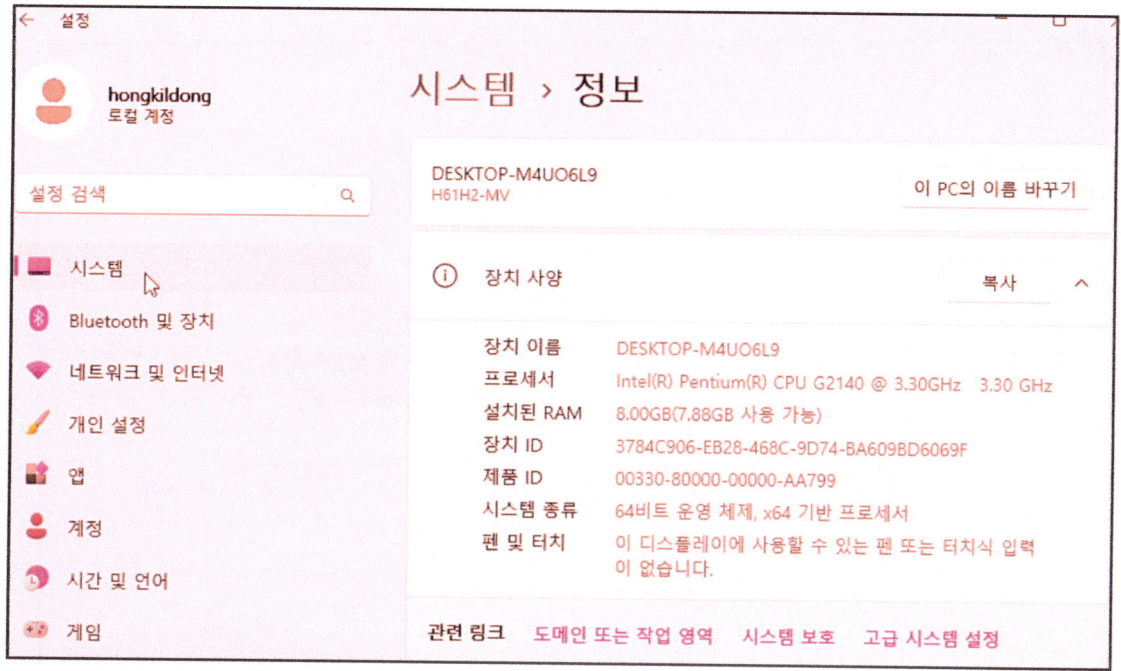

위의 시스템 화면에는 문자 그대로 시스템을 보여줍니다.
앞에서도 설명했습니다만, 지금 이 책을 집필하고 있는 필자가 현재 사용하고 있는 컴퓨터의 사양이 나타납니다.

프로세서(중앙처리장치 - CPU)는 인텔 펜티엄 시피유 G2140 3.3GHz이고요,
램은 8Gb 운영체제는 64비트 운영체제,.. Win11은 선택의 여지가 없습니다.

Win 11은 무조건 64비트로 설치되고요, 그래서 속도가 빠른 것으로 생각됩니다.

64비트리는 것은 중앙처리장치인 CPU가 주변 장치들과 데이터를 주고 받는 인터페이스이고요, 비트수가 높을 수록 빠릅니다.

이것을 데이터 버스라고 부르며 사람이 타고 다니는 버스와 동일한 개념 및 스펠링으로 Bus입니다.

옛날 8비트 컴퓨터는 8명이 타는 버스,.. 64비트 버스는 64명이 타는 버스라고 생각하면 되고요, 그래서 비트수가 높으면 동일한 속도의 인터페이스라도 훨씬 더 많은 데이터를 이동시킬 수가 있는 것입니다.

위의 시스템 화면에서 위의 마우스가 가리키는 [시스템]을 다시 한 번 클릭합니다.

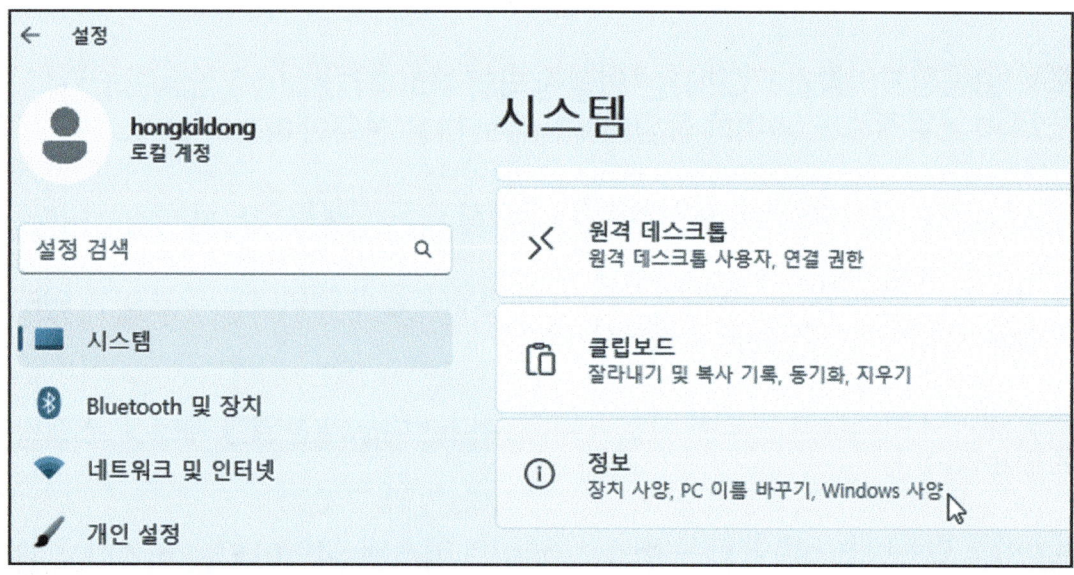

위의 우측 화면을 스크롤하여 맨 밑으로 내리고 위의 마우스가 가리키는 [정보]를 클릭하면 다음 화면이 나타납니다.

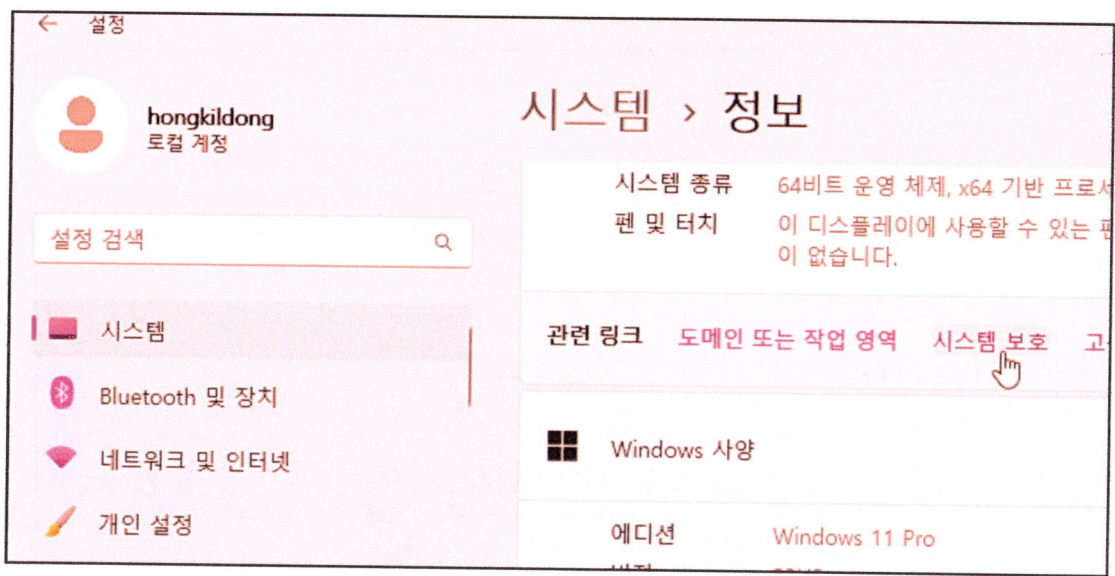

위의 우측 화면을 약간 스크롤하여 밑으로내리고 위의 손가락이 가리키는 [시스템 보호]를 클릭합니다.

다음 창이 열리는데요, 아주 중요한 내용이므로 필독해야 합니다.

우측 화면에서 가운데 사용 가능한 드라이브 목록 중에서 C 드라이브가 해제로 되어 있을 것입니다.

만일 해제로 되어 있다면, 우측 화면에서 C드라이브를 선택하고 우측 화면 마우스가 가리키는 [구성]을 클릭하면 다음 화면이 나타납니다.

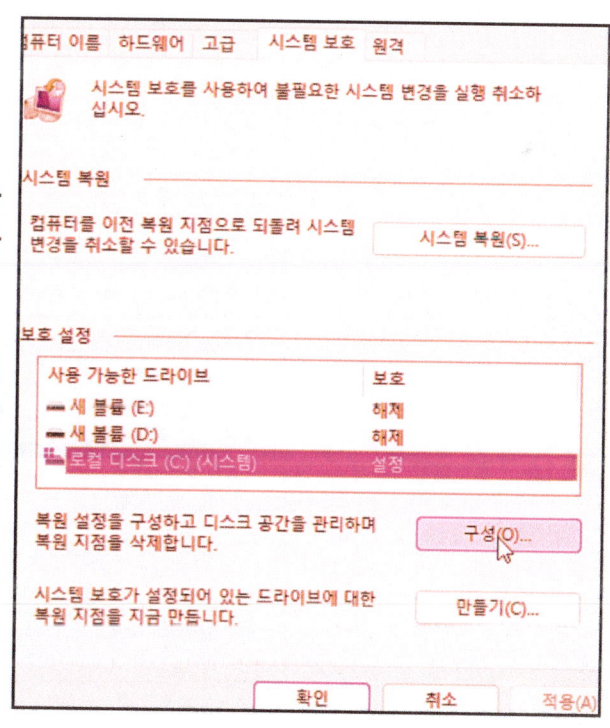

우측 화면에서 마우스가 가리키는 [시스템 보호]에 가장 먼저 체크를 해 주어야 합니다.

이렇게 시스템 보호를 체크하고 하단 슬라이더를 우측으로 약간 끌어서 우측에 보이는 정도로 지정하고 [적용]-[확인]을 클릭합니다.

Win 11 을 인스톨 한 후에는 반드시 이렇게 해 주어야 합니다.

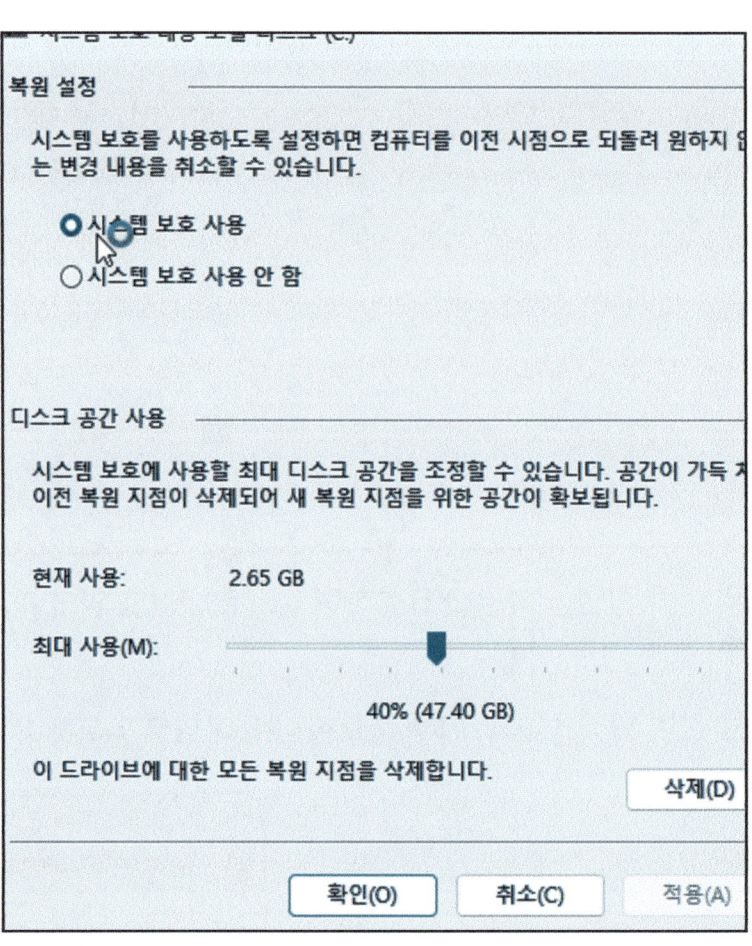

다시 우측 화면으로 돌아가서 우측 화면에 보이는 것과 같이 C 드라이브를 선택하고 우측 화면 마우스가 가리키는 [만들기]를 클릭하면 다음 화면이 나타납니다.

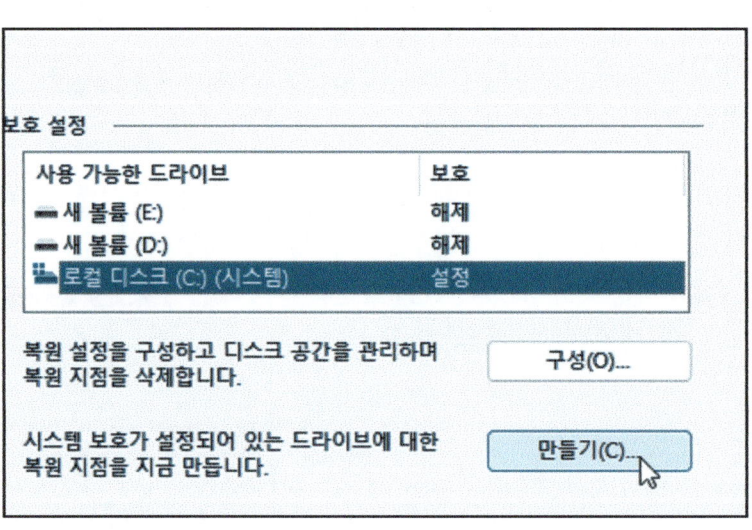

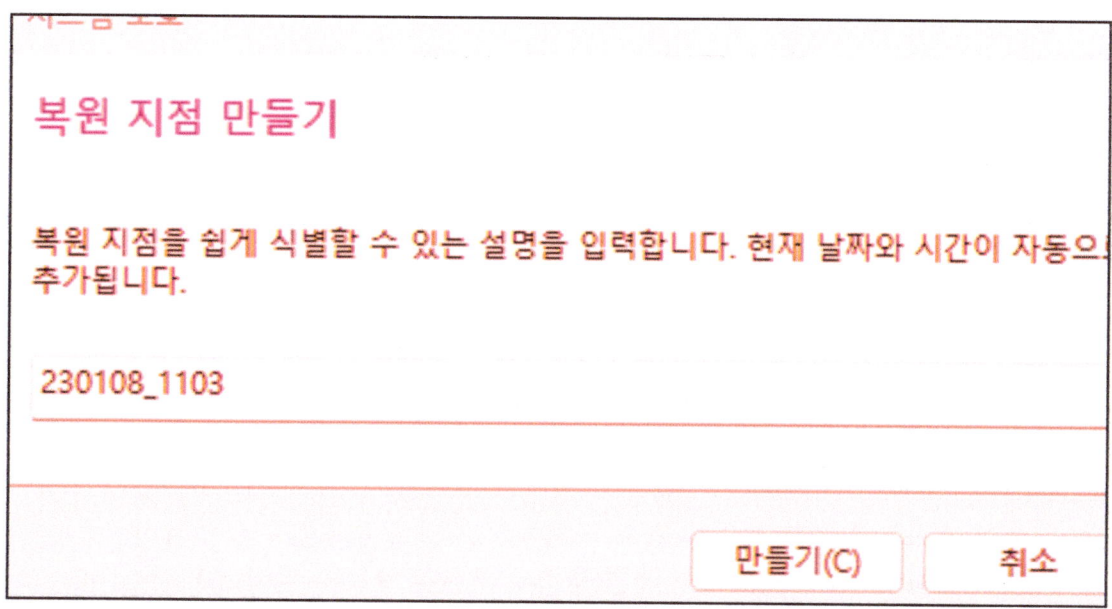

위의 화면에 적당한 이름을 써 넣는데요, 한글, 영문, 숫자 등 제한없이 입력할 수 있으며 필자는 오늘 날짜 현재 시간을 써 넣었습니다.

그리고 [만들기]를 클릭하면 시스템 복원점이 만들어집니다.

우측 화면에 보이는 것과 같이 시스템 복원점이 만들어졌습니다.

Win 11을 인스톨 한 직후이기 때문에, 그리고 현재 인터넷에 연결된 상태이기 때문에 각종 바이러스나 악성 코드 등에 감염될 수 있고요, 악성 코드나 바이러스도 프로그램이기 때문에 만일의 사태가 일어나면 이 시점으로 시스템을 되돌릴 수 있는 시스템 복원점이 만들어진 것입니다.

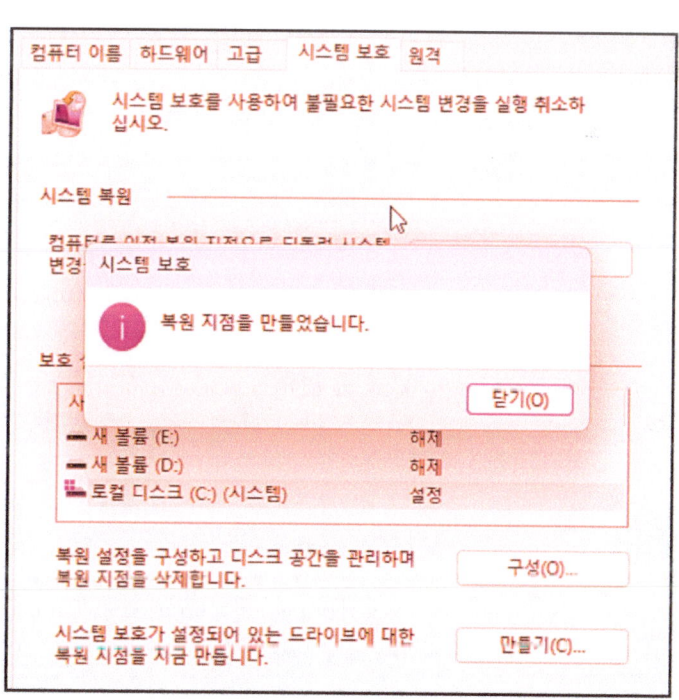

3-3. 바이러스 백신 프로그램 설치

시스템 복원점을 만들었기 때문에 최소한의 안전 장치를 마련한 셈이고요, 이제 다른 응용 프로그램이나 필요한 유틸리티를 설치하기 전에 가장 먼저 해야 할 일이 바로 바이러스 백신 프로그램을 설치하는 것입니다.

물론 Win7이나 윈도우10이나 윈도우11을 설치하면 기본적으로 마이크로소프트 사의 디펜더가 설치됩니다.

어떤 면에서는 전용 바이러스 백신 프로그램보다 우수하다고 할 수 있습니다만, 경우에 따라서는 윈도우 디펜더를 꺼 놓는 경우도 있고요, 우리나라는 전세계에서 가장 우수한 IT 국가이므로 개인의 경우 안랩에서 무료로 제공하는 V3, 그리고 알약으로 유명한 이스트소프트사에서 개인의 경우 무료로 제공하는 알약이 있습니다.

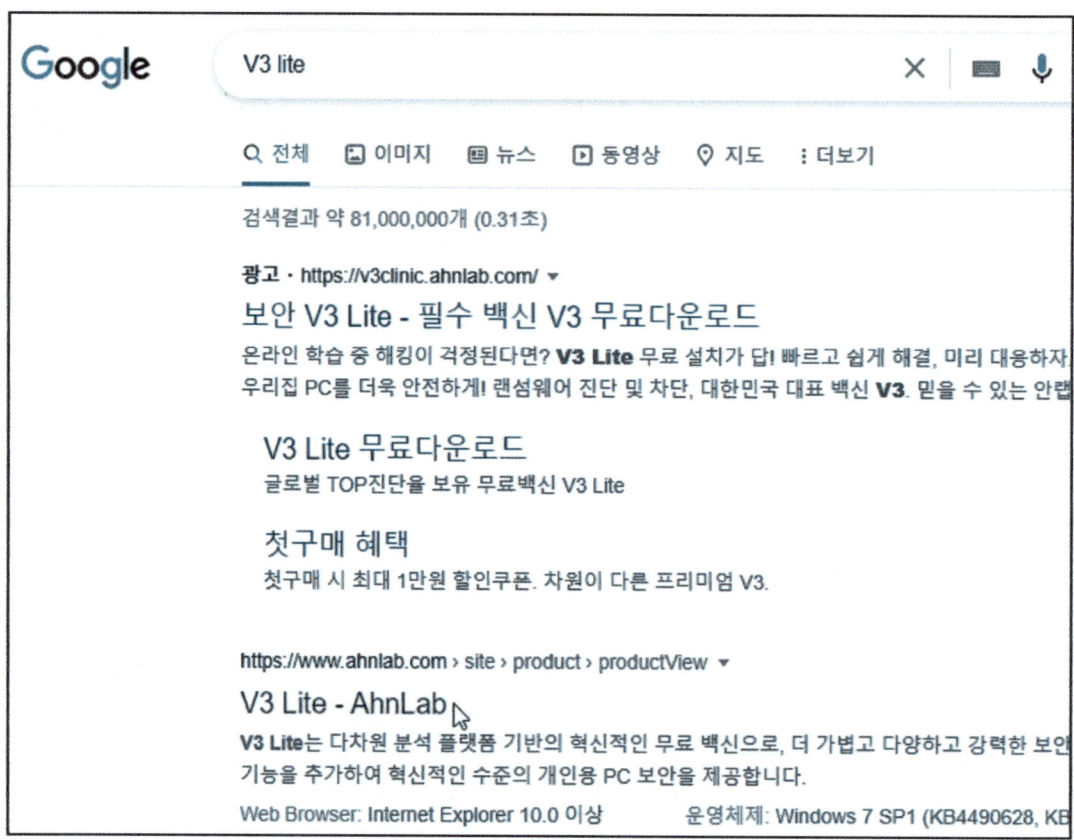

우선 앞의 화면에 보이는 것과 같이 웹브라우저에서... 아 이 설명을 지금 해야 하겠네요..

현재 Win 11을 설치한 직후라면 아직 웹브라우저가 마이크로소프트 엣지 밖에 없을 것입니다.

아무래도 현재 가장 많은 사람들이 사용하는 웹브라우저는 구글 크롬이 압도적으로 많기 때문에 구글 크롬을 설치해야 하는데요, 구글 크롬을 설치하기 위해서는 먼저 파이어 폭스 브라우저를 먼저 설치하기를 권장합니다.

필자는 위의 파이어폭스 설치 파일을 다운로드하여 보관을 하고 있는데요, Win 11 제작사인 마이크로소프트와 웹브라우저 1위 구글과는 경쟁 상대이기 때문에 이런 방법으로 구글 크롬을 인스톨하라는 뜻이고요, 특히 필자의 수 많은 저서들 가운데 하나인 '컴퓨터조립및 업그레이드 - PC정비사 교본' 책을 구입하신 분이라면 반드시 이렇게 하는 것이 좋고요, 다음은 파이어폭스 브라우저 화면이고요, 아래 화면에 보이는 것과 같이 구글 크롬을 검색하여 설치를 합니다.

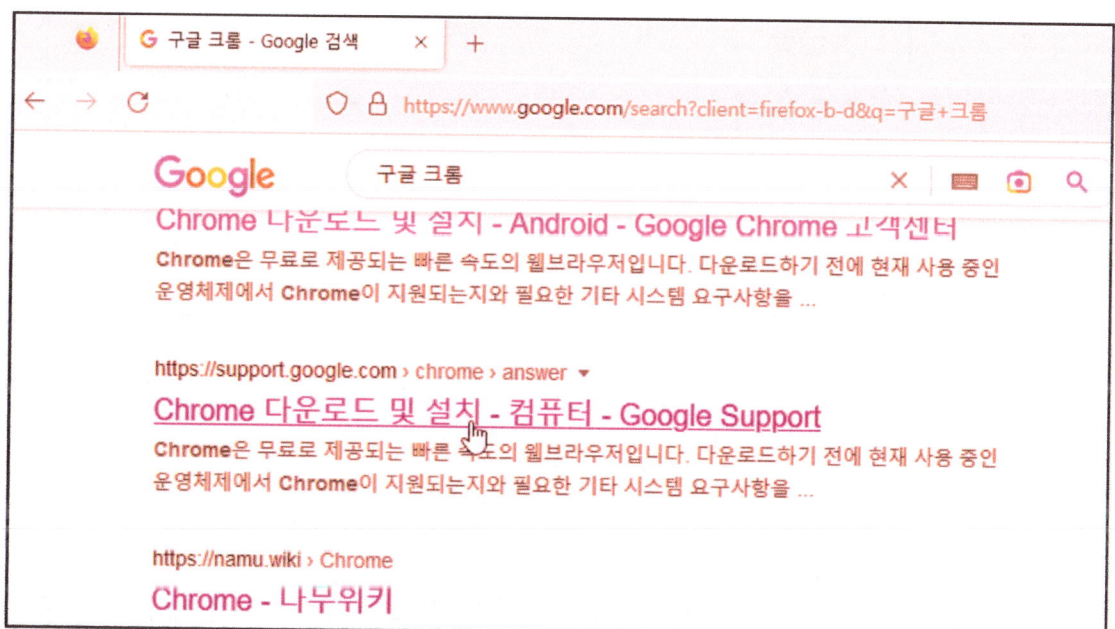

화면의 안내에 따라 구글 크롬을 설치하고 필요한 셋팅을 하고 나면 다음 구글 크롬 웹브라우저가 구동되면서 동기화 할 것인지 묻는 화면이 나타납니다.

3-4. 웹브라우저 설치

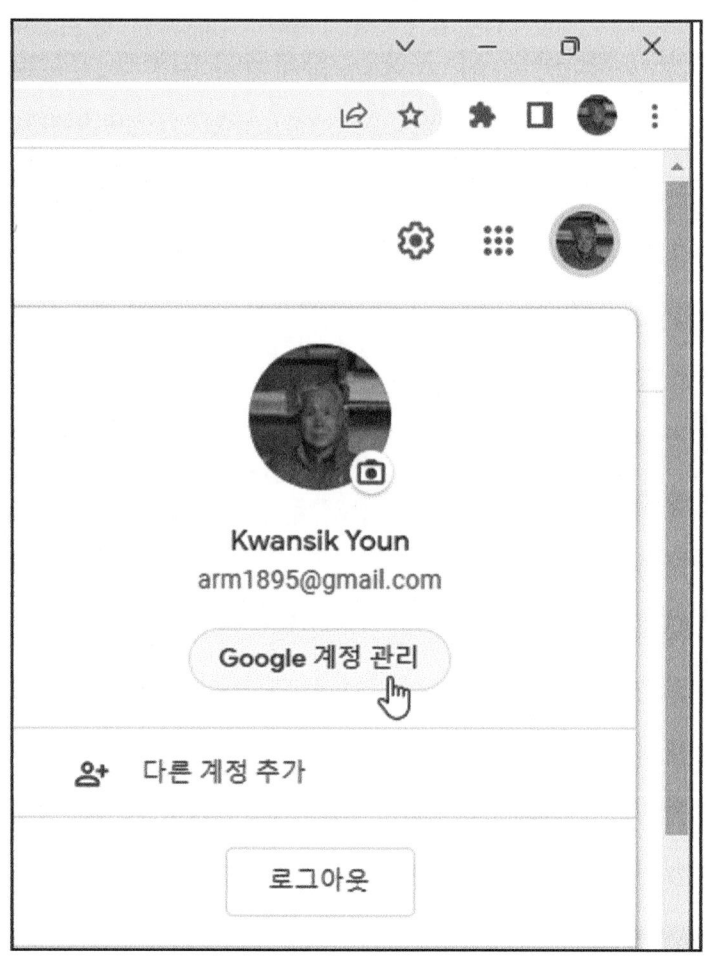

필자는 동기화를 이미 해 놓았기 때문에 우측과 같이 나타나는 것이고요, 구글 크롬에서 동기화를 하는 것은 구글 크롬에서 무료로 제공하는 구글 드라이브에 저장되어 있는 필자의 정보에 동기화하는 것입니다.

스마트폰 역시 이렇게 구글 크롬에 동기화 시키면 필자의 경우 국내 대부분의 대형 오픈마켓에 입점하여 판매를 하는 판매자이기도 한데요 이렇게 수많은 마켓 혹은 사이트에 일일이 로그인을 하지 않아도 구글 크롬에 저장된 정보로 바로 로그인을 할 수 있습니다.

구글 포토 역시 구글에서 무료로 제공하는 구글 드라이브에 자신이 스마트폰으로 촬영한 사진이 구글 드라이브에 꽉 찰 때까지 저장이 됩니다.

그래서 실수로 스마트폰에서 삭제한 사진을 구글 포토에 접속하여 다운 받을 수도 있는데요, 본인이 직접 설정을 하여 이렇게 하지 않을 수도 있습니다만, 필자의 경우 무려 10년 전에 촬영한 사진도 구글 포토에 저장되어 있습니다.

구글 크롬 동기화

심지어 요즘 스마트폰 네비게이션을 안 쓰는 사람이 없을 정도인데요, 스마트폰 네비로 촬영한 영상이 저장되기도 합니다.

필자도 처음에는 개인 정보가 노출 되는 줄 알고 깜짝 놀랐지만, 본인이 구글 크롬 화면 우측 상단 자신의 계정을 클릭하여 들어가서 공개 혹은 비공개를 할 수 있다는 것을 알고 필요한 조치를 했습니다.

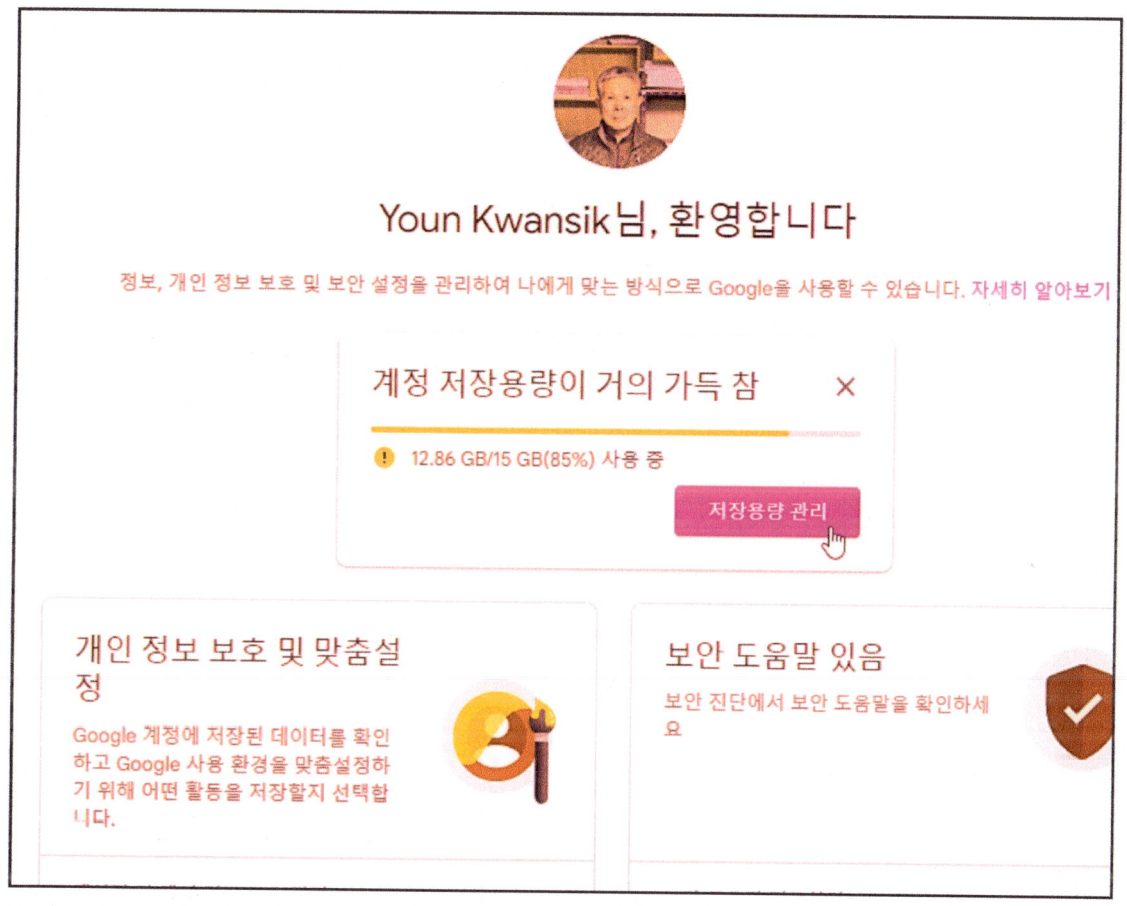

위는 구글 크롬 화면 우측 상단 자신의 프로필을 클릭하여 들어온 화면인데요, 위에 보이는 것과 같이 무료로 제공하는 구글 드라이브는 15Gb 이고요, 이 용량이 더 필요하면 추가 용량을 유료로 구입할 수도 있고요, 가격도 매우 저렴하기 때문에 위의 손가락이 가리키는 [저장 용량 관리]를 클릭하면 다음 화면이 나타납니다.

위의 화면을 보면 구글 드라이브 무료 용량은 15Gb이며 필자의 경우 우리나라 컴퓨터 1세대로서 아주 오랜 옛날부터 컴퓨터를 해 왔지만, 아직도 무료 용량이 상당히 남아 있고요, 위의 화면에서 100Gb의 용량을 구매를 하면 한달간 600원, 한달 이후에는 한달에 2400원만 결제하면 됩니다.

물론 이런 부분을 잘 알고 있는 분도 있을 것이며 혹은 필자보다 더 잘 아시는 분도 있을 것입니다.

그러나 이 책은 초보자 및 중급자를 위한 지침서이기 때문에 이런 부분을 다루는 것이고요, 아직도 이런 부분을 잘 모르시는 분은 구글 드라이브를 활용하면 각종 데이터 저장 및 이동 등 활용 방안은 무궁무진할 것입니다.

구글 드라이브에 올려 놓은 자료는 전세계 어디에서나 구글에 접속만 하면 언제라도 다운로드 및 업로드를 할 수 있으므로 현대인의 필수품이라고 할 수 있습니다.

특히 스마트폰으로 촬영한 사진 등은 필자의 경우 무료 15Gb에 저장을 하는데도 무려 10 여년 전의 사진이 저장되어 있고요, 만일 앞의 화면에 보이는 100Gb 용량을 구매한다면 스마트폰 사진은 아마 거의 무제한으로 저장할 수 있을 것입니다.

그리고 이것은 일부러 업로드를 하지 않아도 필자의 경우 와이파이 존에 들어가면 유휴 시간에 저절로 업로드가 이루어집니다.

위의 화면은 방금 필자가 구글 크롬에서 구글 포토를 검색하여 들어온 화면인데요, 스마트폰으로 촬영한 사진 및 동영상 등이 모두 저장되어 있습니다.

그래서 구글 드라이브 용량이 많이 찼던 것이네요..

필자의 경우 필자의 [유튜브 채널]에 동영상 강좌를 많이 올리므로 스마트폰으로 동영상 촬영을 많이 해서 이렇게 나타나는 것이고요, 필자의 경우 유튜브에 올리는 동영상은 따로 백업 하드에 저장해 두므로 위에서는 삭제를 하는 것이 좋겠습니다.

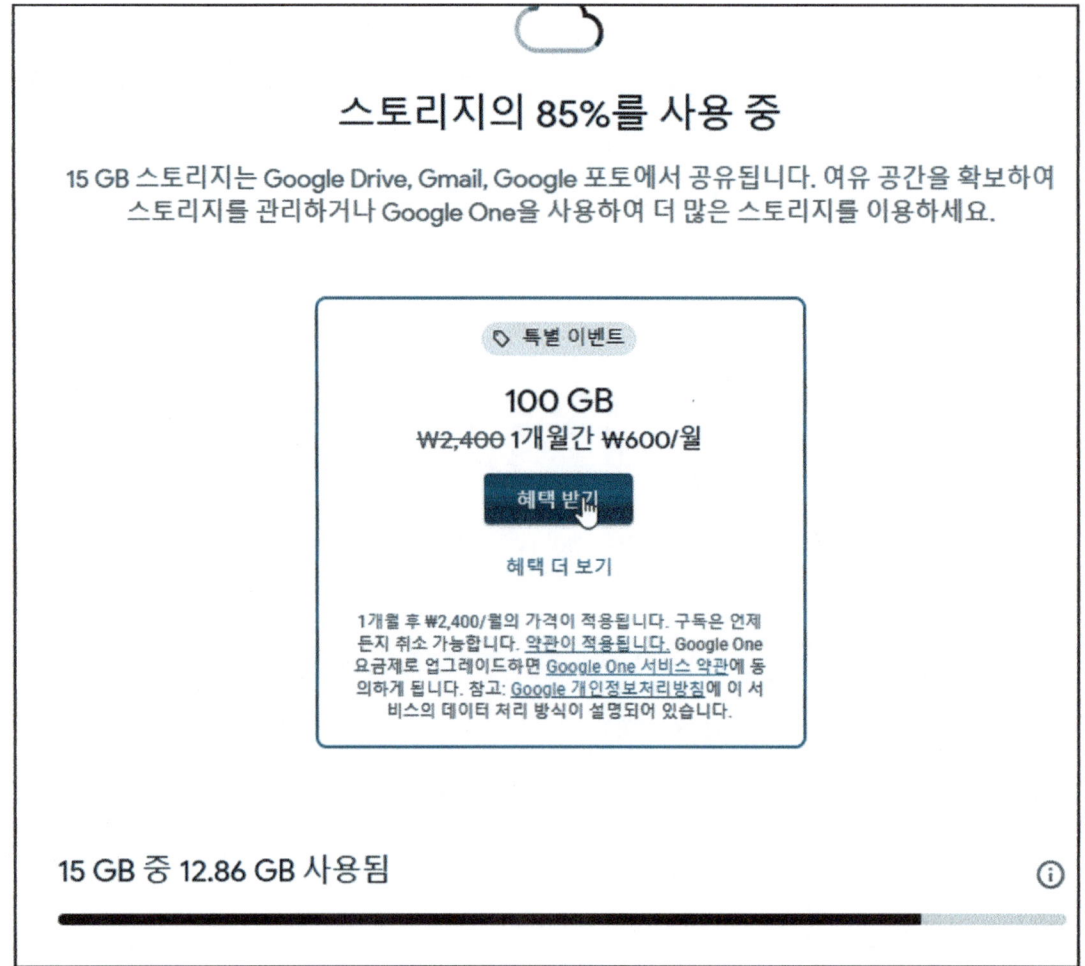

아니, 아예 지금 이 기회에 필자도 구글 드라이브 100Gb 용량을 구매하는 것이 좋겠습니다.

필자는 우리나라 컴퓨터 1세대로서 아주 오랜 옛날부터 컴퓨터를 해 왔지만, 사실은 필자의 옛날 자료는 거의 남아 있는 것이 없습니다.

여러가지 이유가 있지만, 과거에는 저장 장치인 HDD의 불량률이 높아서 필자의 필생의 자료들을 수시로 HDD에 저장을 하지만, HDD가 여러 번 고장이 나는 바람에 옛날 자료들은 거의 남아 있지 않은 것입니다.

그래서 필자는 유튜브에 동영상 강좌 등을 많이 올리므로 아예 위의 화면에서 용량을 추가하기 위하여 [혜택 받기]를 클릭하면 다음 화면이 나타납니다.

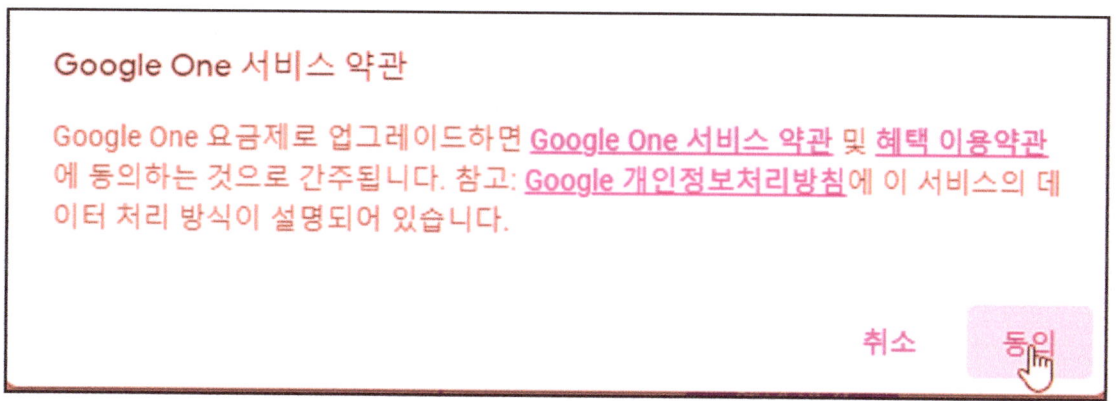

위의 서비스 약관에 동의를 클릭합니다.

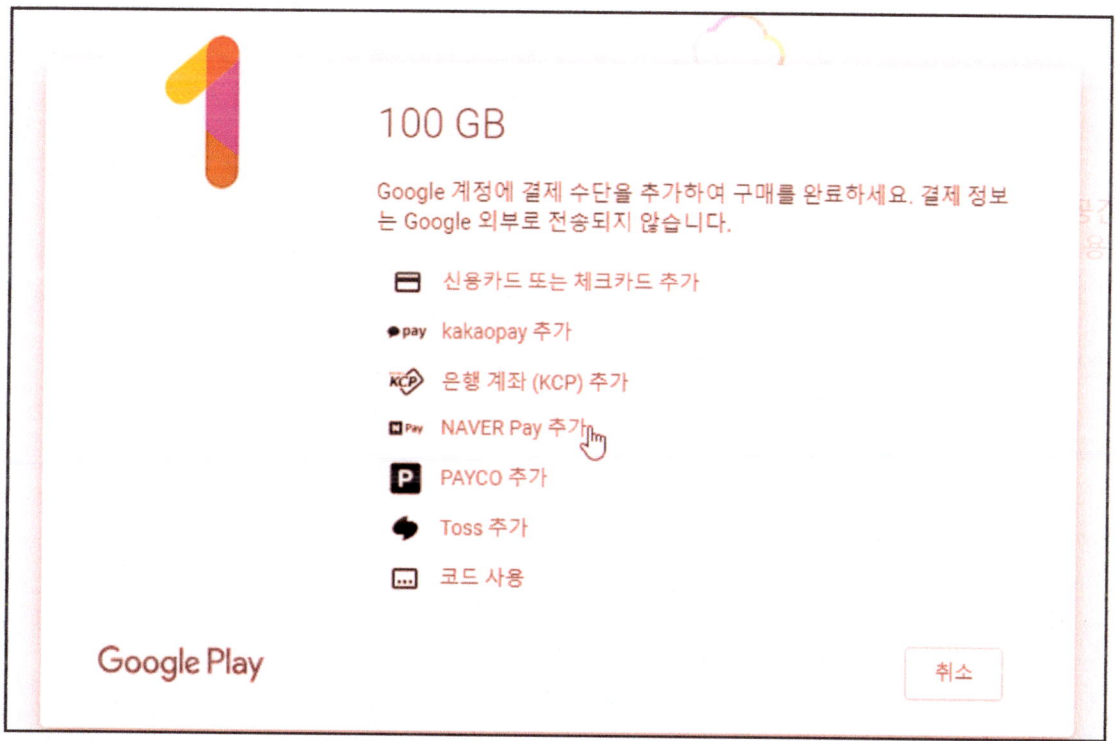

위의 화면에서 결제 수단을 선택할 수 있는데요, 필자는 우리나라 컴퓨터 1세대로서 아주 오랜 옛날부터 컴퓨터를 해 왔으며 특히 아주 오랜 옛날부터 쇼핑몰을 운영해 왔기 때문에 해외 직구를 많이 합니다.

그런데, 알리로 불리는 알리익스프레스에서 여러 품목을 구매했다가 사기를 아주 많이 당했는데요, 이런 사이트가 저 거대한 중국이라는 괴물 국가를 등에 업고 있으니 참으로 문제입니다.

한 마디로 알리는 사기 사이트라고 해도 과언이 아닙니다.

물론 알리에 입점한 판매자가 사기를 친 것이지만, 알리측에 이 사실을 알리고 환불 및 사기 판매자를 당국에 고발하여 처벌할 것을 요구했지만, 그 때마다 걱정 말라고 꼭 환불해 준다고 하지만,1년이 지난 단 한 건도 환불을 받지 못했고요, 지금도 여전히 이런 사기 제품이 버젓이 팔리고 있다는 사실입니다.

정부에서도 해외 직구는 구제를 해 주지 않으므로 고스란히 당할 수 밖에 없습니다.

해외 직구가 다 그런 것은 아니지만, 특히 알리에서는 구매하시는 것을 신중하게 하시기를 적극 권해 드립니다.

그리고 알리에도 필자의 경우 카드를 등록해 놓고 결제를 했는데요, 오호라 통제여, 이런 도둑 사이트 알리.. 아 정말 욕을 하고 싶어도 공개적으로 욕을 할 수 없는 것이 한 스러운데요..

알리에서 그냥 관심 상품을 클릭한 것 만으로 자동으로 결제가 되고 말았고요, 알리에 연락하여 취소해 달라고 하였지만, 취소 불가라고 합니다.

이런 도둑(?) 사이트가 저 거대한 중국(?)들 나라 사이트이니 기가 막힙니다.

그래서 필자는 지금은 절대로 카드 등록을 하지 않습니다.

그래서 필자의 경우 위의 화면에서 네이버 페이를 사용하는데요, 필자는 우리나라 컴퓨터 1세대로서 네이버 거의 창립 멤버나 마찬가지이기 때문이고요, 필자의 경우 네이버 페이로 결제를 하면 네이버 페이에 연결된 계좌에서 자동으로 충전이 되어 결제가 됩니다.

여러분도 필자의 경험담을 흘려 듣지 마시고요, 꼬옥 참고하시고요, 앞의 화면에서 필자의 경우 [네이버 페이] 추가를 클릭하면 다음 화면이 나타납니다.

우측 화면에서 [계속]을 클릭하면 다음 화면이 나타납니다.

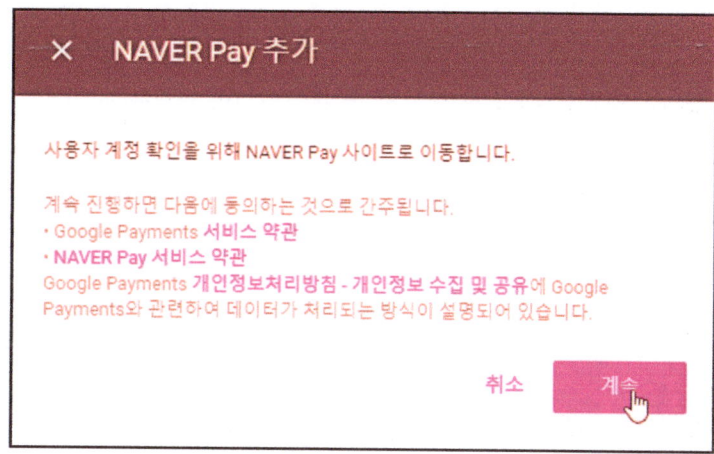

앞의 화면에서 [동의하고 등록하기]를 클릭하면 우측 화면이 나타나서 결제를 할 수 있는데요,..

우측 화면은 필자의 경우 미리 네이버 페이에 가입을 하면서 미리 비밀번호를 등록해 놓은 경우입니다.

필자의 경우 스마트폰에서 [페이 스토어에서] 네이버페이를 검색하여 스마트폰에서 가입하고 비밀번호 역시 스마트폰에서 입력하여 등록하였고요, 여러분도 이렇게 하실 분들은 스마트폰에서 필자와 같이 진행하면 지금 설명하는 방법으로 결제할 수 있습니다.

필자의 경우 사업자이기 때문에 카드 정보나 계좌 정보에 민감할 수 밖에 없는데요 이렇게 네이버 페이로 결제를 하면 필자의 카드 정보를 입력할 필요도 없고 계좌 정보를 입력할 필요 없이 자동으로 필자의 계좌에서 자동으로 충전이 되면서 결제가 되기 때문에 안전한거래를 할 수 있습니다.

필자는 책을 쓰는 것이 직업이지만, 출판사도 운영하며 동시에 출력소도 운영하며 또한 제본소도 운영하기 때문에 인터넷으로 판매도 많이 하지만, 인터넷 구매하기 1등 아니면 2등 쯤 되는 사람입니다만, 일반인에 비해서는 거의 10배는 구매를 해도 아직 단 한 번도 문제가 된 적이 없습니다.

특히 앞에서도 잠깐 설명했습니다만, 알리 익스프에스에 필자의 카드를 등록해 놓고 관심 상품을 한 번 클릭만 했을 뿐인데 그냥 결제가 되는 이런 도둑(?) 사이트에 카드를 등록하는 껄끄러움을 피할 수 있습니다.

물론 국내 사이트에서 결제할 때는 필자의 카드를 미리 등록해 놓고 뭔가 구매할 때마다 해당 사이트에 등록된 카드로 결제를 하며 필자는 사업자이기 때문에 국세청 홈텍스에 미리 카드를 등록해 놓았기 때문에 카드를 사용할 때마다 자동으로 국세

청에 카드 사용 내역이 통보 되기 때문에 각종 세금 신고시 자동으로 카드사용 내역이 적용되므로 아주 편리합니다.

3-6. 구글 드라이브

앞의 화면에서 비밀번호를 입력하고 진행을 하니 우측 화면이 나타납니다.

우측 화면 마우스가 가리키는 곳을 클릭하여 우편번호를 알아냅니다.

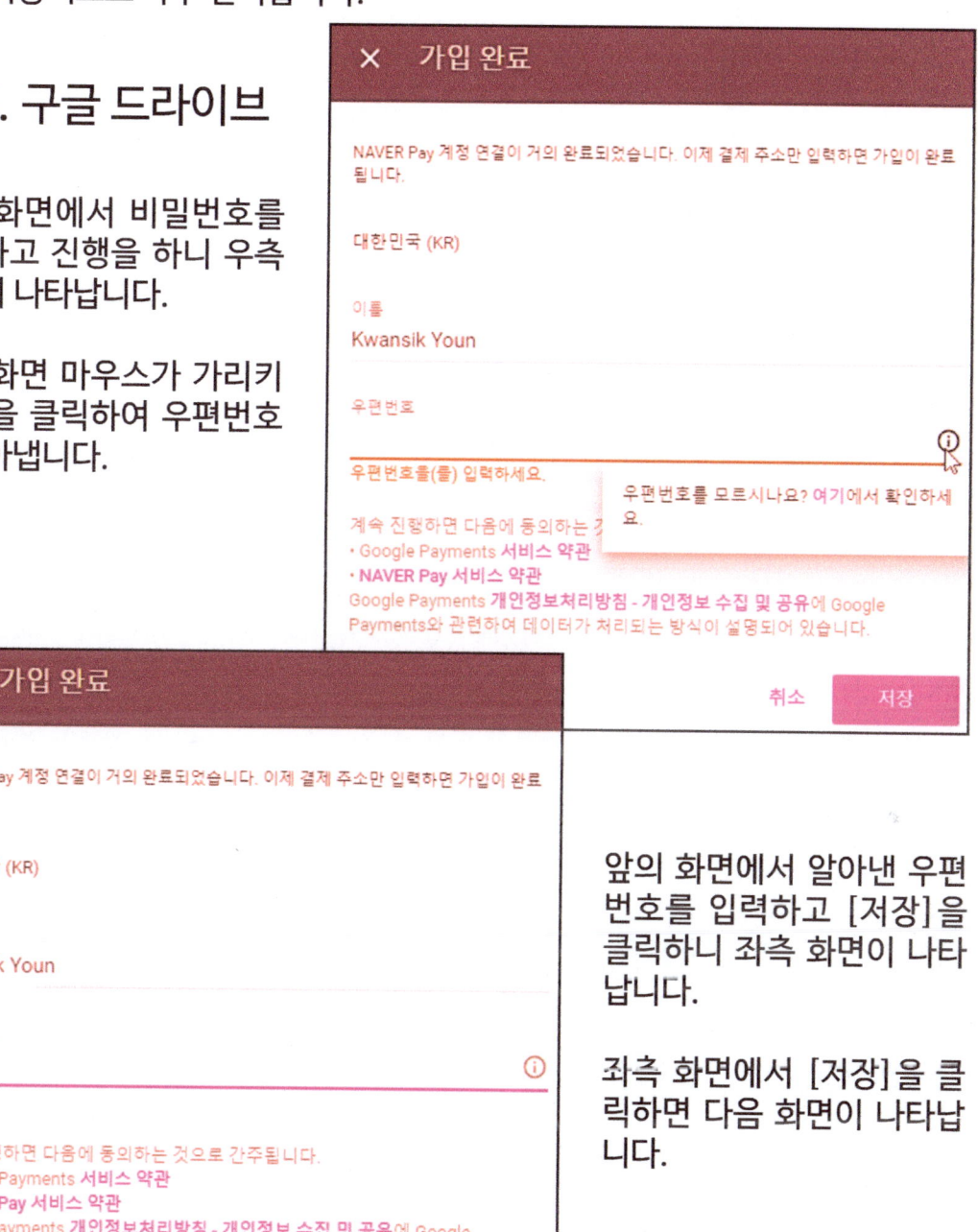

앞의 화면에서 알아낸 우편번호를 입력하고 [저장]을 클릭하니 좌측 화면이 나타납니다.

좌측 화면에서 [저장]을 클릭하면 다음 화면이 나타납니다.

위의 화면에 오늘 600원이 결제된다고 나옵니다.

필자의 경우 [정기 결제]를 클릭하여 앞으로 매달 2400원씩 결제하는 방법을 선택하였습니다.

필자의 경우 필자의 [유튜브 채널]이나 필자의 네이버 블로그에 수 많은 동영상 및 사진 등을 올리기 때문에 진작 이렇게 했어야 합니다.

오늘 이 책을 집필하면서 이 부분 설명을 하면서 필자도 오늘 가입을 했으므로 앞으로 스마트폰으로 촬영한 사진이나 동영상은 계속 구글 포토에 저장됩니다.

결제가 되는 순간 스마트폰으로 띠릭하고 알림이 왔고요, 우측 마우스가 가리키는 것과 같이 네이버페이에 연결된 계좌에서 자동으로 10,000원이 충전되면서 네이버페이로 600원이 결제되었다는 메시지가 왔습니다.

물론 스마트폰 알림을 지정해야 이렇게 나오고요,..

이런 부분은 혹시 여러분이 필자보다 더 잘 할지도 모릅니다.

필자는 하루 종일 컴퓨터 앞에 앉아서 책을 쓰는 것이 직업이므로 딱히 스마트폰으로 할 일이 거의 없습니다.

그래서 필자는 오히려 스마트폰은 일반인보다 더 잘 못하는 해프닝을 빚기도 하니까요,..

암튼 필자는 지금 이 순간 구글 드라이브 100Gb를 구매했고요, 앞으로는 저장 공간 잔량 신경 쓰지 않고 스마트폰으로 맘껏 촬영할 수 있게 되었습니다.

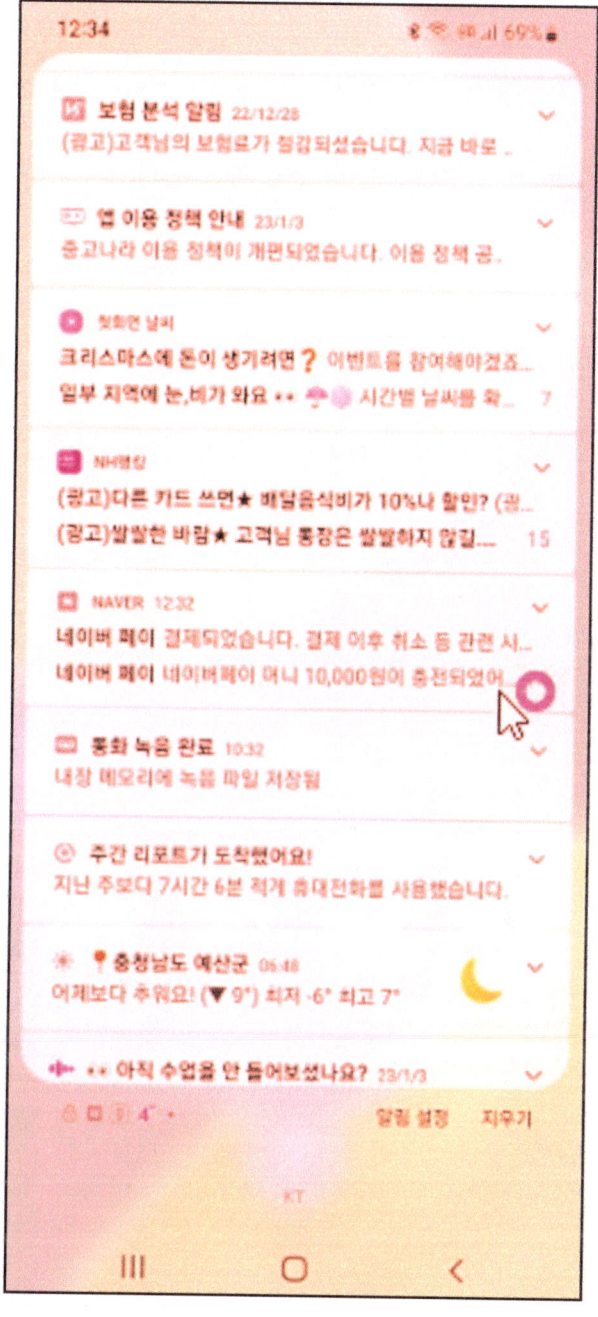

3-7. V3 설치

바이러스 백신 프로그램 설명을 하다가 위의 구글 드라이브 설명까지 했는데요 윈도우즈 운영체제를 설치하면 자동으로 마이크로소프트 디펜더가 설치되므로 운영체제 설치 후 바이러스나 악성 코드에 감염될 위험은 없습니다.

그러나 우리나라는 세계 최고의 IT 국가로서 안랩에서 제공하는 V3와 알약 등을 개인의 경우 무료로 사용할 수 있습니다.

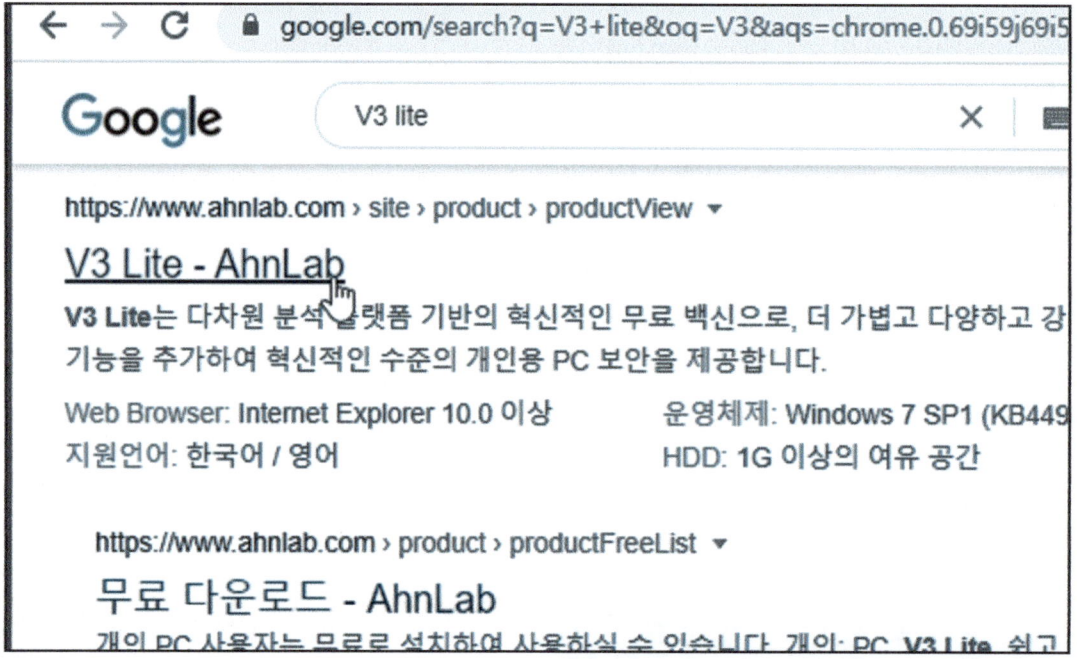

인터넷은 정보의 바다이기도 하지만, 쓰레기의 바다이기도 하고요, 악성 코드와 바이러스의 바다이기도 하며 각종 낚시 사이트의 바다이기도 합니다.

그래서 오리지널 사이트를 찾는 것도 어려운데요, 위와 같이 정확하게 안랩 홈페이지에서 다운로드 하여 V3를 설치하는 것이 가장 좋습니다.

정상적으로 V3를 설치하면 우측 화면에 보이는 것과 같이 시스템 트레이를 클릭하면 V3가 보입니다.

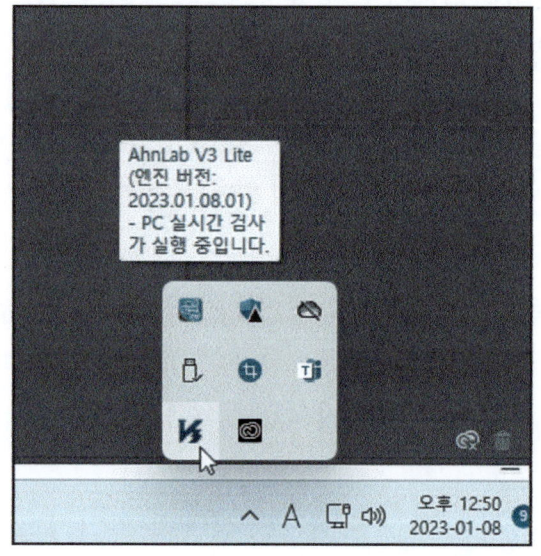

앞의 화면에 보이는 것과 같이 V3에 마우스를 가져가면 실시간 검사가 실행중이라고 나와야 하며 컴퓨터를 켜면 가장 먼저 이곳을 확인하여 바이러스 백신 프로그램이 활성화 되어 있는지 확인해야 합니다.

요즘은 워낙 영악한 해커들이 많아서 바이러스 백신 프로그램을 무력화시키는 악성 코드도 많으므로 어느날 잊고 바이러스 백신 프로그램 확인을 하지 않고 사용하다가 어느날 바탕화면 우측 하단 시스템 트레이를 클릭했을 때 바이러스 백신 프로그램이 보이지 않는다면 그야말로 큰일입니다.

만일 바이러스 백신 프로그램이 없거나 비활성화 되어 있다면 일단 활성화를 시켜 보고 그래도 안 되면 안랩에서 제공하는 전용 백신을 다운 받아서 실행하여 V3의 실행을 방해하는 악성 코드를 치료할 수도 있습니다만, 무료 버전에서는 제대로 작동하지 않습니다.

V3 정품 가격은 우측 화면에 보이는 것과 같이 비교적 저렴하므로 개인이라도 가능하면 정품을 사용하기를 권장합니다.

그래야 V3의 실행을 방해하는 악성 코드를 단숨에 무력화 시킬 수 있습니다.

3-8. 알약

V3 외에 우리나라 토종 바이러스 백신 프로그램으로 알집으로 유명한 이스트 소프트사에서 역시 개인의 경우 무료로 제공하는 알약이 있습니다.

V3와 알약은 서로 경쟁 관계이기 때문에 서로 상대방 바이러스 백신 프로그램이 깔려 있으면 삭제하라고 나오지만, 가능하면 V3와 알약을 동시에 실행시키는 것이 좋고요, 경우에 따라서는 V3를 먼저 설치하면 알약은 설치가 안 되는 수도 있습니다만, 어차피 윈도우 디펜더를 끄지 않았으면 상관이 없습니다.

이 책으로 공부를 하여 중급 사용자가 되어 컴퓨터 파워 유저가 되면 윈도우 디펜더를 끄는 경우가 있습니다.

윈도우 디펜더가 켜져 있으면 본인이 원하는 특정 프로그램이 실행되지 않는 수가 있기 때문입니다.

그러나 기본적으로는 윈도우 디펜더를 끄고 해당 프로그램을 설치했다면 그 후에는 다시 윈도우 디펜더를 켜 놓는 것이 좋습니다.

3-9. 윈도우 디펜더

우측 화면은 방금 구글 크롬에서 검색한 결과를 캡쳐한 것이므로 참고만 해 주시고요,..

우측 화면에 보이는 설명과 같이 윈도우 디펜더는 오늘날에는 바이러스 백신 기능이 추가되어 기본적으로는 다른 바이러스 백신 프로그램을 깔지 않아도 윈도우즈 운영체제에서 바이러스를 막아내지만, 전세계에는 알려지지 않은 기인이사들이 많기 때문에, 특히 높은 실력의 해커는 V3나 알약은 물론 윈도우 디펜도도 무력화시킬 수가 있다는 것을 알아야 하고요, 윈도우 디펜더를 끄거나 켜는 것은 예전에는 쉬웠지만, Win 11의 경우 개인이 디펜더를 끄는 것은 불가능합니다.

윈도우 디펜더를 끄는 메뉴가 사라졌기 때문입니다.
윈도우 디펜더는 다음 방법으로 확인할 수 있습니다.

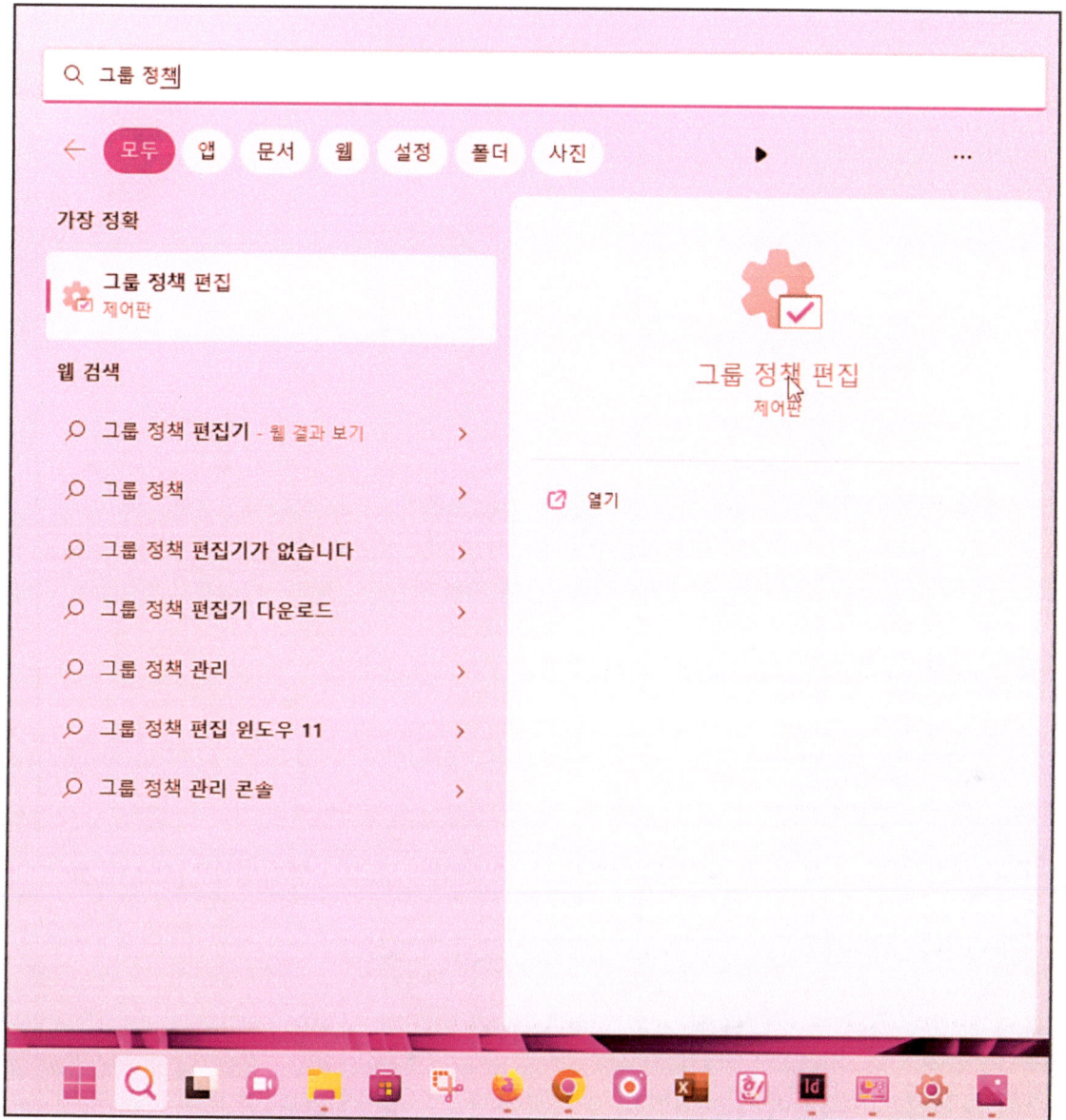

위의 화면 참조하여 [시작]을 누르고 검색어 '그룹 정책'을 입력하고 검색을 하여 위의 마우스가 가리키는 [그룹 정책 편집]을 클릭하면 다음 화면이 나타나서 디펜더를 끄거나 켤 수 있어야 하는데 안 됩니다.

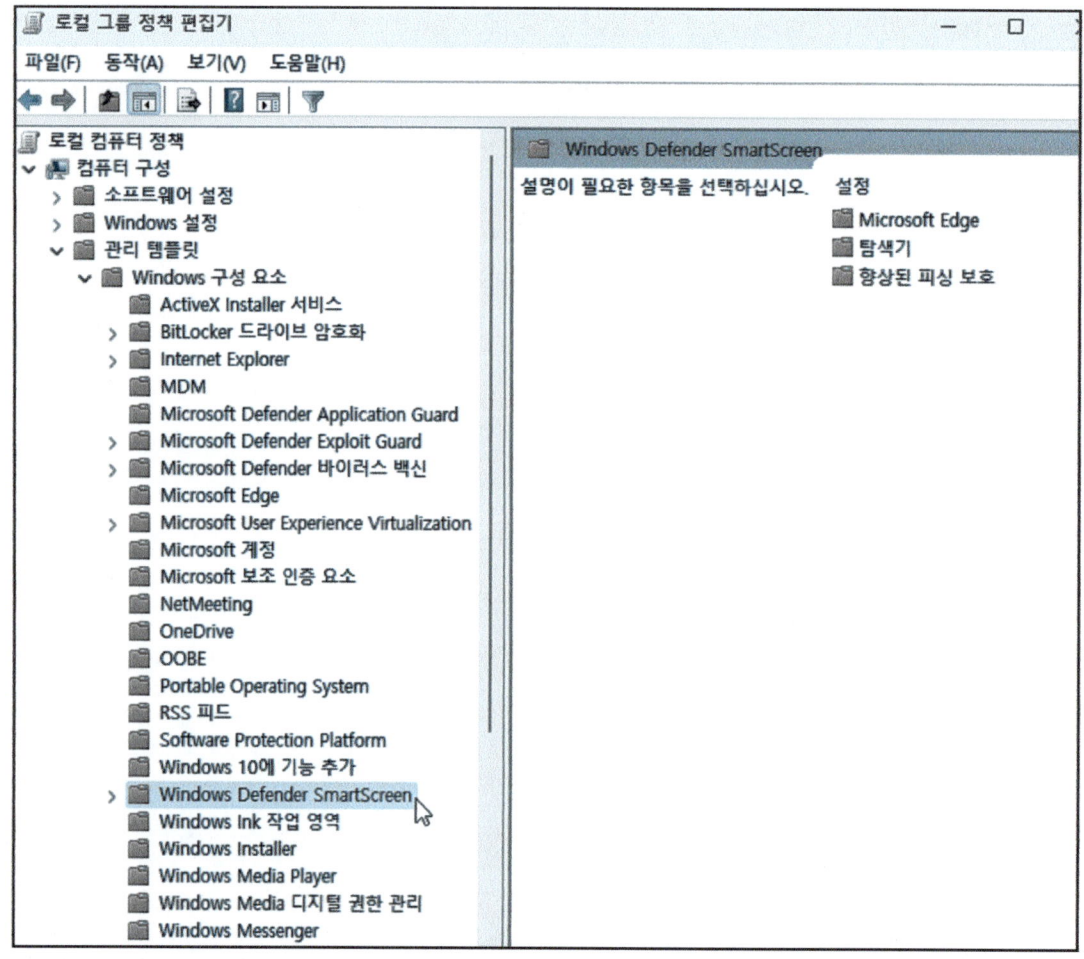

위의 화면 참조하여 위의 화면에서 [컴퓨터 구성] - [관리 템플릿] - [Windows 구성 요소] - [Windows Defender 가 아니라 위에 보이는 것과 같이 Windows Defender SmartScreen 이라고 바뀌었고요,.].. 그리고..

위의 화면 우측을 보면 디펜더 켜고 끄는 메뉴가 있어야 하지만, 사라졌습니다.

다시 말해서 Win 11 에서는 디펜더를 기본적으로는 끌 수 없습니다.

그러나 세상에는 알려지지 않은 수 많은 기인이사가 많기 때문에 마이크로소프트 사에서 이렇게 메뉴 방식으로는 디펜더를 끌 수 없게 해 놓았지만, 다음 프로그램을 다운로드하면 디펜더를 껐다 켰다 마음대로 할 수 있습니다.

필자가 여러 번 언급합니다만, 필자가 이런 파일을 제공할 수는 없습니다.

인터넷 검색하면 쉽게 다운로드 할 수 있으므로 각자 다운로드하여 이런 파일을 실행할 때는 우측 화면에 보이는 것과 같이 마우스 우클릭하고 [관리자 권한으로 실행]을 해야 합니다.

시스템 파일을 건드리는 것이기 때문에 권한이 부족하면 안 되기 때문입니다.

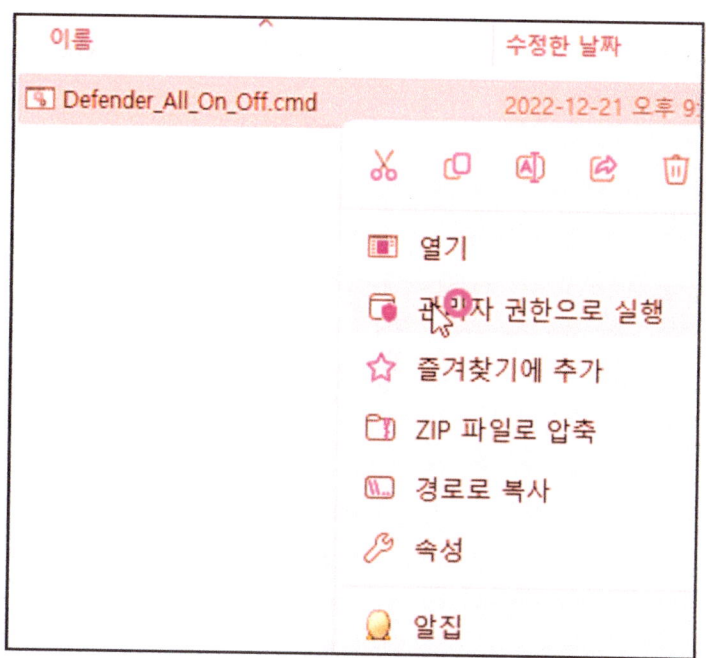

3-10. 개인 정보 및 보안

또 한 가지 디펜더에 접근할 수 있는 방법이 있는데요, 우측 화면 참조하여 [시작]-[설정]화면의, 우측 화면에서 맨 밑에 보이는, 마우스가 가리키는 [개인 정보 및 보안]의 우측 화면에서 [Windows 보안]을 클릭하면 다음 화면이 나타납니다.

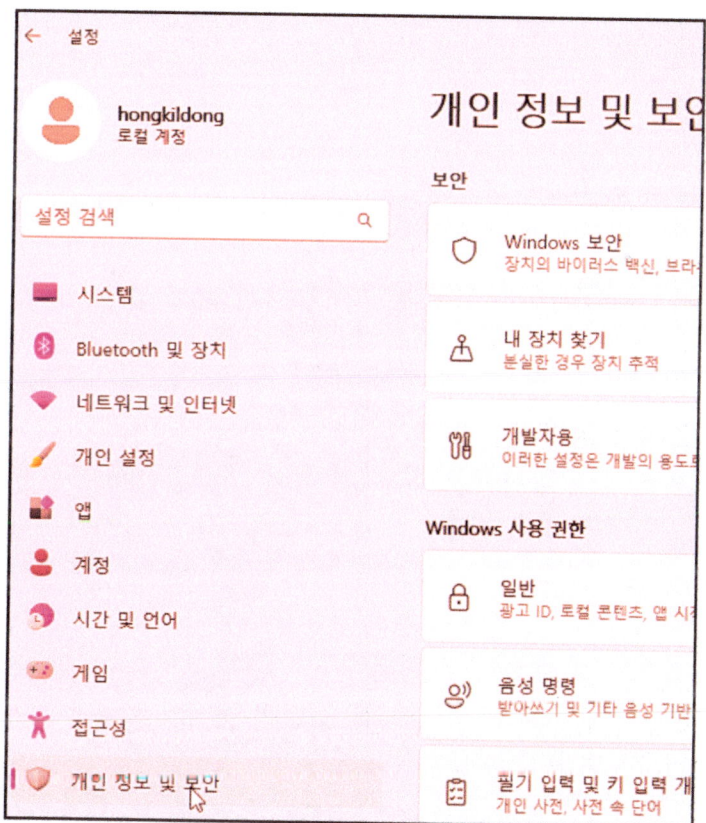

우측 화면에서 마우스가 가리키는 [바이러스 및 위협 방지]를 클릭하면 다음 화면이 나타납니다.

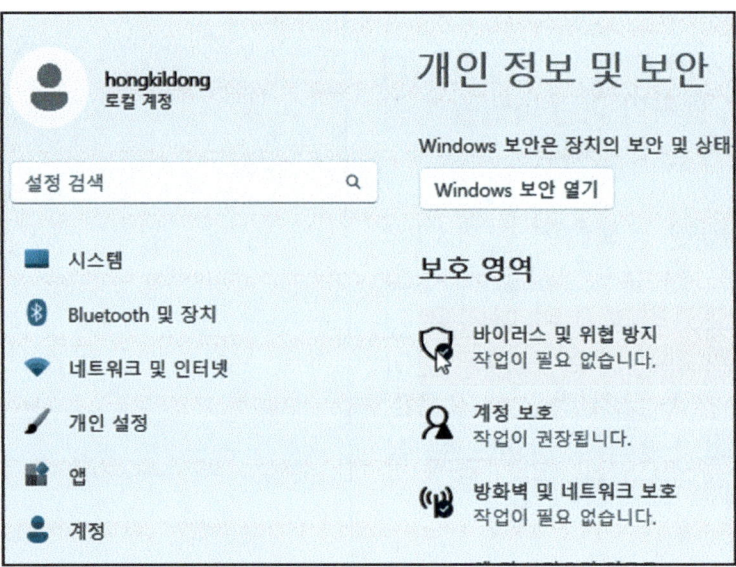

우측 화면에서 마우스가 가리키는 곳을 클릭하여 디펜더를 켜거나 끌 수 있어야 하지만, 이 메뉴가 사라졌습니다.

그래서 여기서도 디펜더를 끌 수 없습니다.

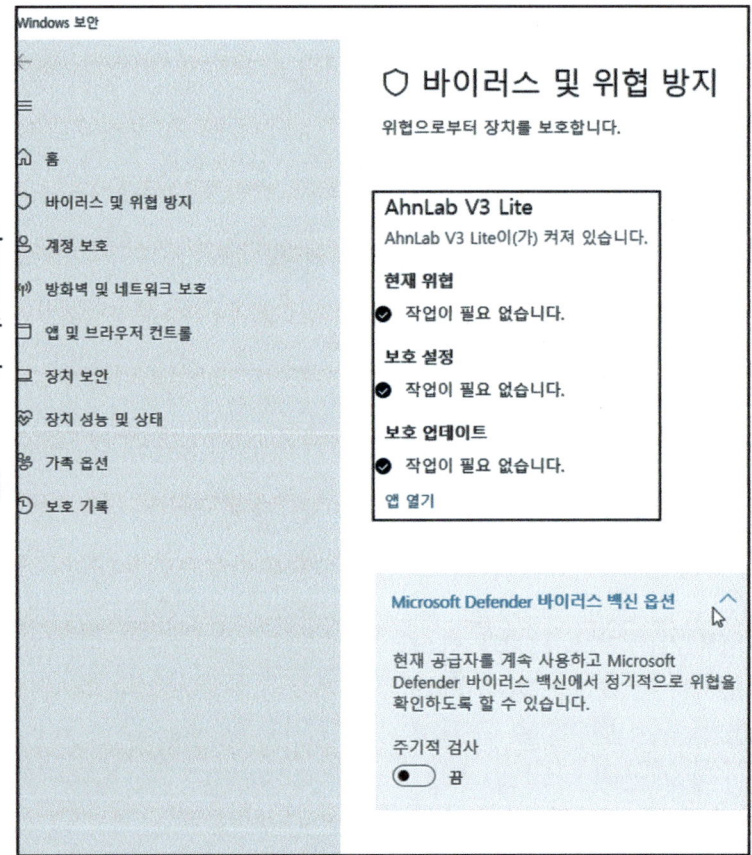

3-11. 방화벽

방화벽은 건물 방화벽과 마찬가지로 외부 위협으로부터 시스템을 보호하는 아주 중요한 역할을 합니다.

우측 화면에서 마우스가 가리키는 방화벽 및 네트워크 보호를 클릭하여 방화벽을 끌 수 있습니다만, 방화벽을 끄면 건물 화재시 방화문이 없는 것과 같습니다.

따라서 방화벽을 끄거나 켜는 것은 이 책으로 공부를 하여 중급 이상의 파워 유저가 되신 후에 만지는 것이 좋습니다.

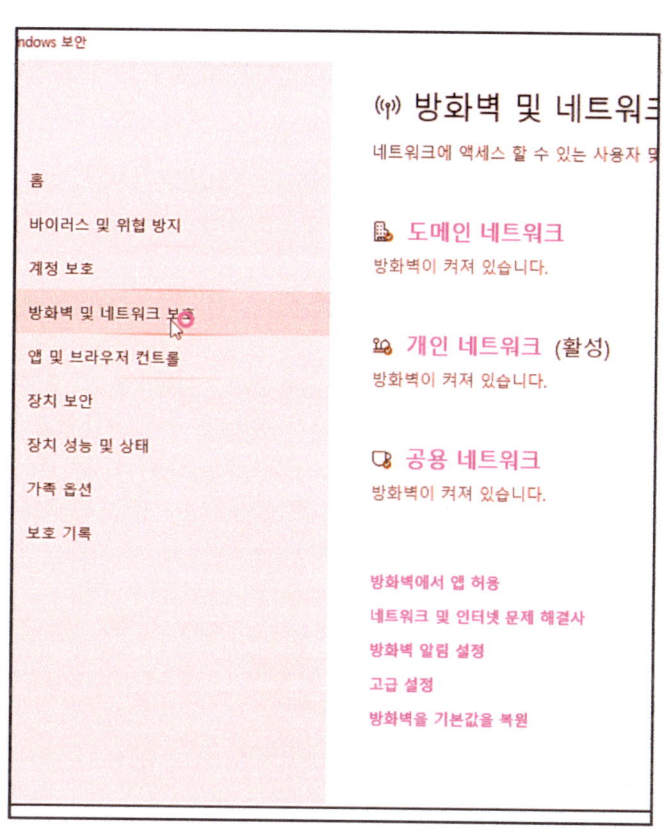

3-12. 장치 성능 및 상태

우측 화면에서 마우스가 가리키는 [장치 성능 및 상태]를 클릭하면 우측 화면에 현재 시스템의 상태가 보고됩니다.

우측에 보이는 것과 같이 저장소와 앱및 소프트웨어 등이 이상이 없다는 것을 가끔씩 확인을 하는 것이 좋습니다.

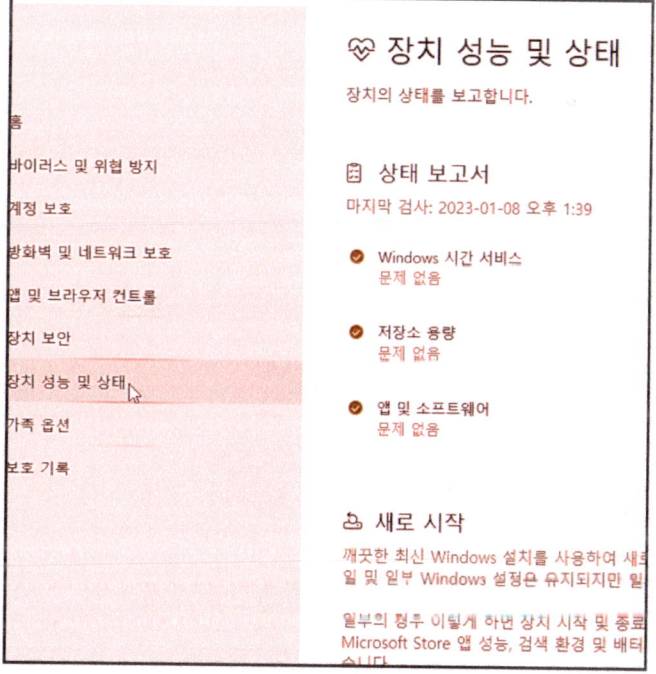

3-13. 가족 옵션

아직 어린 자녀를 둔 가정이라면 아래 화면 마우스가 가리키는 [가족 옵션]을 클릭하여 원하는 설정을 할 수 있습니다.

그러나 이것은 마이크로소프트 엣지 브라우저를 사용할 때만 가능한 설정이고요, 설사 다른 방법을 사용한다 하여도 자녀들이 무분별하게 아무 사이트나 들어가는 것을 막을 방법은 현실적으로는 없습니다.

따라서 가장 좋은 방법은 아직 장성하지 않은 자녀들이라면 자녀 방에 컴퓨터를 두는 것보다는 거실에 두는 것이 좋다는 것이 필자의 개인적인 생각입니다.

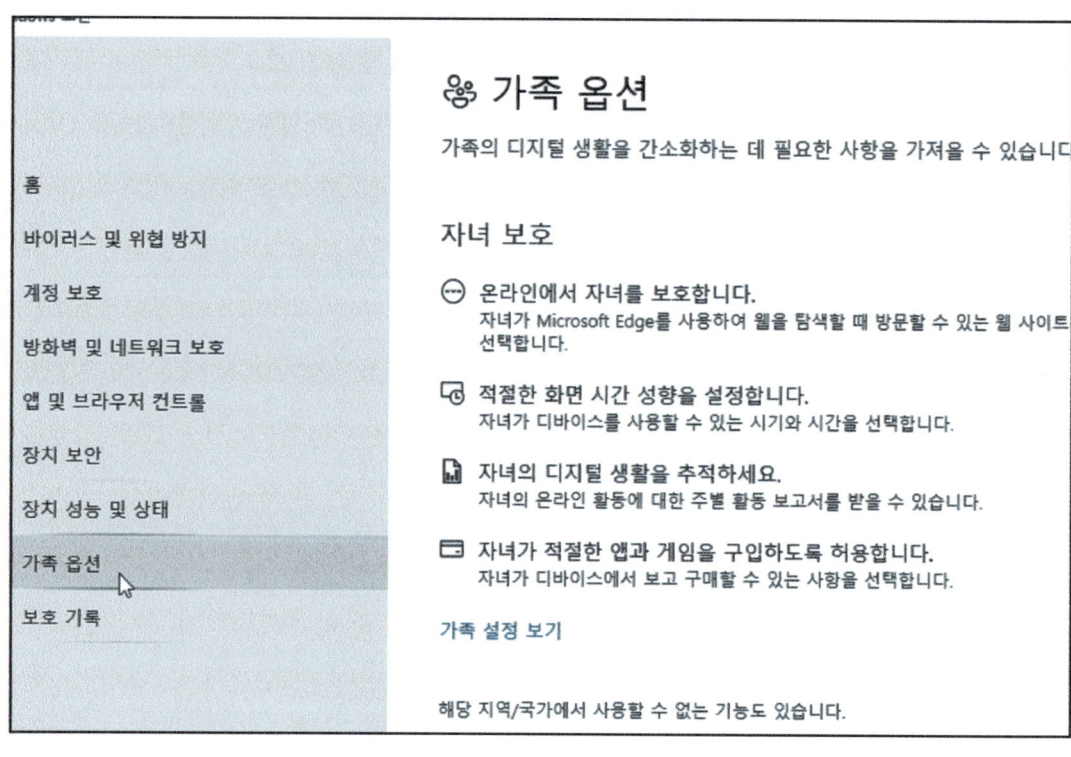

3-14. 블루투스 및 장치

위의 보안 창을 닫고 다시 설정 화면으로 돌아가서 [블루투스 및 장치]를 클릭하면 다음 화면이 나타납니다.

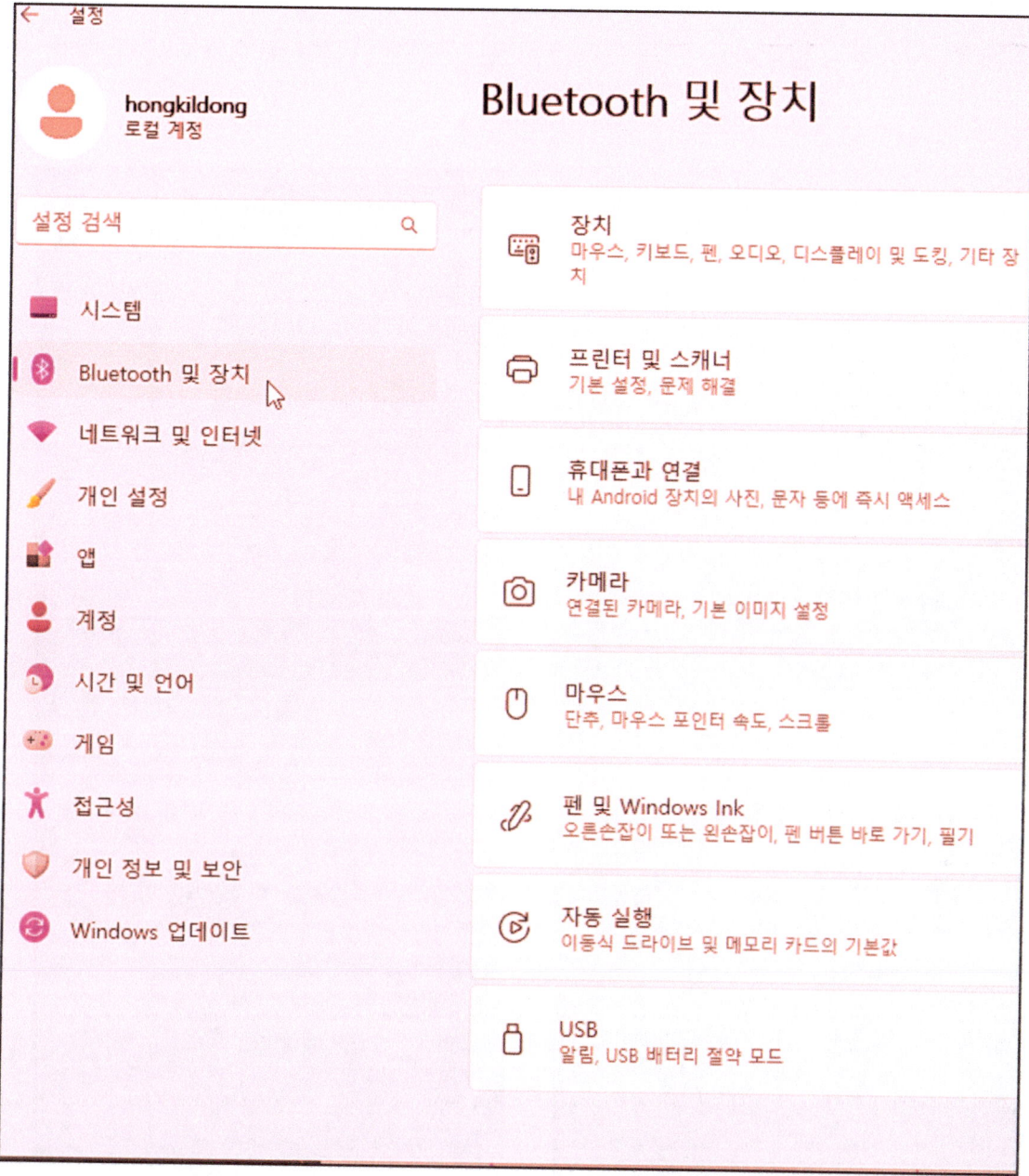

블르투스를 사용하는 무선 마우스나 펜 마우스 혹은 펜타블릿 등에 관한 설멍을 할 수 있습니다만, 사실 위의 화면은 그리 도움이 되지 못합니다.

어떠한 장치이든지 장치 고유의 드라이버가 있고요, 다만 프린터 스캐너 등이 제대로 잘 안 될 때 문제 해결 등을 통해서 해결할 수 있으며 휴대폰과 연결은 이런 기능을 사용하지 않더라도 요즘 스마트폰으로 PC와 연결하는 앱은 아주 많고요, 필자의 경우 다음 앱을 사용하여 스마트폰의 사진이나 동영상을 PC로 옮기거나 반대로 PC의 파일을 스마트폰으로 옮기기도 합니다.

3-15. CX 파일 탐색기

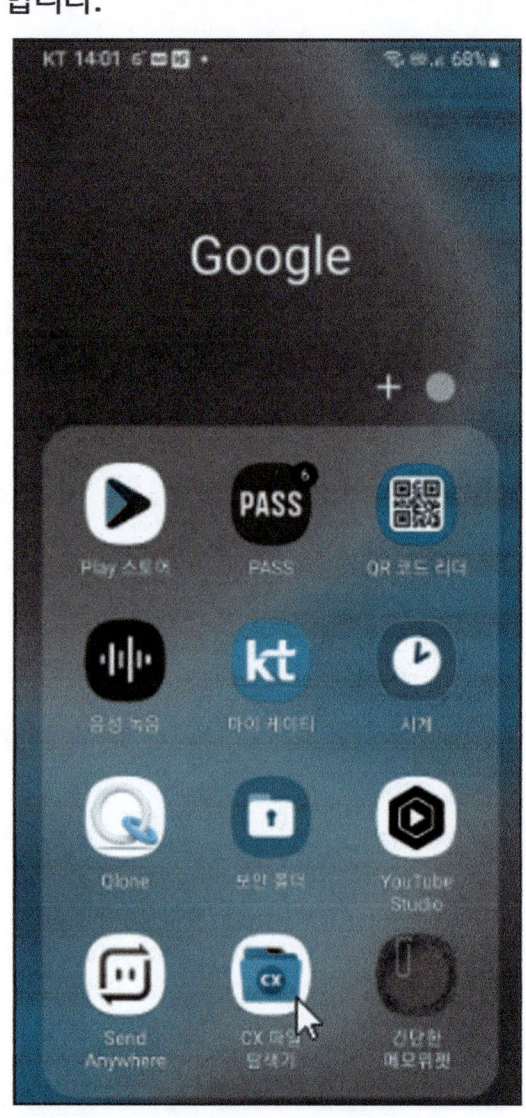

필자의 경우 좌측 마우스가 가리키는 [내 파일]이 처음에 안 돼서 CX 파일 탐색기를 설치했고요,..
CX 파일 탐색기는 스마트폰에서 검색하면 쉽게 다운로드 할 수 있습니다.

CX 파일 탐색기를 터치하면 우측 화면이 나타납니다.

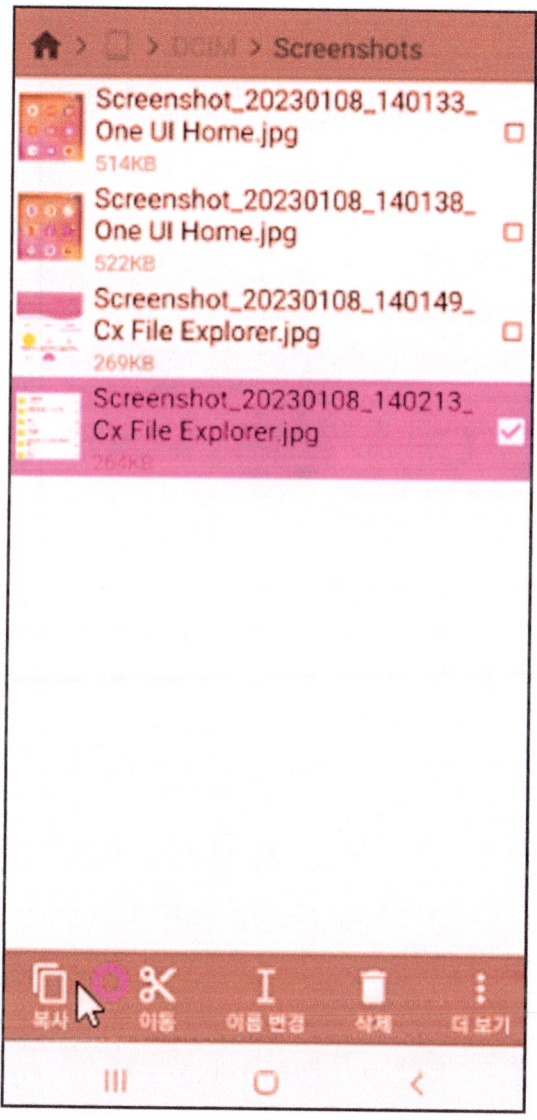

위의 좌측은 로컬 우측은 네트워크이며 만일 스마트폰에 USB를 연결하면 가운데 나타납니다.

지금은 로컬, 즉, 스마트폰에서 카메라 폴더인 [DCIM] - [Screen Shot]을 클릭하여 좌측 화면에서 방금 캡쳐한 스크린 샷을 선택하고 하단 복사 혹은 이동

클릭한 다음, 다시 뒤로 돌아가서 우측 메인 화면에서 마우스가 가리키는 네크워크를 클릭합니다.

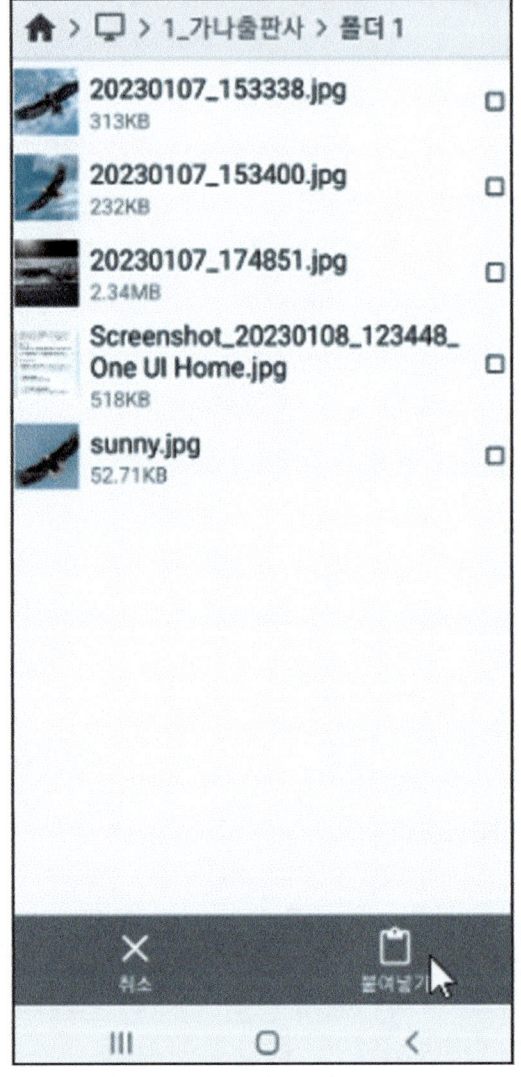

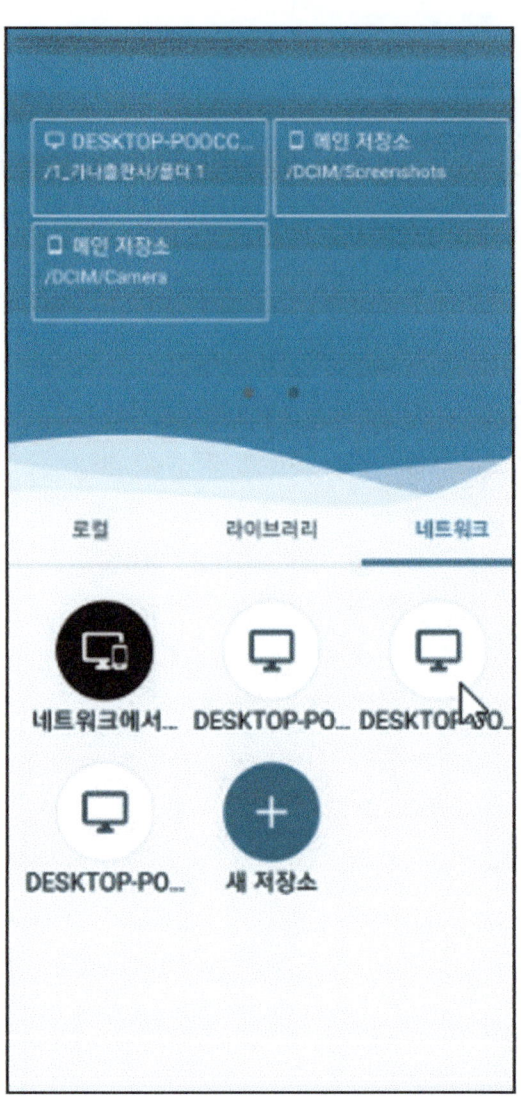

좌측 화면은 네트워크에 연결된 PC 화면이 보이는 것이고요, 적당한 공유 폴더를 선택하고 좌측 하단 마우스가 가리키는 붙여넣기를 터치하면 스마트폰의 파일이 PC로 옮겨지고요, 반대로 PC위 파일을 스마트폰으로 옮기는 것도 가능합니다.

여기서는 필자가 간단히 설명했습니다만, 네트워킹을 하기 위해서는 스마트폰에서 네트워크를 선택하고 지정을 해야 하며 대부분 자동으로 진행됩니다.

이 역시 필자보다 더 잘 하시는 분도 있겠습니다만, 여기서 중요한 것은 윈도우즈 운영체제는 문자 그대로 운영체제일 뿐 운영체제에서 제공하는 기능보다 우수한 기능을 가진 어플들이 많이 있으므로 선택은 여러분 각자의 몫입니다.

3-16. 프린터 설치하는 방법

컴퓨터 사용자라면 필수적으로 가지고 있는 것이 바로 프린터입니다.
그래서 PC 사용자라면 프린터 설치를 할 줄 알아야 하는데요, 최신의 무선 프린터라면 만질 것도 없이 자동으로 설치가 됩니다.

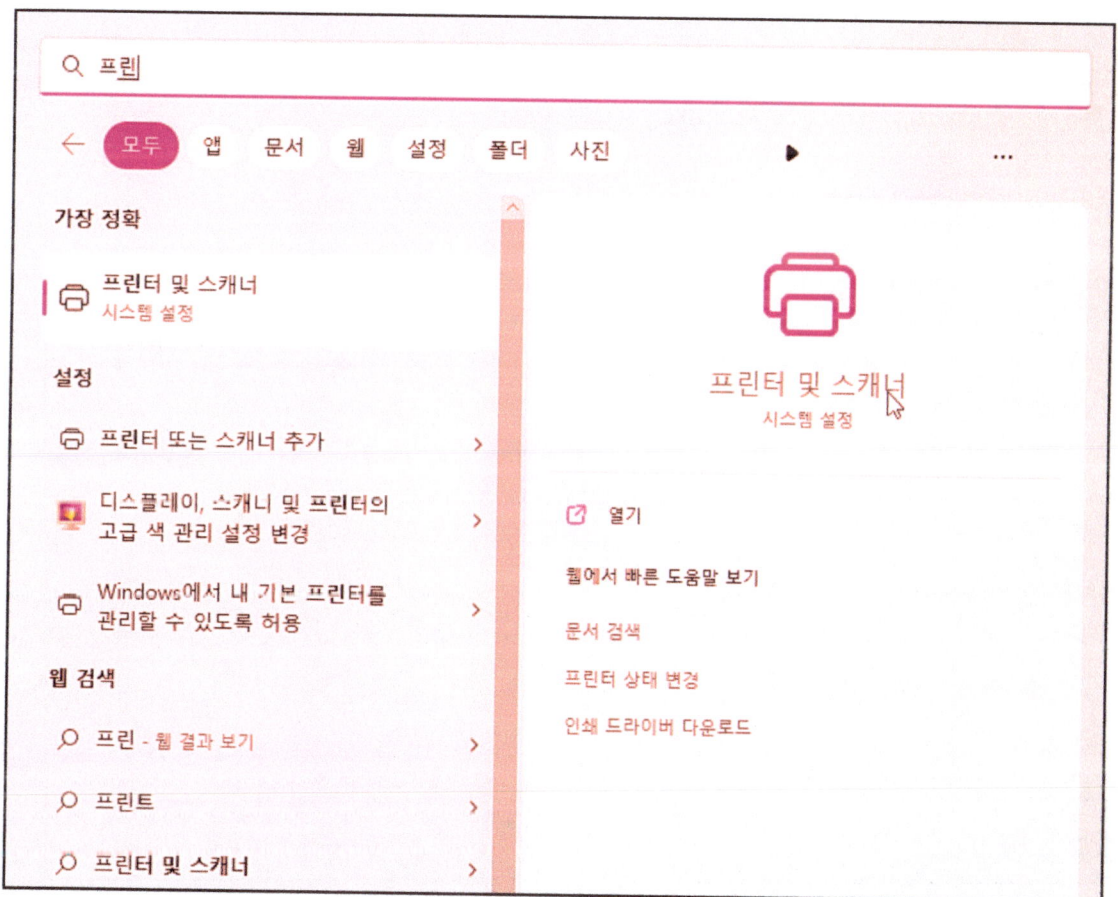

앞의 화면은 [시작]을 누르고 검색어 '프린' 까지만 입력했는데 위와 같이 나타나고요,..

지금 보시는 Win 11 의 프린터 기능이나 윈도우10의 프린터 기능은 사실 윈도우7보다 못합니다.

화면도 미려하고 보기에는 깔끔해 보이지만, 필자는 직업의 특성상 프린터가 아주 많은데요, 이렇게 프린터 전문 업체에서는 윈도우10이나 윈도우11의 프린터 관련 기능이 상당히 불편합니다.

물론 최신 프린터 등은 최신 운영체제에서 자동으로 설치되는 것은 좋습니다만, 사실 이것도 100% 이렇게 자동으로 모두 설치되는 것이 아니고요, 대체로 반반 비율로 사용자가 직접 설치를 해야 하는 경우가 더 있습니다.

특히 구형 프린터, 필자의 경우 구형 대형 플로터가 있는데요, 이런 주변기기는 아예 윈도우10이나 윈도우11을 지원하지 않으므로 이런 구형 기기는 윈도우7을 사용하는 컴퓨터에 연결해서 사용해야 합니다.

위의 마우스가 가리키는 [프린터 및 스캐너]를 클릭하면 다음 화면이 나타납니다.

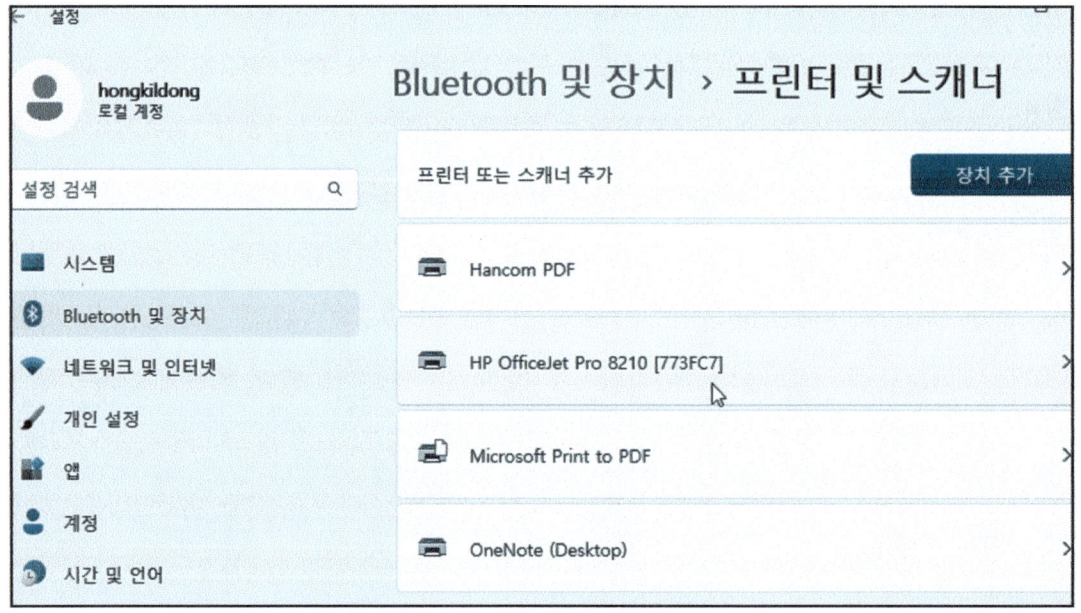

앞의 화면은 필자가 현재 이 책을 집필하고 있는 PC의 프린터 설정 화면이고요, 앞의 화면에 보이는 것은 필자는 프린터 설정을 일체 하지 않았지만, 자동으로 설치된 것입니다.

앞의 화면 마우스가 가리키는 프린터는 무선 프린터이기 때문에 자동으로 Win 11 운영체제를 인스톨하고 나서 랜선을 꽂아서 온라인 상태가 되자 자동으로 무선 프린터를 찾아서 자동으로 설치가 된 것입니다.

3-17. Driver, 드라이버 파일

우리가 쓰는 PC는 최초에 아이비엠에서 개발했고요, 최초의 운영체제는 당시 대학교 2학년 학생이었던 빌게이츠가 개발을 했고요, 그래서 빌게이츠가 엿장수 맘대로 붙인 이름들이 그대로 대명사가 되어 오늘날까지 사용되는 것이 대부분이고요, 필자는 우리나라에 컴퓨터가 처음 들어왔을 때부터 컴퓨터를 해 왔습니다만, 필자는 나이가 있기 때문에 필자가 학교에 다닐 적에는 컴퓨터라는 것이 없었습니다.

그래서 필자 나이 중년 이후에 컴퓨터 공부를 시작했어도 거의 50대에 이르러 컴퓨터 자격증을 약 10개나 취득하고 관련 서적을 수십권 집필하고 조립 PC를 무려 수 천 대를 조립했는데요,..

이렇게 필자가 최초에 컴퓨터를 공부할 때는 시중에 변변한 컴퓨터 관련 서적도 없었기 때문에 빌게이츠가 만들어 놓은 도스 파일에 들어 있는 Read.,txt 파일을 열어서 당시 한 뼘 두께나 되는 엄청나게 두꺼운 콘사이스를 펼쳐서 번역을 해도 좀처럼 번역되지 않았습니다.

그도 그럴 것이 인류 최초로 만들어진 PC 운영체제를 역시 인류 최초로 빌게이츠가 운영체제를 개발하면서 빌게이츠가 만든 단어가 대부분이기 때문에 지금은 이 단어들이 그대로 명사가 되어 구글 번역기를 돌리면 대부분 번역되지만, 필자가 최초에 컴퓨터 공부를 할 때는 그렇게 두꺼운 콘사이스를 펼쳐 보아도 번역이 안 되는 단어가 수두룩 했습니다.

그래서 앞 뒤 몇 개이 단어만 번역을 하고 그냥 문맥으로 앞뒤 내용을 짐작해서 공부를 했는데요, 그래서 필자 세대의 컴퓨터 유저들의 컴퓨터 실력이라는 것이 컴퓨터 실력이 아니라 도스를 얼마나 잘 사용하는가 하는 것이 척도였습니다.

이 중에서 가장 큰 문제가 당시 최초로 개발된 도스에서 사용할 수 있는 램이 고작 500Kb 이하였습니다.

이론상 IBM에서 640Kb 의 램을 사용하도록 설계를 했지만, 컴퓨터의 콘솔에서 램상주 프로그램들이 사용하고 남는 아주 약간의 램만 사용해야 했기 때문에 컴퓨터는 전원을 켜서 끌 때까지의 모든 것이 램에서 이루어지는데 이렇게 램의 용량이 부족하여 실행할 수 없습니다 라는 메시지와 함께 다운되기 일쑤였습니다.

그래서 사용자가 사용할 수 있는 사용 가능한 램을 확보하는 것이 지상 최대의 과제였는데요, 지금 이 책을 집필하는 PC는 램이 8Gb이므로 요즘 추세로 보면 아주 적은 량의 램이지만, 최초에 설계된 640Kb에 비해서는 얼마나 큰 양인지 짐작할 수 있겠죠..

거기에 이 책의 앞 부분에서 가상메모리에 대해서 설명,… 지금 임시로 목차를 만들어서 목차를 확인해보니 가상메모리 설명을 하지 않았네요..

가상 메모리는 조금 후에 설명하기로 하고요, 지금은 프린터 설치 단계이고요, 프린터를 설치하기 위해서는, 조금 더 자세하게 설명하자면 지금 이 책을 집필하는 필자가 사용하는 Win 11 을 설치한 PC에서는 무선 프린터를 자동으로 설치되었지만, 무선도 자동으로 설치가 되지 않거나 무선이 아닌 유선 프린터는 드라이버를 설치해야 한다는 설명을 하기 위하여 도스 설명까지 장황하게 했습니다.

컴퓨터에서 사용하는 버스는 앞에서 컴퓨터의 심장으로 불리는 중앙 프로세서인 시피유가 주변 장치들과 주고 받는 데이터 경로라고 앞에서 설명을 했고요, Win 11은 기본적으로 64비트 운영체제라고 설명을 했고요 버스는 사람이 타고 다니는 버스와 개념도 스펠링도 똑같이 Bus라고 했고요,..

그리고 지금 설명하는 드라이버도 사람이 나사를 조일 때 사용하는 드라이버와 개념도 똑같고 스펠링도 똑같이 Driver입니다.

그래서 최초에 도스를 개발한 당시에 빌게이츠가 엿장수 맘대로 가져다 붙인 이름들이 이제는 그대로 명사가 되어 구글 번역기를 돌리면 그대로 번역이 된다고 했고요, 이렇게 우리 일상 생활에 연관된 용어들이 많습니다.

그런데 사람이 사용하는 드라이버는 눈으로 보이는 나사를 조일 수 있지만, 눈에 보이지 않는 프로그램은 무엇으로 조이거나 풀어서 조절을 할 수 있을까요?? 바로 눈에 보이지 않는 프로그램을 조절하는 프로그램이 즉, 드라이버 파일입니다.

전 세계의 수 많은 하드웨어 제조업체에서는 자사에서 만드는 하드웨어를 작동시키는 드라이버 파일을 같이 배포하고요, 최악의 경우 드라이버 파일이 없으면 그 장치는 사용할 수 없습니다.

다만 지금은 대부분의 규격이 통일이 되어서 윈도우즈 운영체제가 개발되기 이전에 나온 기기들은 Win 11을 설치하면서 자동으로 이렇게 설치가 되는 것이고요, 이것은 윈도우즈 운영체제 안에 전세계의 대부분의 모든 장치의 드라이버가 들어 있거나 윈도우즈 범용 드라이버를 사용하기 때문에 가능한 것입니다.

그러나 윈도우즈 운영체제가 개발된 이후에 나온 장치이거나 알려지지 않은 군소 업체에서 만든 장치의 경우 윈도우즈 운영체제 안에 드라이버가 없을 수도 있습니다.

특히 컴퓨터 게임 좋아하시는 분들 무려 100만원짜리 그래픽 카드를 사서 쓰시는 분도 있는데요, 해당 그래픽 카드 드라이버를 띄우지 않으면 안 될 수 있습니다.

필자의 경우 프린터가 많기 때문에 아래와 같이 UT라는 폴더 안에 프린터 제조사인 HP 폴더를 만들고 관련 드라이버 파일들을 보관해 두고 있습니다.

이름	수정한 날짜	유형	크기
HP DesignJet500	2020-09-16 오후 5:21	파일 폴더	
HP 디자인젯500 윈10호환드라이버	2020-09-16 오후 6:09	파일 폴더	
hpdj510wx64glko	2020-09-16 오후 5:24	파일 폴더	
HP디자인젯800드라이버	2020-09-16 오후 6:09	파일 폴더	
HP범용드라이버PCL젠장맞을HP같으리구	2020-09-16 오후 6:09	파일 폴더	
오피스젯7012	2021-07-22 오후 6:09	파일 폴더	

자신이 사용하는 프린터가 자동으로 설치되지 않을 때는 다음 화면과 같이 [시작]-[프린터 및 스캐너] 화면에서 [프린터 추가]를 눌러 설치할 수 있습니다.

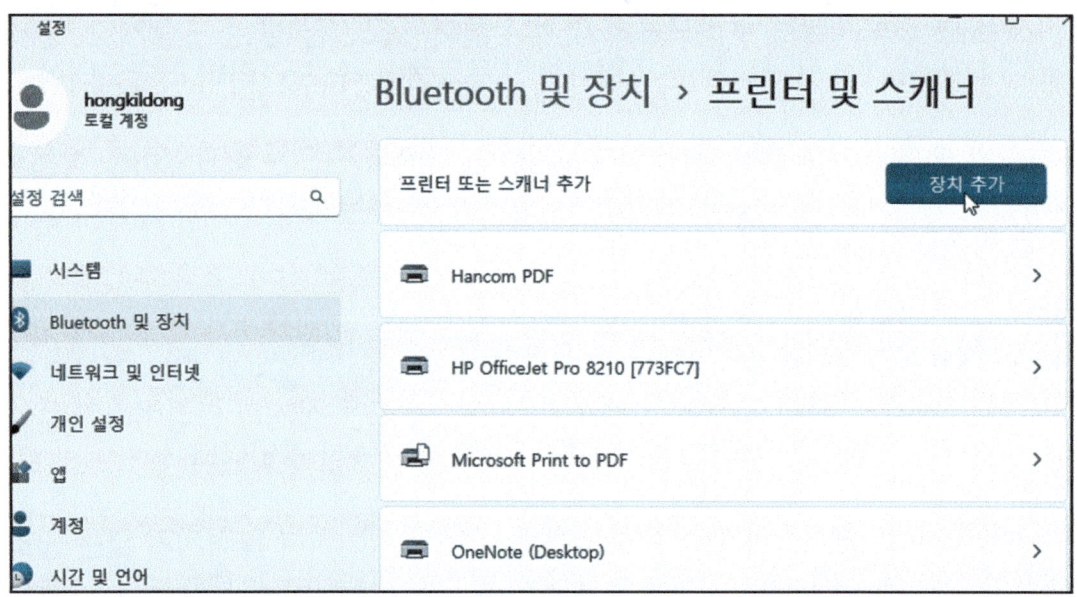

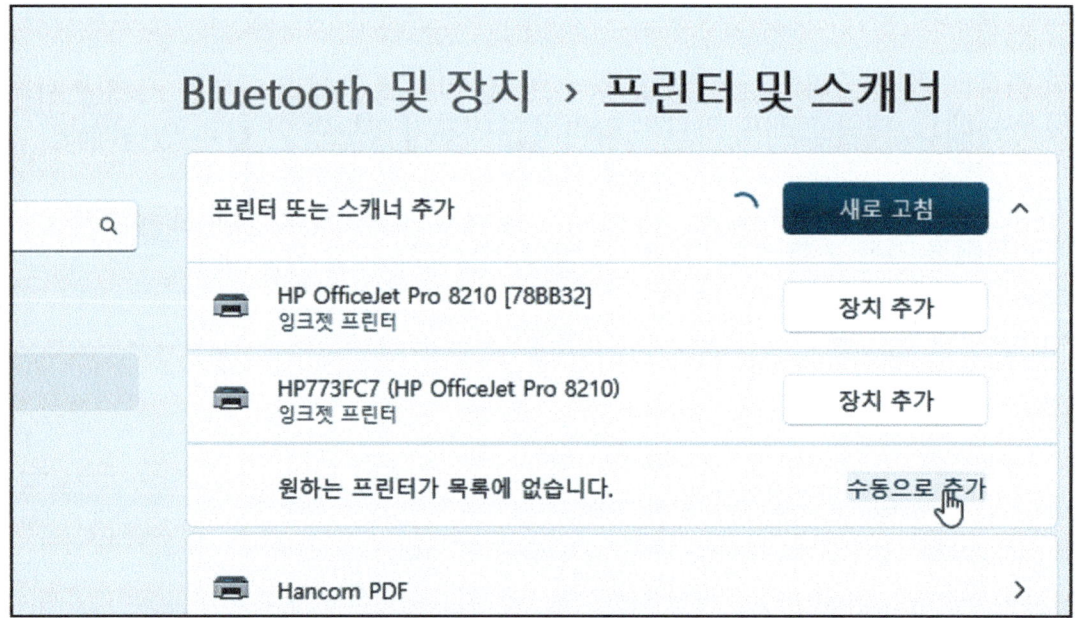

위와 같이 Win 11 설치시에 자동으로 설치된 프린터 이외의 프린터가 주르륵 자동으로 설치가 되는데요 자동으로 설치가 되지 않는 프린터는 위의 손가락이

가리키는 [수동으로 추가]를 클릭하고 목록에서 고르든지 시스템에 드라이버가 있음을 선택하여 앞에서 보여 드린 필자의경우 UT라는 폴더 안에 해당 프린터 제조사인 HP라는 폴더를 만들어놓고 그 안에 드라이버 파일들을 넣어 두었으므로 이 파일의 경로를 지정해서 설치를 하는 방법이 있고요,..

다른 방법으로는 해당 드라이버 파일을 실행시켜서 설치하는 방법입니다.

3-18. 프린터 설치

필자는 책을 쓰고 또 책을 만들기 때문에 원고는 A4 용지에 인쇄를 하더라도 표지는 A3로 인쇄를 하여 A4 원고를 감싸듯이 제본을 해서 재단을 해야 하므로 위의 화면 마우스가 가리키는 프린터는 A3 프린터인데요, 무선이 아니라 유선 프린터이고요, 위의 실행 파일을 실행시켜서 프린터를 설치할 수 있습니다.

그러나 여기서는 원론적인 설명만 하는 것이고요, 여기 설명만 가지고 프린터 설치가 안 되는 분도 있을 것입니다만, 아마 컴퓨터 사용자라면 대부분 프린터도 사용하고 있을 것이며 이미 대부분 자동 혹은 프린터 제조사에서 제공하는 드라이버 파일로 설치를 했을 것입니다.

문제는 이것도 못하는 사람들이 문제인데요, 프린터 설치 뿐만이 아니고 컴퓨터는 사람의 두뇌와 같아서 전세계 80억 인구 중에 똑같은 사람은 단 한 사람도 없듯이 컴퓨터도 똑같아 보여도 모든 컴퓨터의 증상이 천차만별입니다.

필자는 물론 필자의 책을 보고 공부를 하여 PC정비사가 되신 분들도 항상 어려운 것이 지금까지 단 한 빈도 일어나지 않은 새로운 사건들이 끊임없이 일어난다는 점입니다.

프린터 설치도 쉽게 하는 사람이 있는 반면 어렵게 설치하거나 안 되는 분도 있을 수 있다는 얘기입니다.

여기서 중요한 것은 앞에서 드라이버 파일이 무엇인지 알려 드렸으므로 작동을 하지 않는 프린터 혹은 주변기기라면 Win 11 운영체제에서 지원하지 않는 기기일 수도 있고요, 해당 기기의 드라이버 파일이 문제가 있을 수도 있습니다.

예를 들어 앞에서 본 필자의 프린터 드라이버 파일 모아 놓은 화면을 보면 디자인젯 500 이라는 대형 플로터가 있는요, 윈7까지밖에 지원을 하지 않기 때문에 이 플로터를 작동시킬 때만 윈7이 설치되어 있는 PC를 켜서 작동시킵니다.

이와 같이 컴퓨터는 배우면 배울수록 많이 알면 알수록 어려운 것이 사실입니다만, 천리길도 첫 걸음부터 이므로 시작이 반이라는 말을 위안 삼아 열심히 공부를 하시기 바랍니다.

프린터의 경우 잘 안 되면 해당 프린터의 도움말을 충분히 검색해서 충분히 읽어보고 그래도 안 되면 해당 포럼 혹은 인터넷 검색 등을 통해서 정보를 얻을 수 있고요, 그래도 안 된다면 해당 프린터 제조사의 A/S를 받아야 하겠죠..??

3-19. 마우스

마우스는 컴맹이라도 마우스를 모르는 사람은 없을 것입니다.
그러나 필자는 컴퓨터그래픽을 많이 하는데요, 이렇게 필자와 같이 컴퓨터그래픽을 많이 한다면 마우스를 약간 손을 보아서 사용하는 것이 좋습니다.

[시작] - [제어판]에 들어가서 앞의 화면에 보이는 [마우스]를 클릭하면 다음 화면이 나타납니다.

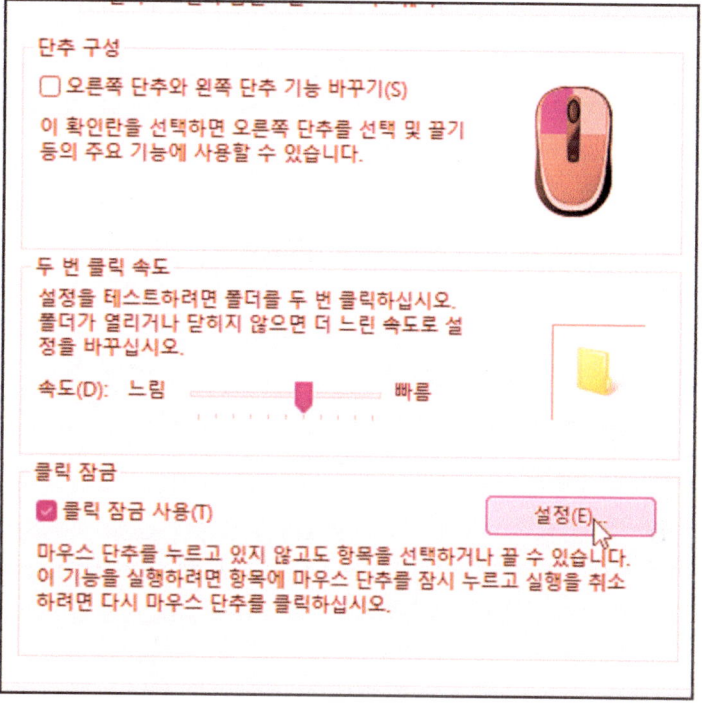

우측 화면에서 [클릭 잠금 사용]에 체크를 하고 [설정]을 클릭하면 다음 화면이 나타납니다.

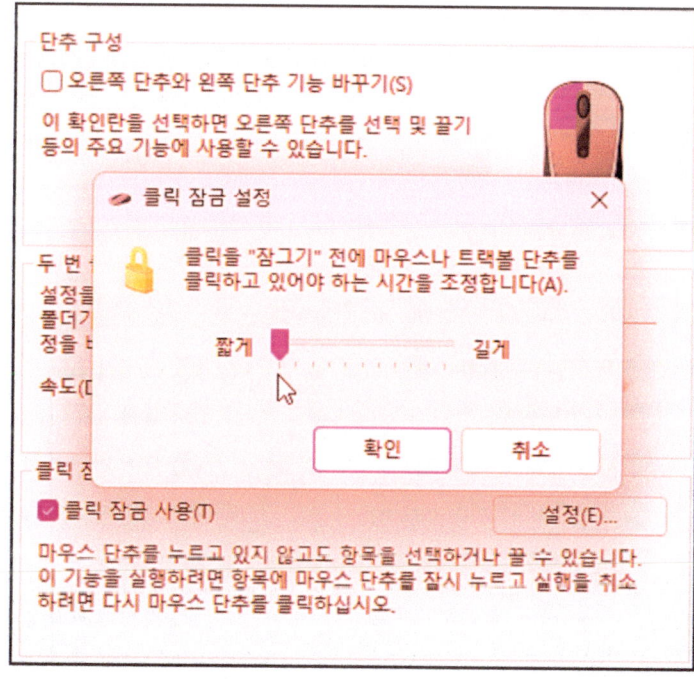

좌측 화면 마우스가 가리키는 슬라이더를 좌측 끝까지 당기고 [확인]을 클릭합니다.

이렇게 하면 마우스 좌측 버튼을 클릭하면 다시 마우스 좌측 버튼을 클릭하기 전까지는 마우스 버튼이 계속 눌러져 있습니다.

컴퓨터 그래픽은 마우스를 많이 사용하기 때문에 이렇게 하지 않으면 손이 아파서 컴퓨터 증후군에 걸리기 쉽습니다.
그래서 필자는 무조건 이렇게 해 놓고 사용을 하는데요, 일반인도 이렇게 사용하는 것을 적극 권장합니다.

처음에는 어색하고 불편한 것 같지만, 몇 번만 사용해 보면 금방 이렇게 하는 것이 좋다는 것을 알 수 있습니다.

3-20. BitLocker 드라이브 암호화

인터넷 검색해 보면 파일이나 폴더 등에 암호를 걸어서 다른 사람이 열 수 없도록 하는 프로그램들이 많이 있습니다만, 사실 윈도우즈 운영체제에 기본으로 내장되어 있습니다.

이것이 비트락커, 혹은 비트록커(BitLocker)인데요, 윈도우10 Pro 버전부터 지원되며 윈도우10 Home 버전에는 제공되지 않습니다.

Win 11에서 드라이브 암호화 기능을 사용하려면 제어판에서 비트락커 기능을 먼저 켜야 합니다.

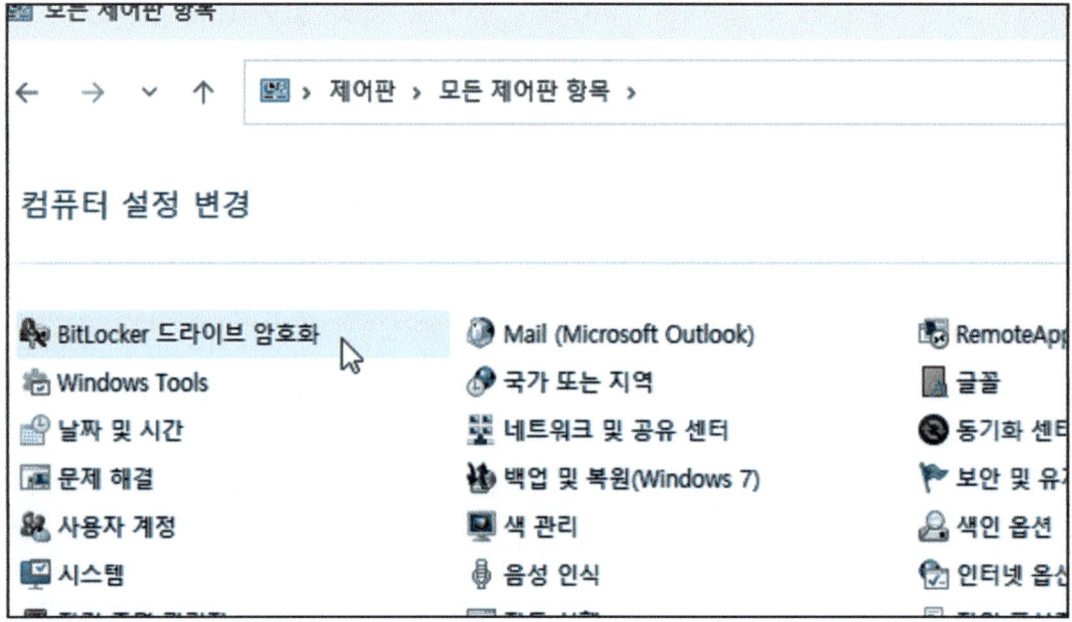

앞의 제어판 화면에서 마우스가 가리키는 [BitLocker] 드라이브 암호화를 클릭하면 다음 화면이 나타납니다.

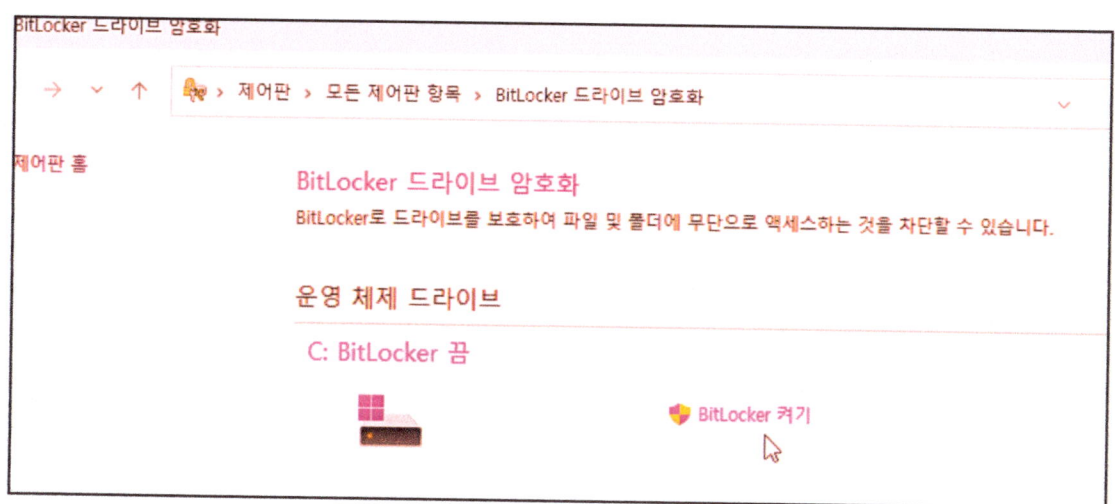

기본 값은 꺼져 있고요, 이 기능을 사용하기 위해서는 위의 화면 마우스가 가리키는 곳을 클릭하여 기능을 켜야 합니다.

이제 비트락커를 켰으므로 우측과 같이 탐색기에서 예를 들어 우측 화면에 보이는 F 드라이브는 현재 필자가 이 책을 집필하고 있는 Win 11이 설치된 컴퓨터의 usb 드라이브이고요,.

이 드라이브를 선택하고 마우스 우클릭하면 우측 화면 마우스가 가리키는 [BitLocker 켜기] 메뉴가 나타납니다.

클릭하여 기능을 켜면 다음 화면이 나타납니다.

Win 11은 우측 메뉴가 한 번에 나타나지 않고 더 많이 보기를 클릭해야 나타납니다.

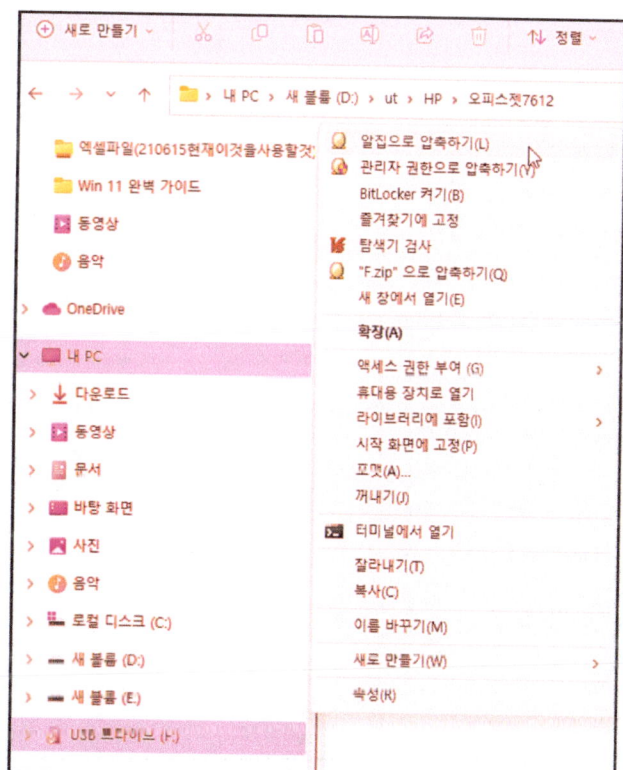

비트락커 진행 화면이 너무 빨리 지나가서 화면 캡쳐를 하지 못했고요, 곧 다음 화면이 나타납니다.

지금 이 책을 쓰는 PC는 저 사양 PC인데도 속도가 상당히 빠릅니다.

아무래도 Win 11은 64비트 운영체제라서 그런 것 같습니다.

우측 화면 암호 수준을 잘 읽어 보시고요 대소문자 공백 및 기호 등을 포함해야 하므로 상당히 복잡한 암호라는 것을 알 수 있고요, 암호를 입력하고 [다음]을 클릭하면 다음 화면이 나타납니다.

암호를 잊었을 경우를 대비하여 우측 화면에서 마우스가 가리키는 [파일에 저장]을 클릭하면 다음 화면이 나타납니다.

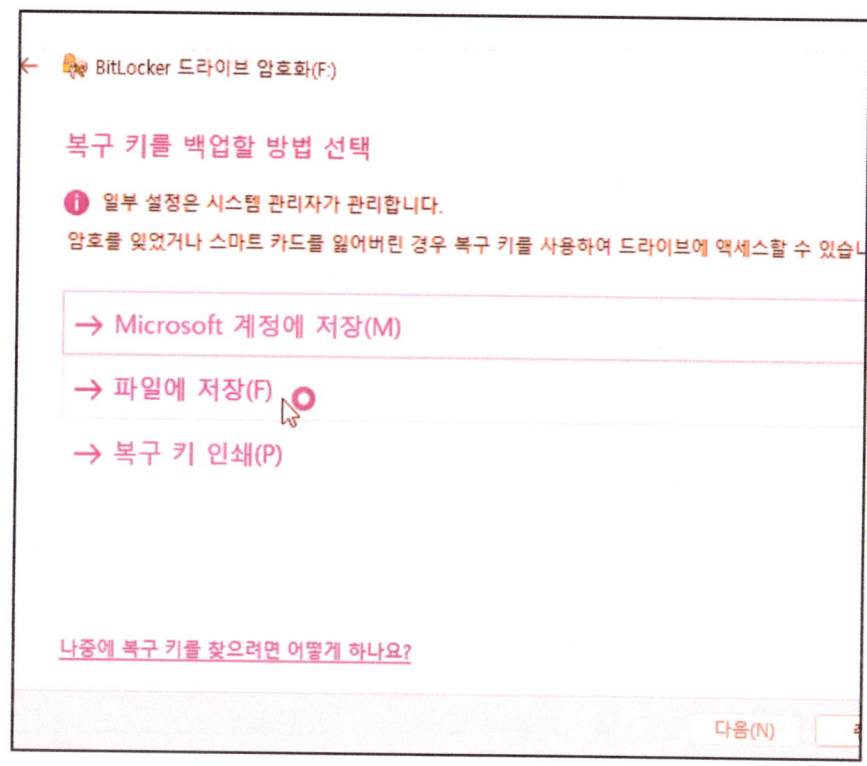

우측 화면에 보이는 것과 같이 북구키가 저장될 경로를 지정하고 [다음]을 클릭하면 다음 화면이 나타납니다.

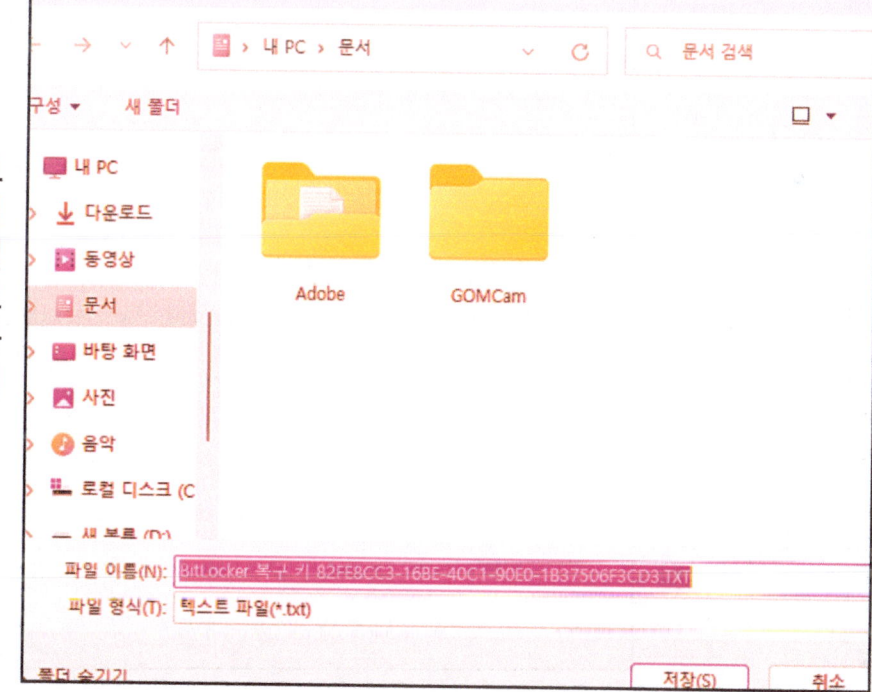

우측 화면에서 [다음]을 클릭하면 다음 화면이 나타납니다.

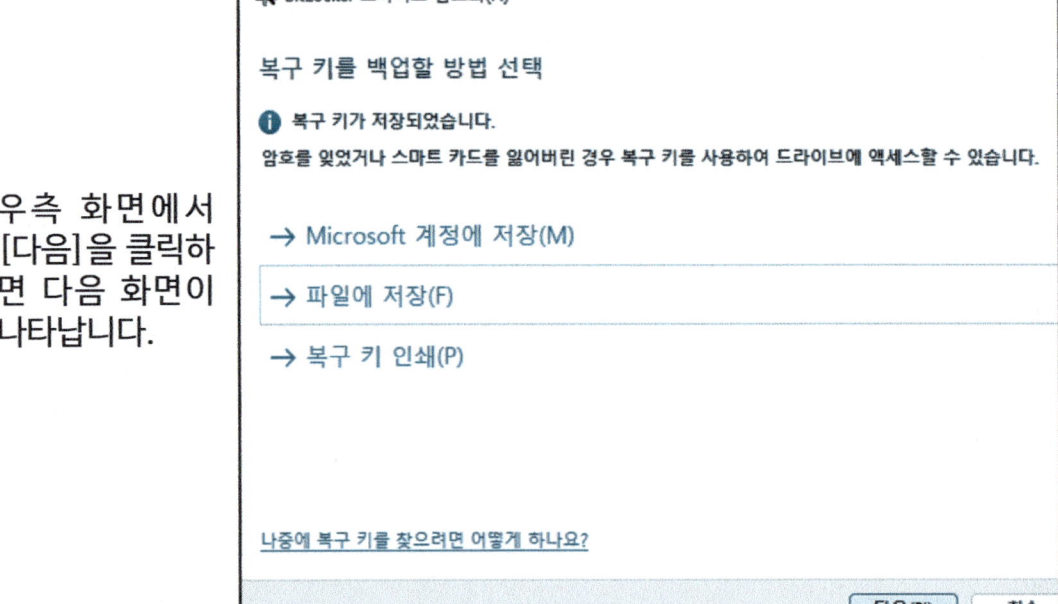

우측 화면에서 전체 드라이브를 암호화 할 수도 있고요, 사용 중인 공간만 암호화를 할 수도 있습니다.

전체 드라이브를 암호화하면 공간이 남아 있어도 사용하지 못하므로 자신의 상황에 맞게 선택하고 [다음]을 클릭하면 다음 화면이 나타납니다.

우측 화면 설명을 잘 읽어보고 원하는 선택을 합니다.

현재 이동식 드라이브이기 때문에 우측에 보이는 호환 모드에 체크를 하고 다음을 클릭하면 다음 화면이 나타납니다.

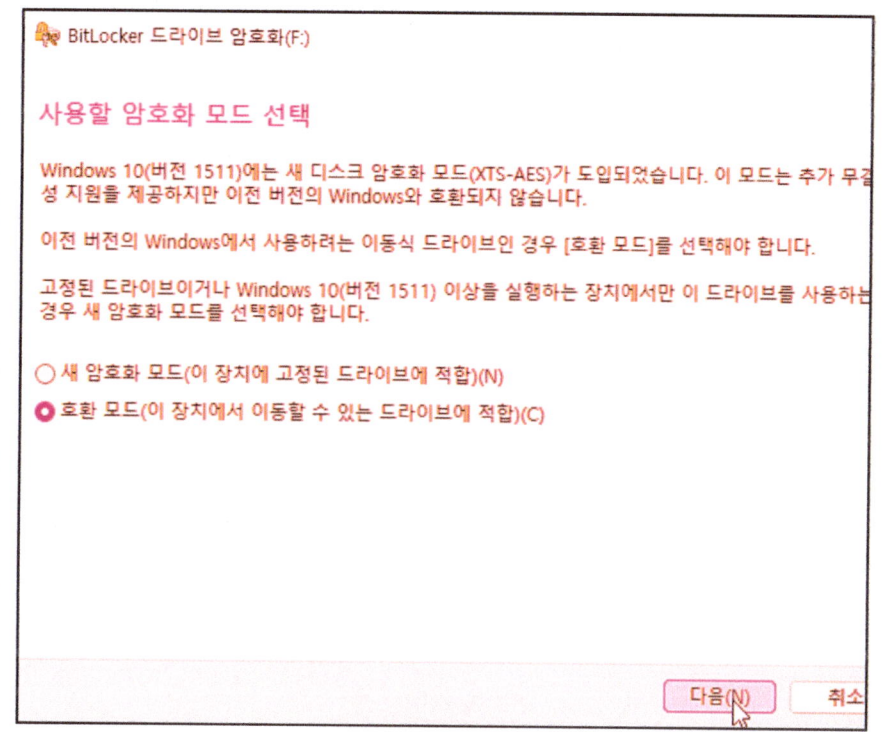

어떠한 해커도 풀 수 없도록 강력한 암호화 작업을 진행하므로 시간이 많이 걸립니다.

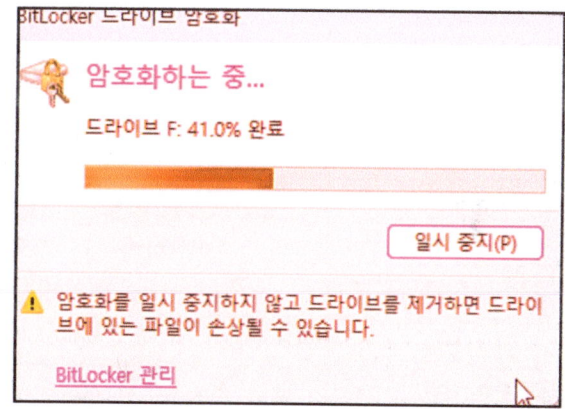

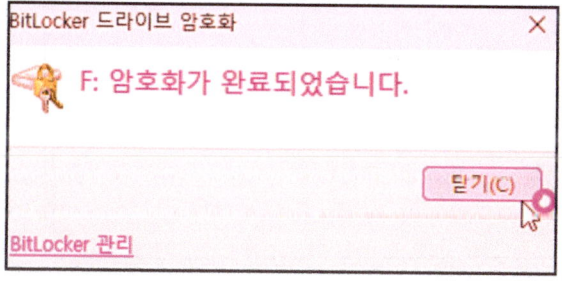

암호화가 완료 되었습니다.

3-21. 비트락커 해제

비트락커를 한 번 실행했기 때문에 이제는 탐색기에서 원하는 드라이브를 선택하면 바로 우측의 메뉴가 나타납니다.

클릭하면 다음 화면이 나타납니다.

우측 화면에 보이는 자물쇠 모양을 잘 보시고요, 우측 마우스가 가리키는 [자동 잠금 해제 켜기]를 켭니다.

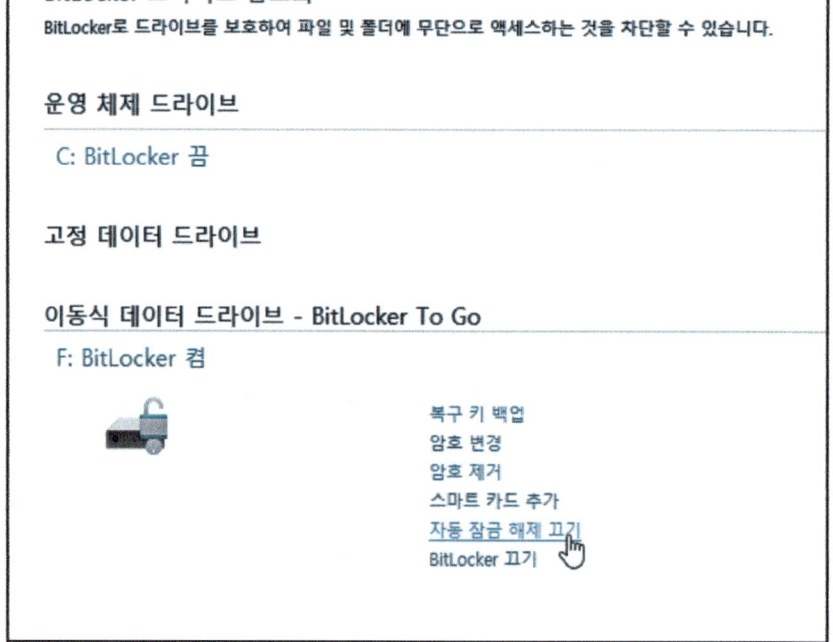

우측 화면에 마우스가 가리키는 BitLocker 끄기를 클릭하면 다음 화면이 나타납니다.

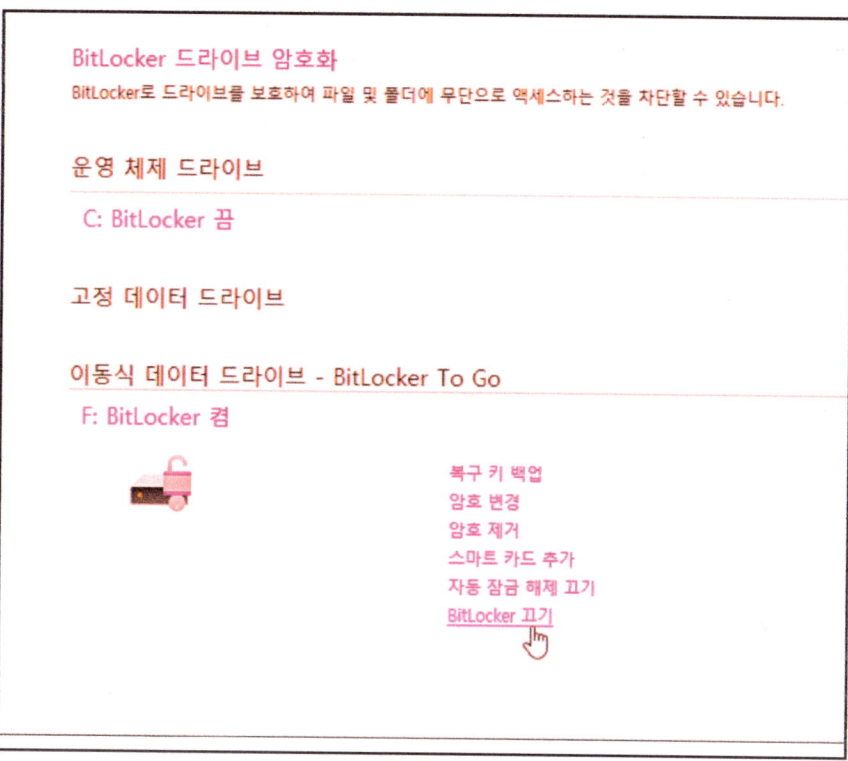

우측 화면에 나타난 메시지 읽어보고 끄기를 클릭합니다.

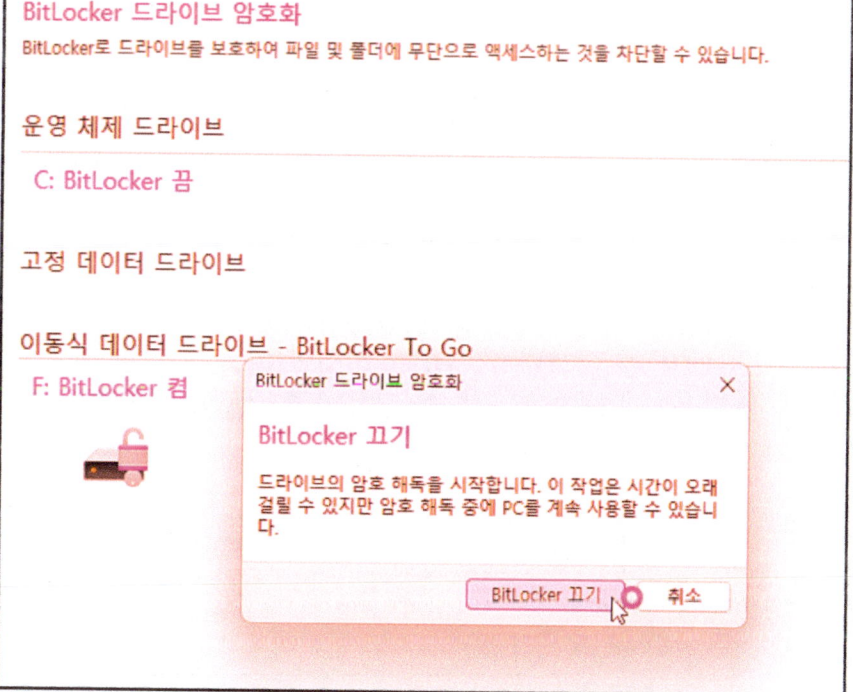

우측과 같이 진행되며 암호화를 할 때 만큼 시간이 걸립니다.

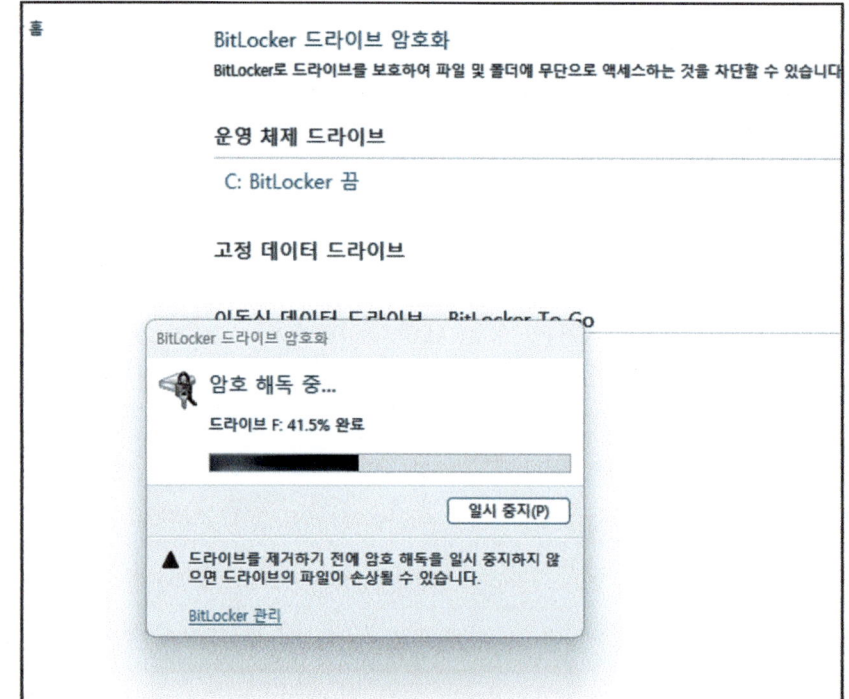

지금도 지금 설명하는 윈도우 10 Pro 이상 ~ 윈도우11 운영체제에서 제공하는 강력한 암호화 기능인 BitLocker 는 정말 잘 만들어진 기능입니다.

지금도 비트락커를 사용하지 않으면 매우 비싼 유료 프로그램이 아니면 이런 암호화 프로그램을 사용할 수 없는데요, 무료 버전도 있지만, 무료 라는 것은 그냥 맛만 보여주는 것일 뿐 실제 사용하기 위해서는 결제를 하고 유료 버전을 사용해야 하는데요, 그 가격이 매우 높게 형성되어 있습니다.

그래서 옛날에는 이런 프로그램을 사용하는 것이 어려웠습니다만, 지금은 윈도우즈 10 이나(윈도우즈 10은 Pro 버전 이상 되어야 지원합니다.) 윈도우즈 11에 기본으로 들어 있는 비트락커 기능을 사용하면 시중에서 가장 비싼 암호화 프로그램 보다 훨씬 좋습니다.

그럼에도 불구하고 지금도 시중에서 비싼 암호화 프로그램이 유통되고 있는 것을 보면 아직도 윈도우즈 운영체제에 비트락커 기능이 들어 있다는 것을 모르는 사람들이 있는 것 같습니다.
그래서 여러분은 행운아입니다.

3-22. BitLocker 제거

이제 비트락커를 한 번 실행을 했기 때문에 이번에는 해당 드라이브를 선택하고 마우스 우클릭하면 바로 우측과 같이 메뉴가 나타납니다.

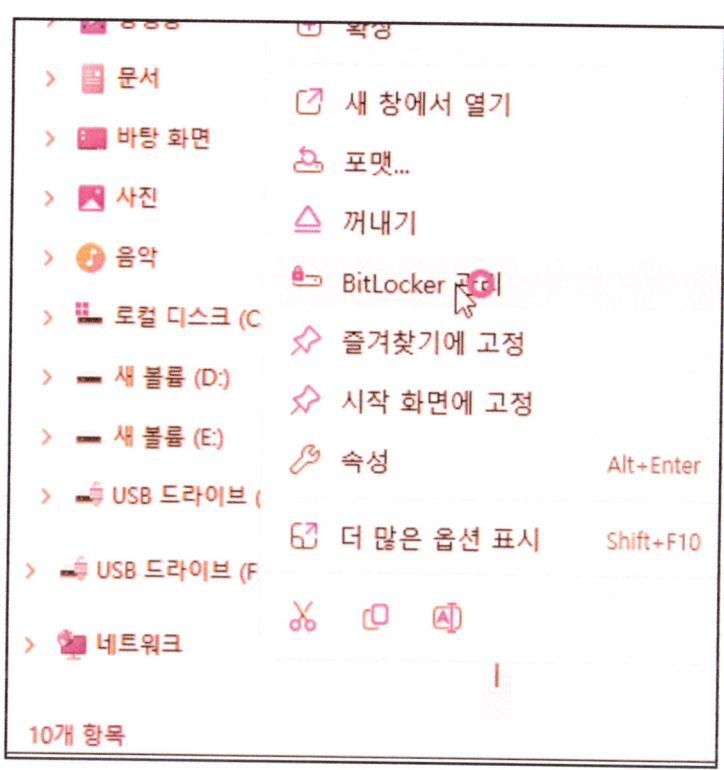

우측 화면 참조
자동 잠금 해제
를 켭니다.

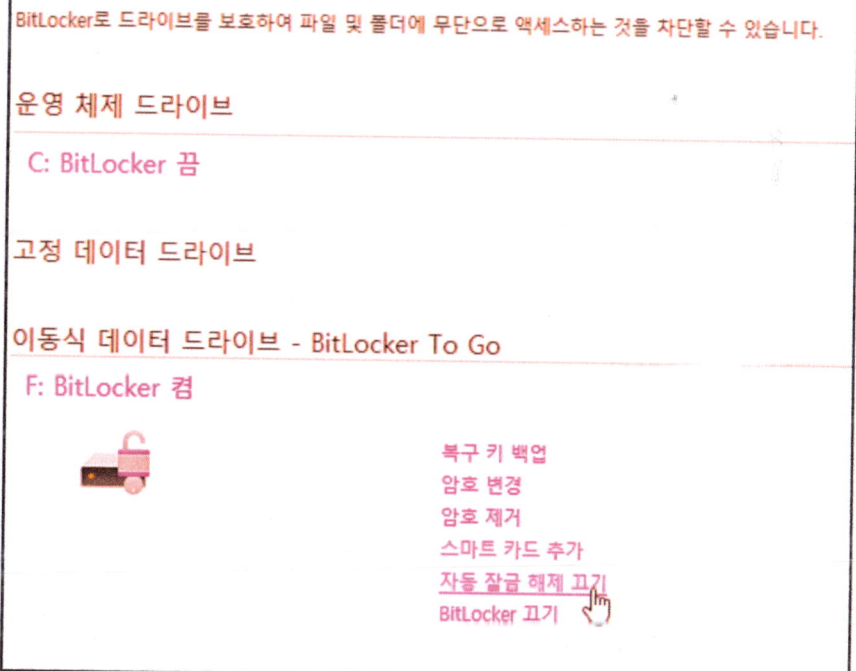

우측과 같이 자동 잠금 해제가 켜진 상태에서 우측 손가락이 가리키는 BitLocker 끄기를 클릭합니다.

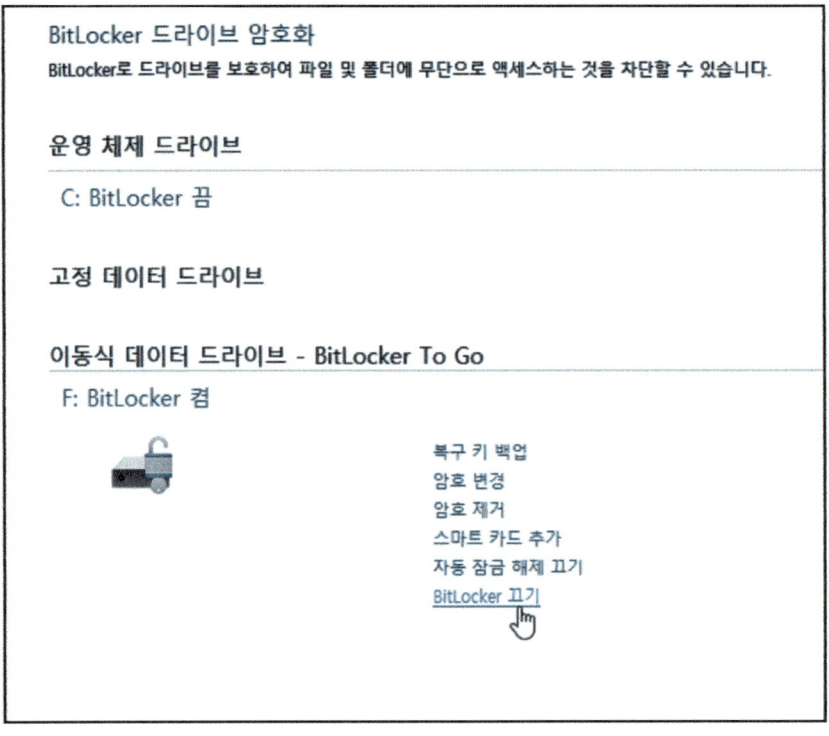

우측 설명을 잘 읽어보고 끄기를 클릭합니다.

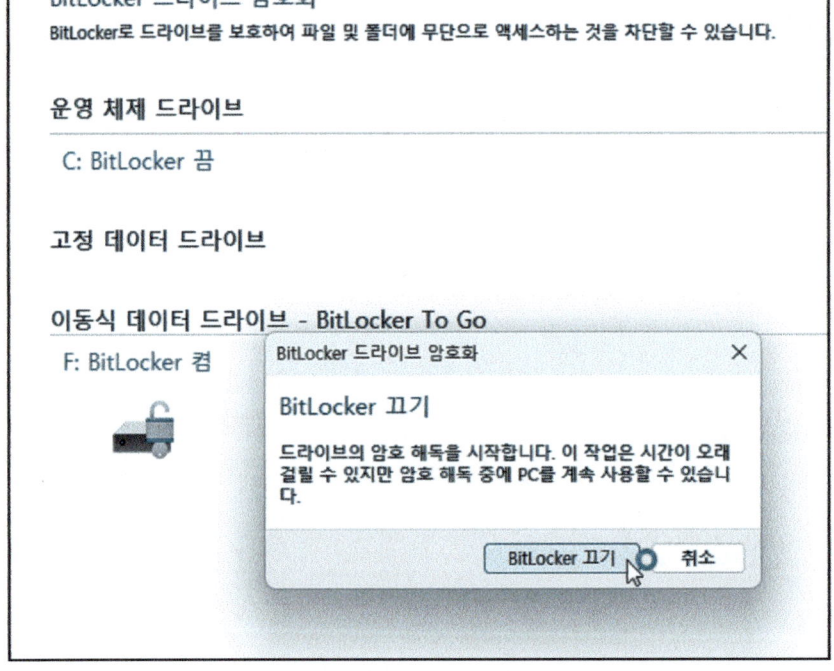

암호화를 할 때 만큼 시간이 걸립니다.

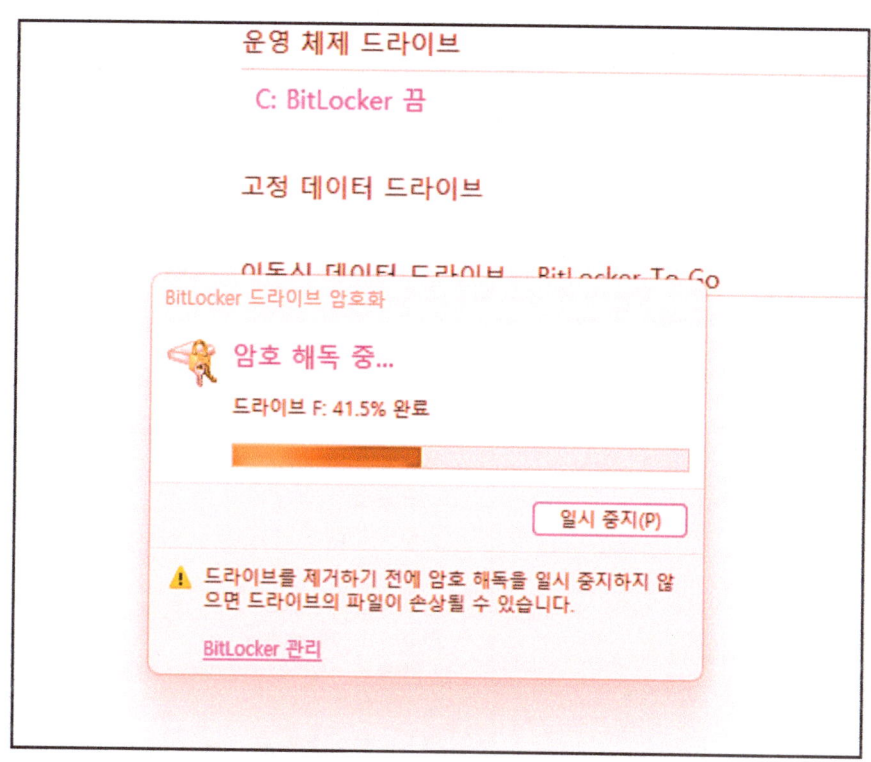

이상 BitLocker 암호화 했다가 해제하는 방법을 알아 보았고요,..

이제 암호로 잠가둔 드라이브를 클릭하면 우측과 같이 암호를 묻습니다.

암호를 모르면 기본적으로는 열 수 없습니다만 다음과 같이 복구키로 열 수 있습니다.

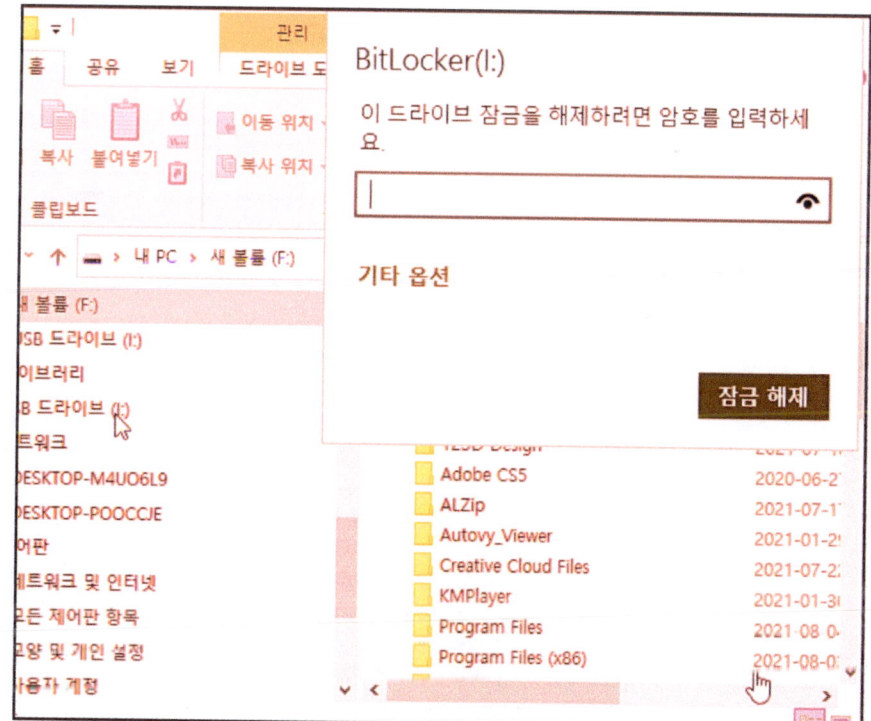

3-23. 복구키로 BitLocker 암호 해제하기

만일 암호를 잊었을 경우 아까 저장해 둔 복구키를 이용하여 해제할 수 있습니다.

우측 암호 화면에서 기타 옵션을 클릭합니다.

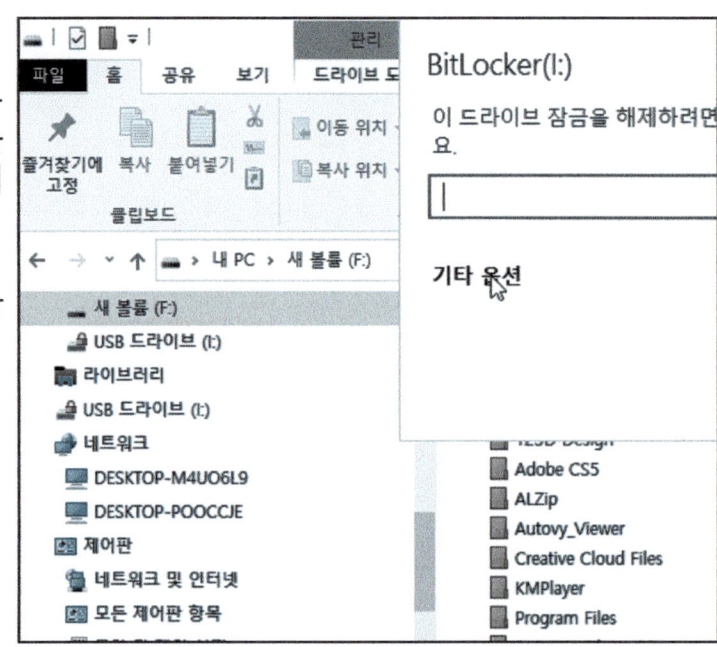

우측 화면에서 마우스가 가리키는 복구 키 입력을 클릭합니다.

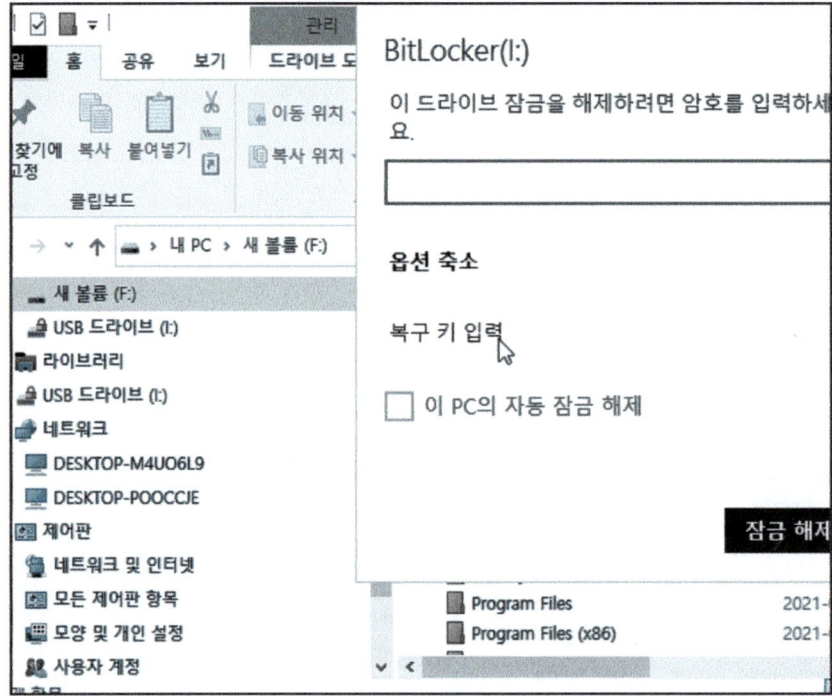

BitLocker 암호화 과정에서 만들어진 복구 키는 텍스트 파일이므로 더블 클릭하여 우측과 같이 열고 복구 키를 복사하여 입력해 줍니다.

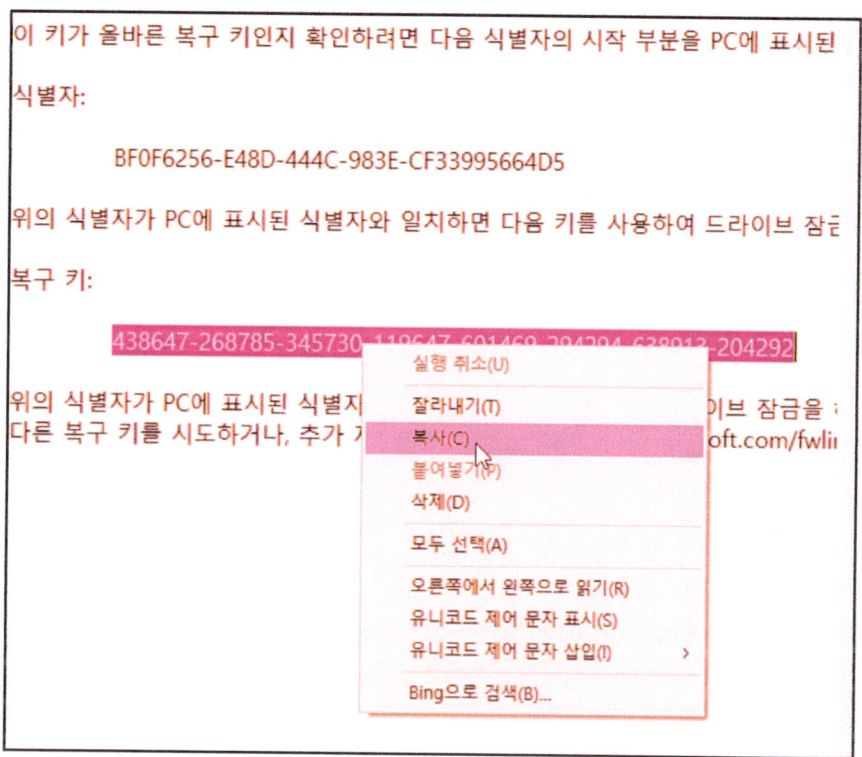

우측과 같이 복구 키를 붙여 넣고 [잠금 해제]를 클릭합니다.

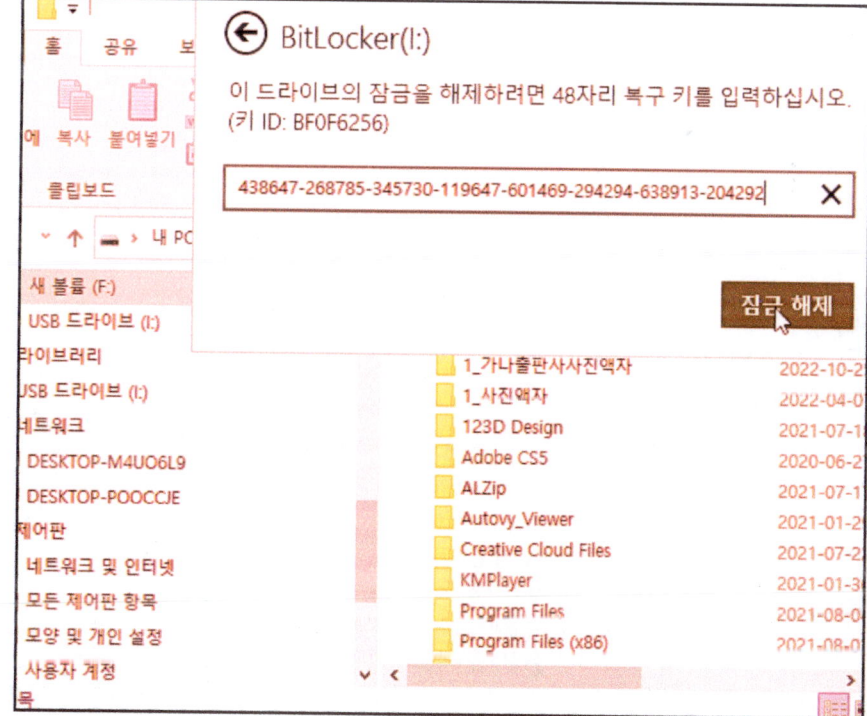

이제 우측과 같이 드라이브를 읽을 수 있습니다.

그러나 재부팅을 하거나 외장하드의 경우 연결을 끊었다가 다시 연결하면 다시 암호로 보호되어 암호를 넣지 않으면 절대로 열 수 없습니다.

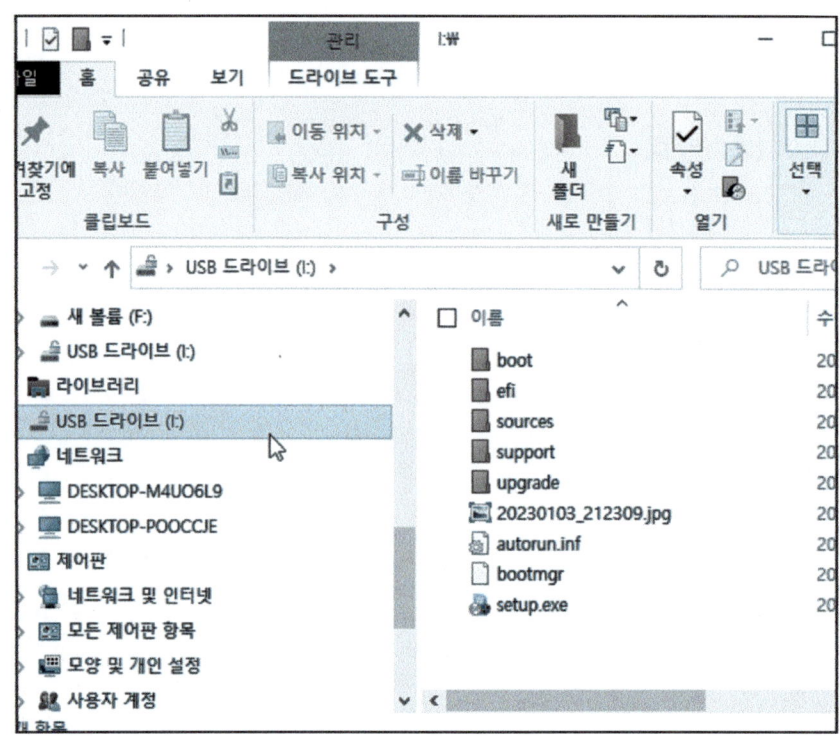

3-24. 백업 및 복원

제어판에서 백업 및 복원은 굉장히 중요한 기능이지만, 필자의 겸험상 윈도우즈 제어판에 내장된 백업 및 복원 기능은 유명 무실합니다.

잘 안 됩니다.

여기에 반론을 제기하실 분도 계실 수

있습니다만, 필자가 쓴 책으로 공부를 하시는 분이라면 필자가 알려주는 방법을 사용해야 시스템을 망가뜨리지 않고 오래도록 사용할 수 있고요, 윈도우즈 운영체제에 내장된 백업 및 복원 기능은 다소 부실하다는 것을 아시기 바랍니다.

천하의 마이크로소프트사도 백업 및 복원 기능은 왜 이렇게 깔끔하게 만들지 않았는지 모르지만, 아무래도 마이크로소프트사 이외에 이런 기능을 대체할 수 있는 기능들이 너무 많이 때문에 마이크로소프트사에서는 이 부분을 건드리지 않고 Win 11에서도 백업 및 복원은 윈7의 기능을 그대로 집어 넣고 말았습니다.

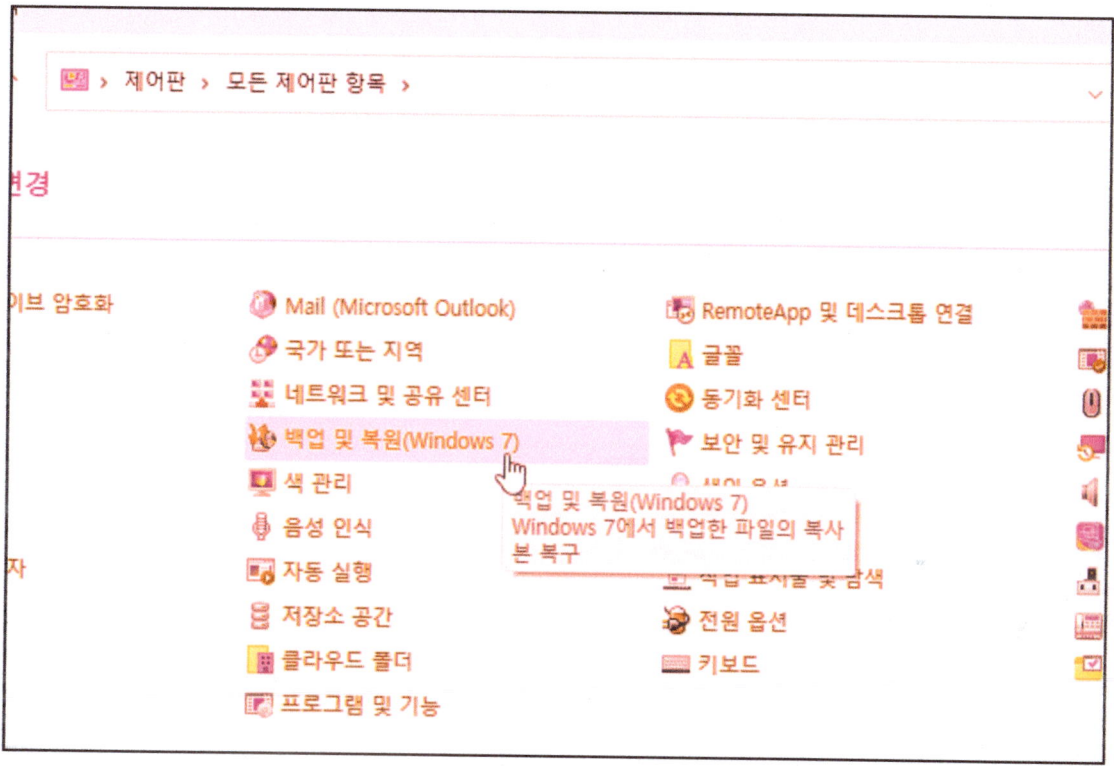

이 책의 앞 부분에서 [시스템 보호]를 다루었고요, Win 11을 인스톨한 직후에는 가장 먼저 시스템 보호를 해야 한다고 했고요, 잘 생각이 나지 않는 분은 목차를 뒤져서 앞 부분의 시스템 보호를 읽어보시고요,..

이렇게 시스템 보호가 되어 있어야 시스템 복원을 할 수 있고요, 다만 제어판에서 자동으로 시스템 복원점을 만들 수 있도록 설정할 수는 있습니다.

[시작] - [제어판] 입력하여 제어판으로 들어갑니다.

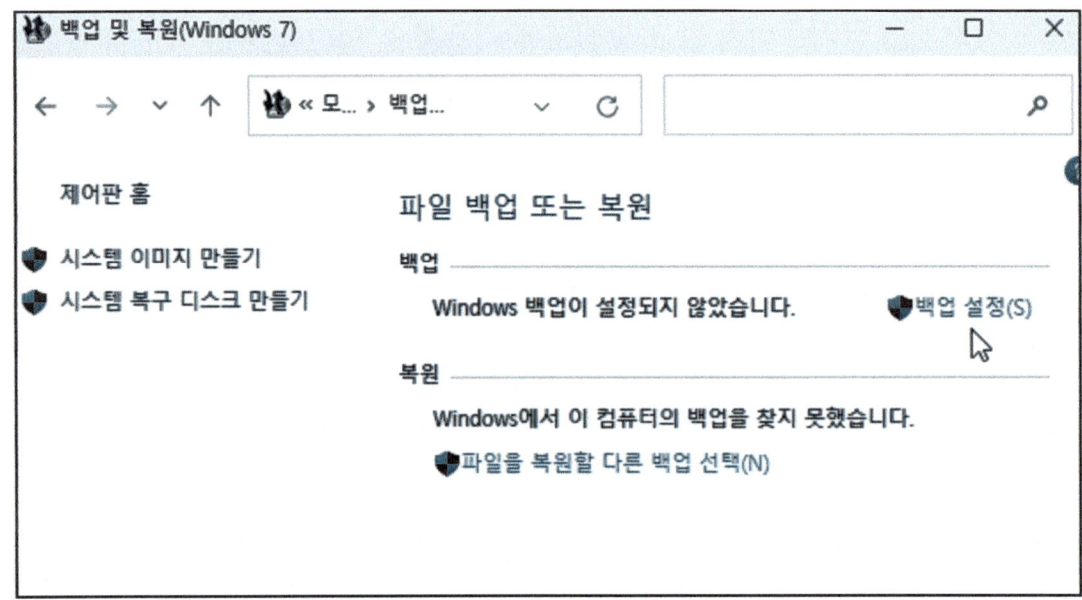

위의 화면에서 마우스가 가리키는 [백업 설정]을 클릭합니다.

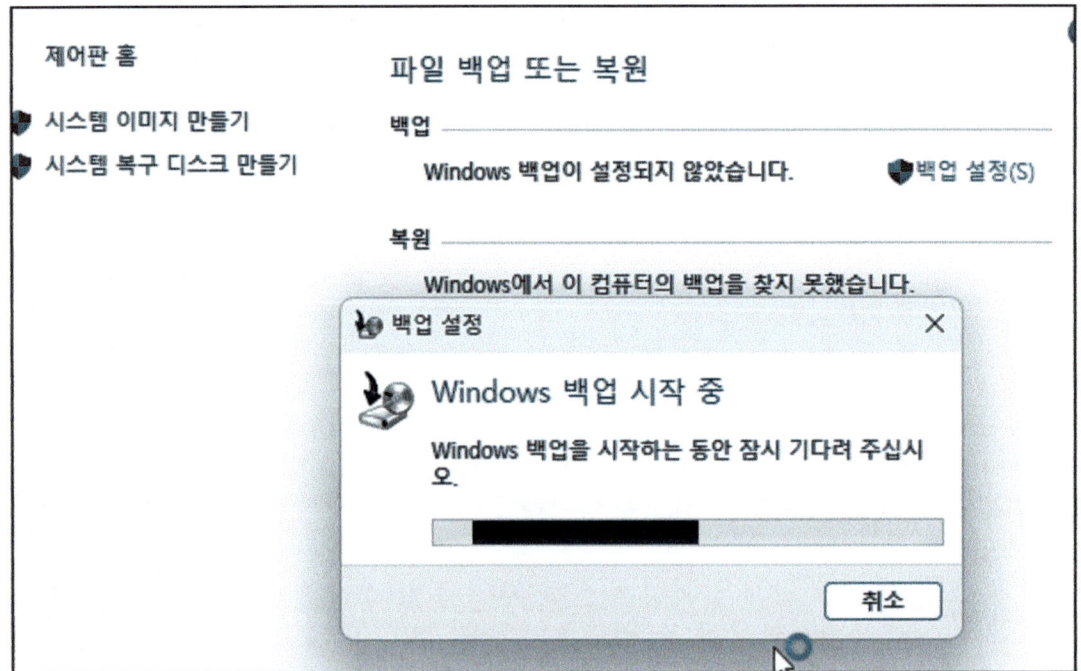

위와 같이 잠시 진행되고 다음 화면이 나타납니다.

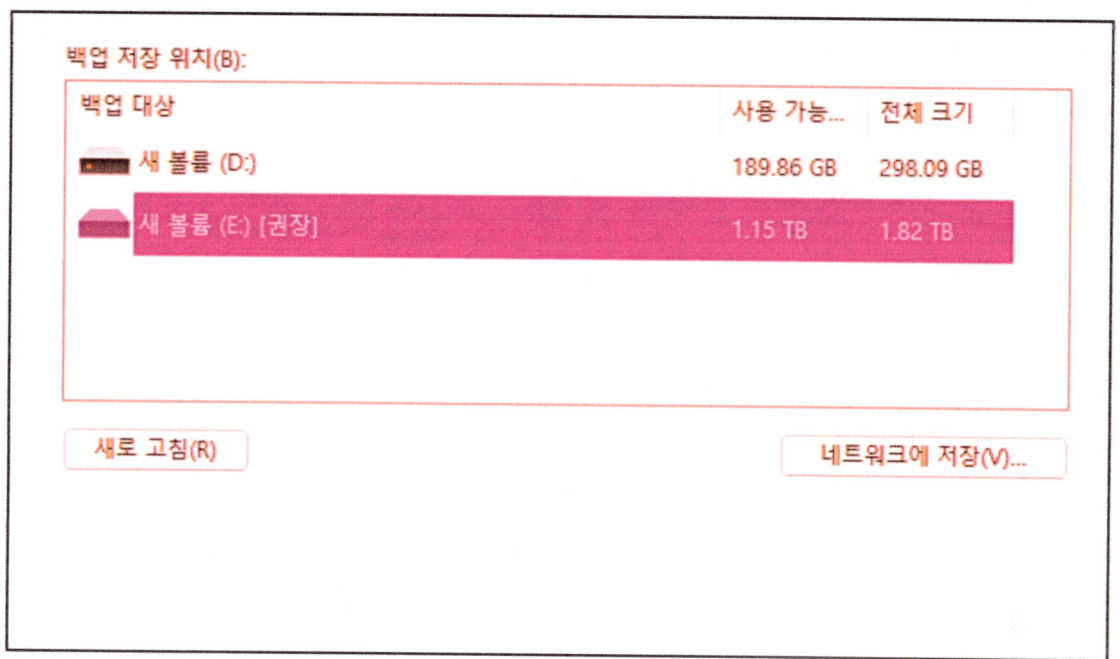

위의 화면은 시스템에서 자동으로 가장 용량이 많이 남아 있는 드라이브를 선택한 것입니다.

위와 같이 선택된 상태에서 다음을 클릭하면 다음 화면이 나타납니다.

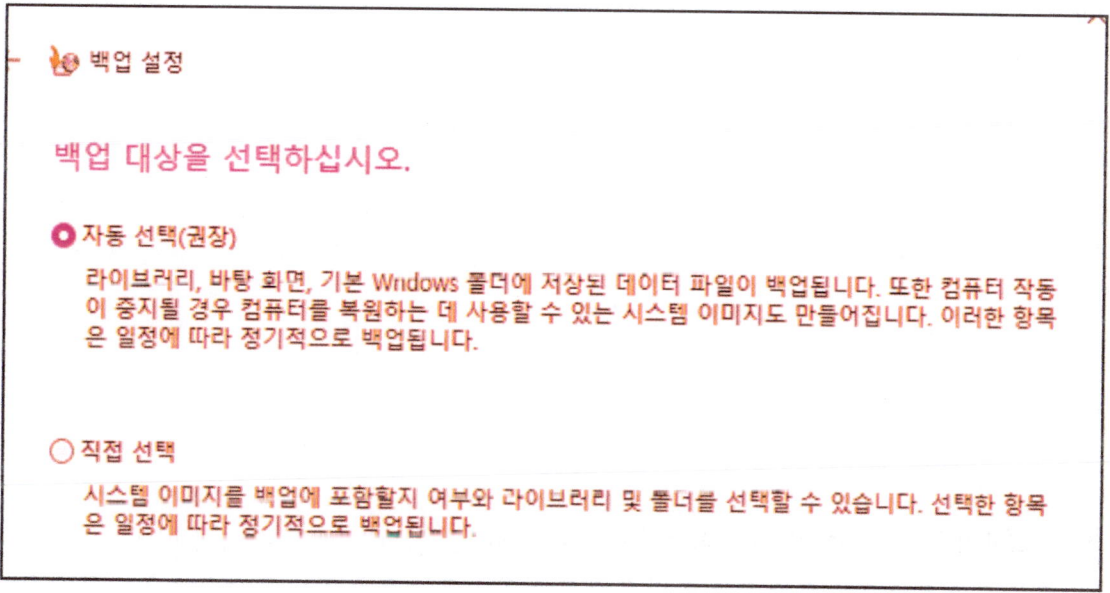

앞의 화면에서 자동 선택을 지정하고 다음을 클릭하면 다음 화면과 같이 백업이 진행됩니다.

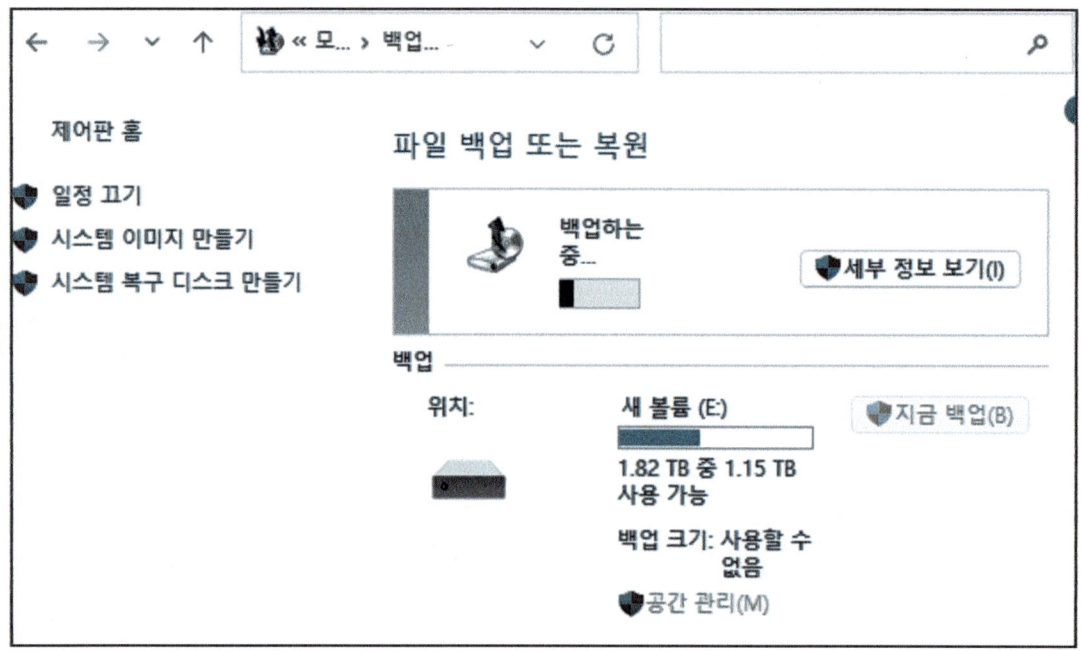

위의 화면 좌측 맨위 메뉴 일정 끄기는 현재 일정 기간마다 자동으로 백업이 진행된다는 뜻이고요, 위의 일정 끄기를 누르면 자동 백업이 중지되므로 그냥 두고요,..

시스템 이미지 만들기는 시디롬.. RW, 또는 DVD R/W가 있어야 하므로 사실상 소용 없는 기능이고요,..

그리고 [시스템 복구 디스크 만들기]는 그야말로 엉터리입니다.
천하의 마이크로소프트사에서 왜 이렇게 부실하게 만들었는지 정말 모를 일입니다.
위의 메뉴를 눌러서 시스템 복구 디스크를 만들 수는 있지만, 전혀 복구가 안 됩니다.

혹시 이 기능이 제대로 작동하는 사람이 있을지도 모르지만 필자의 경험상 이 기능은 전혀 소용없는 기능이므로 앞에서 소개한 [제어판]-[시스템-[시스템 보호]를 클릭하여 새로운 프로그램을 설치하기 직전에 반드시 시스템 복원점을 만들어 놓고 새로운 프로그램을 설치하고 혹시 새로운 프로그램 때문에 시스템에 문제가 생기면 즉시 시스템 복원을 하여 되돌릴 수 있는 방법이 가장 좋은 방법입니다.

그리고 평상시에 컴퓨터가 아주 쾌적하고 잘 될 때도 예뻐서라도 수시로 시스템 복원점을 만들면서 컴퓨터를 사용하는 습관을 들이는 것이 좋습니다.

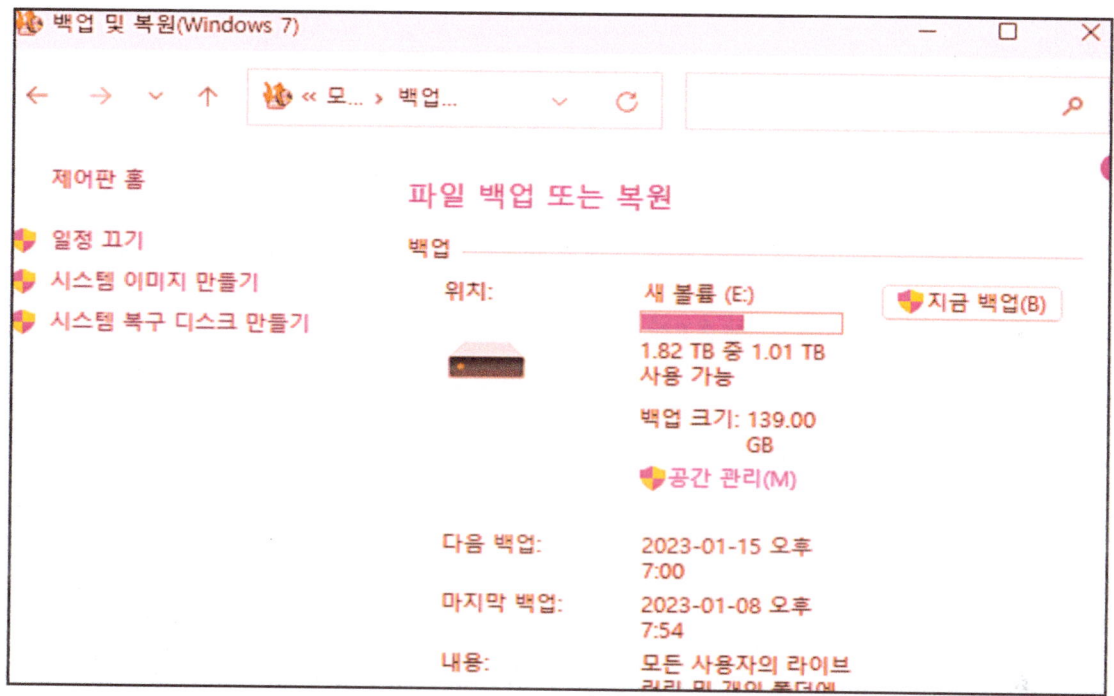

위와같이 백업이 완료되었습니다.
그런데 백업 파일의 용량이 무려 139Gb나 됩니다.

120Gb의 SSD, 즉, C 드라이브 백업을 한 것인데 이렇게 용량이 커졌습니다.

C 드라이브에 Win 11을 설치하고 내 문서, 바탕화면, 다운로드, 휴지통 등의 경로를 다른 드라이브로 옮겨서 C 드라이브에 저장되지 않은 데이터가 모두 포함된 것으로 보입니다.

만일 무언가 작업 혹은 고장 등으로 C 드라이브에서 참조하는 경로가 바뀌면 백업이 무용지물이 되므로 지금 현재 드라이브명이 항상 그대로 있어야 합니다.

3-25. 시스템 복원

이제 백업을 해 놓았으므로 비상시 복원을 할 수 있는데요, 기본적으로 시스템을 복원하는 방법은 2가지가 있습니다.

하나는 제어판에서 시스템 복원을 하는 방법이고요, 이것은 PC가 부팅이 되어 있을 때 가능한 방법입니다.

무언가 잘 못 되어 부팅이 되지 않으면 이 방법은 소용 없고요, 이 때는 이 책의 앞부분에서 설명한 Win 11 usb 설치 디스크를 넣고 Win 11 을 설치하는 화면에서 윈도우 설치가 아니라 [시스템 복원]을 시도하면 부팅이 안 되는 경우에도 복구할 수 있습니다.

일단 제어판에서 시스템 복원을 하는 방법입니다.

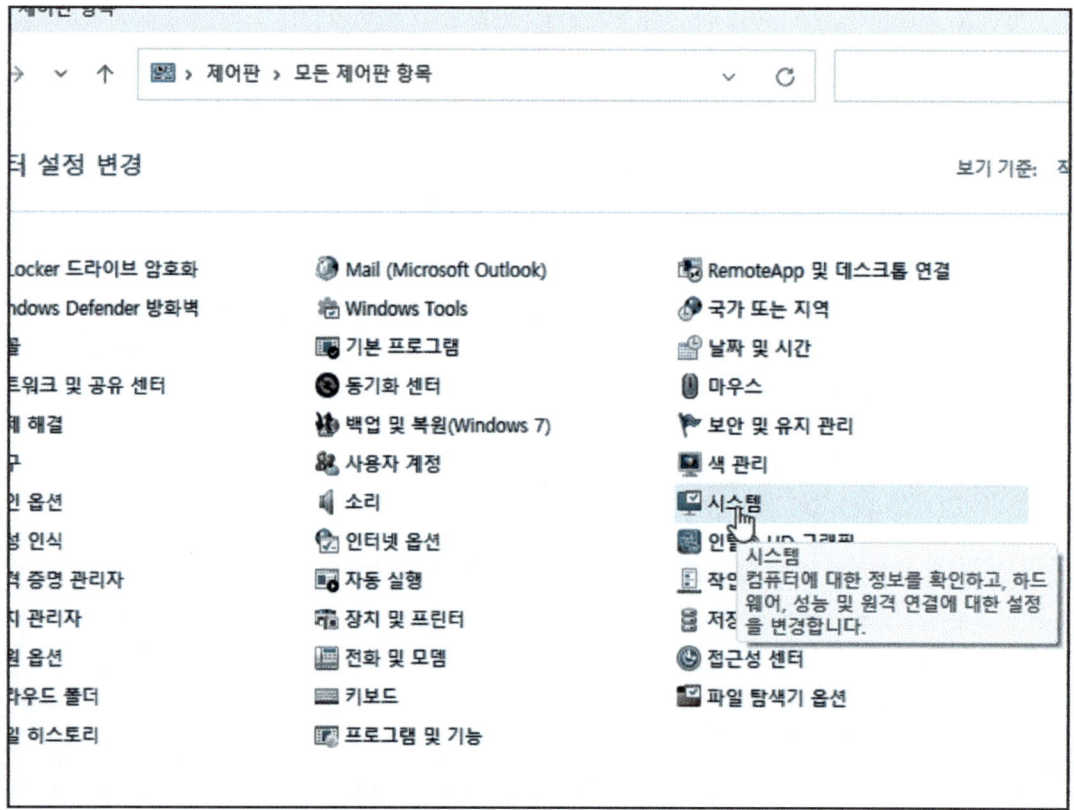

[시작] - [제어판] 입력하고 제어판으로 들어가서 앞의 화면에서 마우스가 가리키는 [시스템]을 클릭합니다.

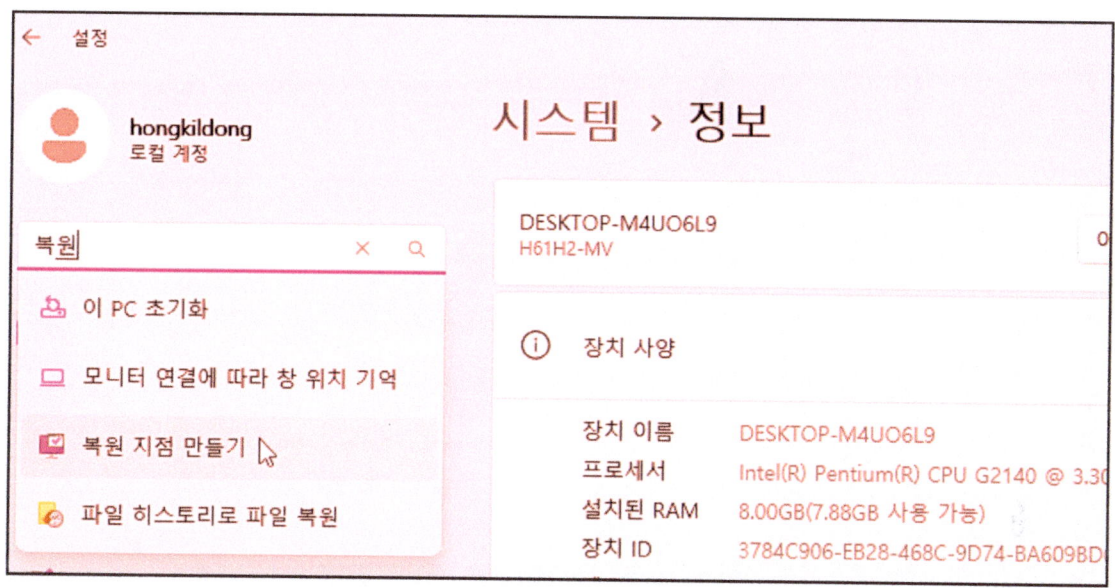

위의 시스템 화면에서 검색어 입력 란에 '복원'을 입력하고 하단에 나타나는 메뉴에서 [복원 지점 만들기]를 클릭하면 다음 화면이 나타납니다.

우측 화면에서 마우스가 가리키는 [시스템 복원]을 클릭하면 다음 화면이 나타납니다.

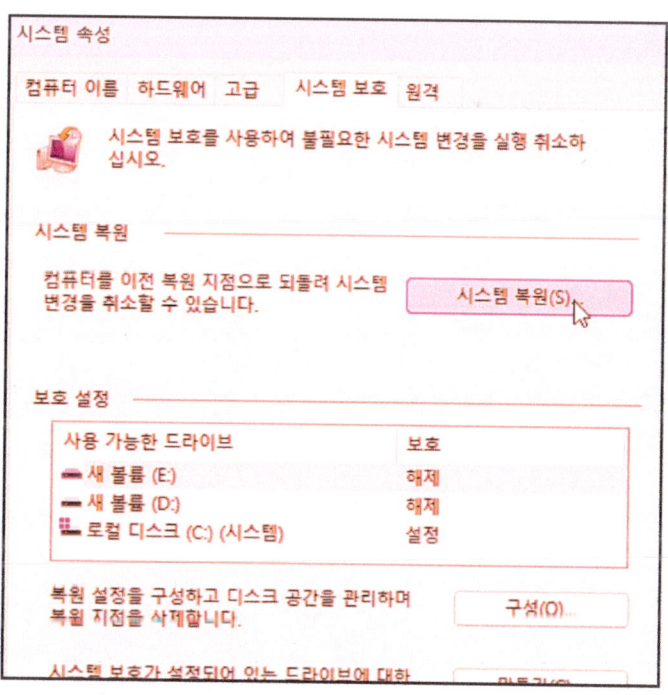

우측 화면에서 [권장 복원]은 마이크로소프트 권장 복원이고요, 여기서는 사용자가 임의 만든 복원점 포함 모든 복원점에서 원하는 복원점을 선택하기 위하여 위의 화면에서 [다른 복원 지점 선택]에 체크를 하고 다음을 클릭하면 다음 화면이 나타납니다.

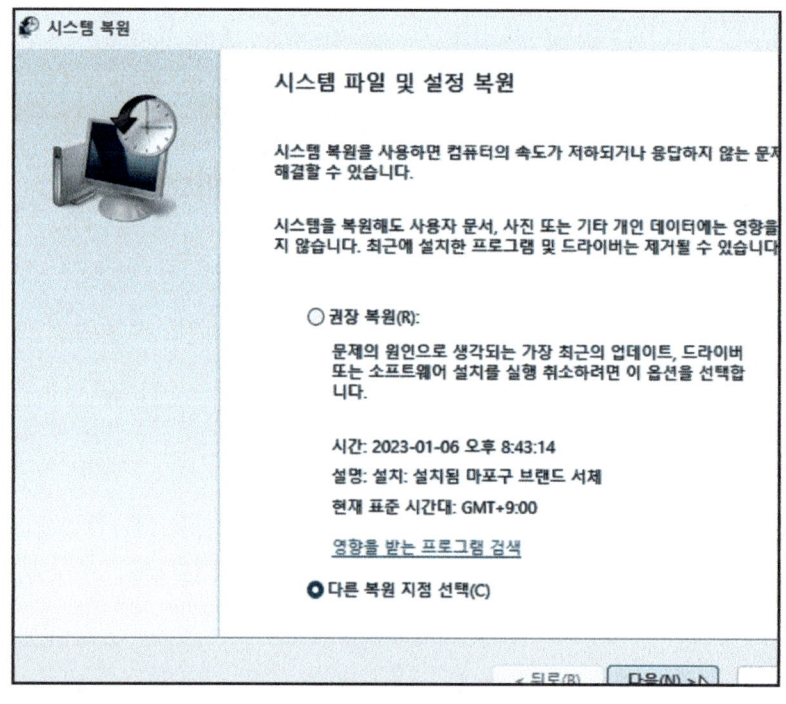

우측 화면을 보면 맨 밑으로부터 복원점이 나열되었습니다.

우측 화면 좌 하단 마우스가 가리키는 [추가 복원 지점 표시]를 클릭하면 다음 화면이 나타납니다.

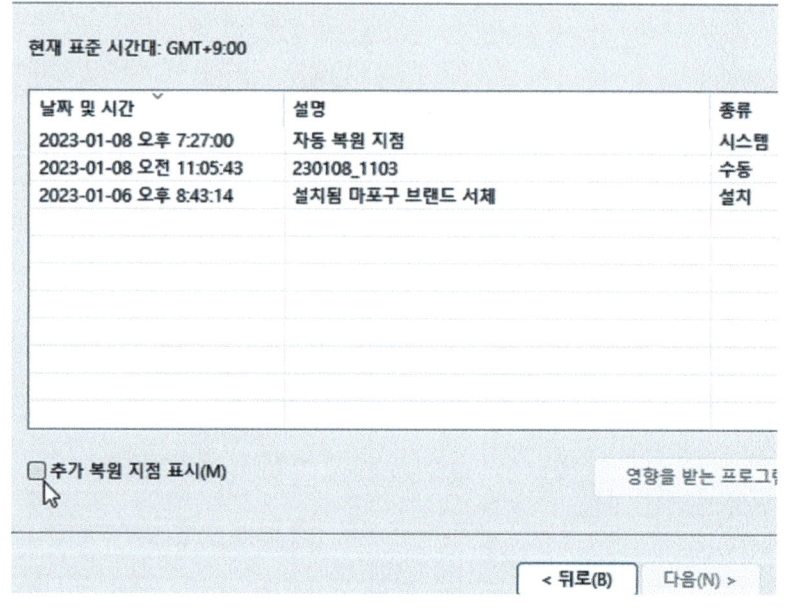

우측 화면 밑에서 2개의 복원점은 필자가 직접 만든 시스템 복원점이고요, 위의 2개의 복원점은 시스템에서 자동으로 만들어진 복원점입니다.

만일 시스템에 문제가 생겨서 복원을 해야 할 필요가 있을 경우 우측 화면에서 복원점을 선택해야 하는데요, 자동 복원점을 선택할지 직접 만든 복원점을 선택할지 결정해야 합니다.

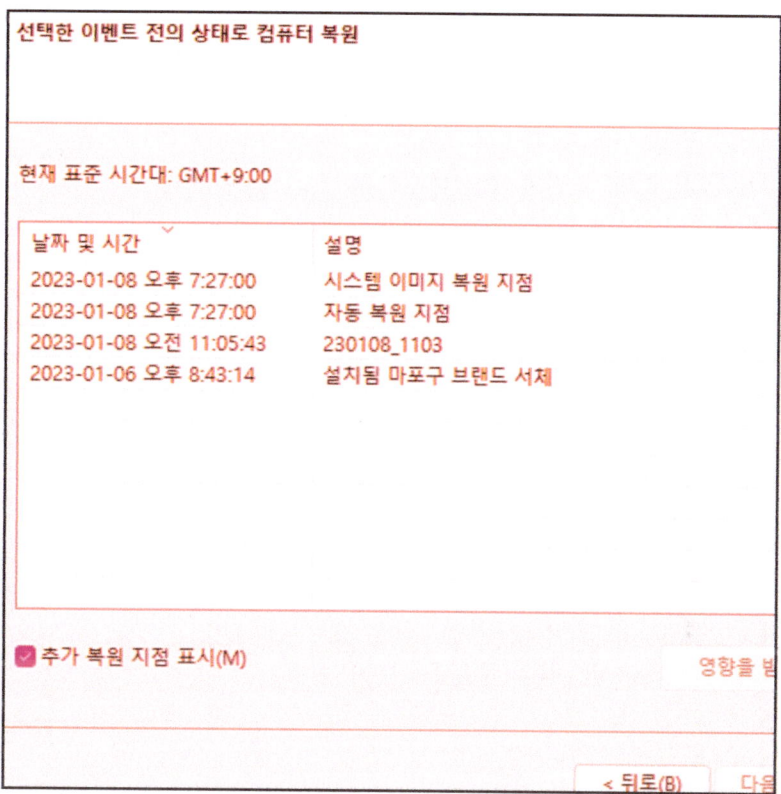

어차피 자신이 사용하는 컴퓨터이므로 운전할 때 엔진 및 차량에서 나는 소리에 신경을 쓰면서 운전을 하는 것처럼 컴퓨터 역시 자신이 사용하면서 이상 증상을 느낀 시기 등을 기억하여 적당한 복원점을 선택하고 [복원]을 시도하면 됩니다.

만일 악성 코드나 바이러스에 감염되었더라도, 악성 코드나 바이러스도 프로그램이므로 시스템 복원을 하면 바이러스나 악성 코드에 감염되기 이전으로 돌아가므로 안전하다고 할 수 있지만, 100% 안전한 것은 아닙니다.

악성 코드의 종류에 따라서는 시스템을 복원하더라도 이미 망가뜨린 파일을 되돌리기 어려운 경우도 있습니다.

그래서 평소에 백업을 해 놓아야 하고요, 필자는 다루는 파일이 많기 때문에 현재 4Gb, 2Tb, 2Tb, 2Tb,.. 이렇게 4개의 HDD에 백업을 해 두고 있고요, 오늘 낮에 구글 드라이브에 100Gb 용량을 구매하였습니다.

스마트폰으로 촬영하는 사진과 동영상은 모두 구글 드라이브에 자동 저장되므로 스마트폰에서 실수로 삭제한 파일은 구글 포토에 접속하여 찾으면 되고요,.. 물론 이것은 사진이나 동영상을 스마트폰에서 삭제하기 전에 와이파이존에 있고 스마트폰을 사용하지 않는 유휴 시간에 백업이 되는 것이므로 구글 드라이브에 백업이 되기 전에 삭제한 파일은 복구할 수 없습니다.

또한 여러 개의 백업 하드에는 수 많은 자료가 저장되어 있기 때문에 탐색기에서 파일 목록을 화면 캡쳐하여 하드 이름과 함께 파일로 만들어서 저정을 해 두고 있습니다.

가장 중요한 것은 필자의 수 많은 저서들의 원고이고요, 원고가 사라지면 책의 주문이 들어와도 인쇄할 수 없으므로 큰일이고요,..

또한 필자는 카메라 교본 책도 펴 냈고요, 그래서 카메라를 가지고 여기 저기 다니면서 촬영한 각종 사진을 인쇄를 하여 여러가지 규격으로 판매를 하는데요, 사진이나 액자의 주문이 들어 왔을 때 원본 사진이 없으면 이 또한 큰일이므로 이렇게 이중 삼중으로 백업을 해 놓는 것입니다.

여러분도 마찬가지입니다.
이 책으로 공부를 하여 중급 사용자가 되고 파워 유저가 되면 컴퓨터에 수 많은 자료들이 쌓이게 됩니다.

이 단원에서 백업 및 복원에 대해서 다루기는 했지만, 이는 어디까지나 PC가 망가지지 않고 정상적인 상태에서 복원이 되는 것입니다.

필자와 같이 노련한 사람도 랜섬웨어 공격을 2번이나 받아서 중요한 파일들이 모조리 삭제되어 최대한 복구를 했지만, 이 경우 디렉토리 구조가 깨져서 복구를 하더라도 실제 사용할 수 있는 파일은 미미합니다.

따라서 백업의 중요성은 열 번을 강조해도 지나치지 않습니다.
다행히 요즘은 기술들이 발달하여 고용량 HDD도 그리 비싸지 않은 금액으로 구입할 수 있고요, 무엇보다 삼성 전자 덕분에 요즘 나오는 HDD는 거의 고장이 나지 않습니다.

필자의 경우 우리나라 컴퓨터 1세대로서 아주 오랜 옛날부터 컴퓨터를 해 왔지만, 옛날 자료는 거의 없습니다.

필자는 옛날에도 백업의 중요성을 익히 알고 있기에 수시로 백업 HDD에 백업을 했지만, 옛날에는 HDD 제조 기술이 부족하여 고장이 잘 났기 때문에 옛날 자료는 거의 없는 것입니다.

따라서 여러분도 백업의 중요성을 인식하시고 그야말로 중요한 자료는 한 번의 백업도 부족하여 이중 삼중으로 백업을 해야 한다는 것을 아시기 바랍니다.

3-26. 윈도우 설치 디스크로 복구

앞에서 시스템 복원점 만들기 및 시스템 복원에 대해서 알아 보았는데요 무언가 사고가 나서 부팅이 되지 않을 때는 윈도우10부터는 강제로 재부팅을 몇 번 하거나 하면 시스템 복구 메뉴가 나타나서 복구를 할 수 있는 기능이 있기는 하지만, 사실상 안 된다고 보는 것이 맞습니다.

또한 도스 명령을 사용하여 윈도우10이나 윈도우11에서도 윈도우 7과 같이 부팅 시 F8키를 연타하여 안전모드로 진입할 수 있지만, 안전모드에서도 정상적인 복구는 불가능하다고 보는 것이 맞습니다.

따라서 실질적으로 거의 유일한 방법이 바로 윈도우 설치 디스크를 넣고 부팅을 하여 윈도우즈 설치 화면에서 시스템 복구를 하는 것이 가장 좋다는 결론입니다.

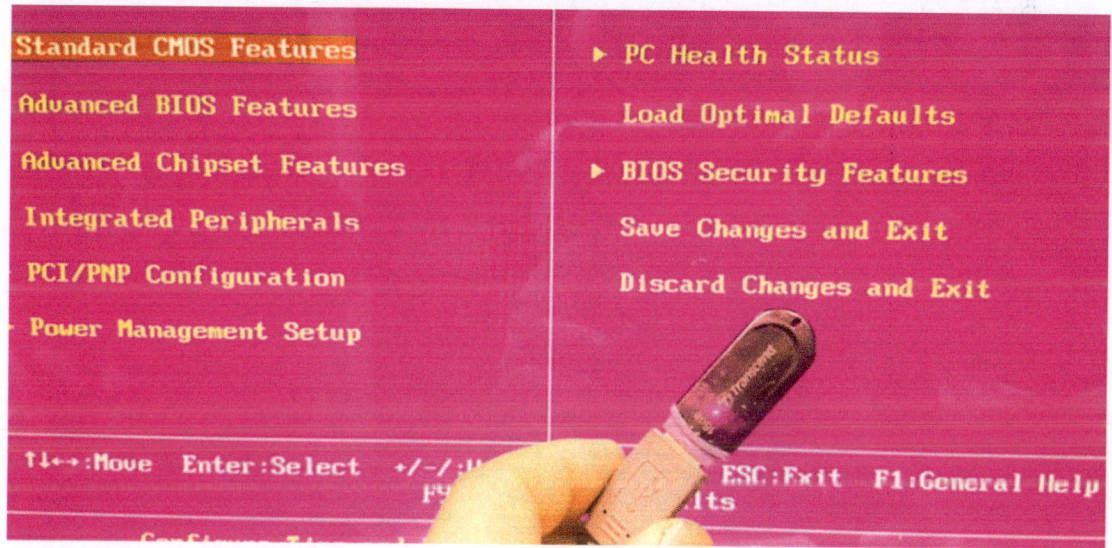

앞의 화면은 셋업 화면을 보여드리는 것이고요, 윈도우 설치 디스크를 usb에 꽂고 usb로 가장 먼저 부팅이 되게 셋업을 설정하고 부팅을 합니다.

위의 윈도우 설치 화면에서 윈도우를 설치하는 것이 아니라 위의 손가락이 가리키는 [컴퓨터 복구]를 클릭하면 다음 화면이 나타납니다.

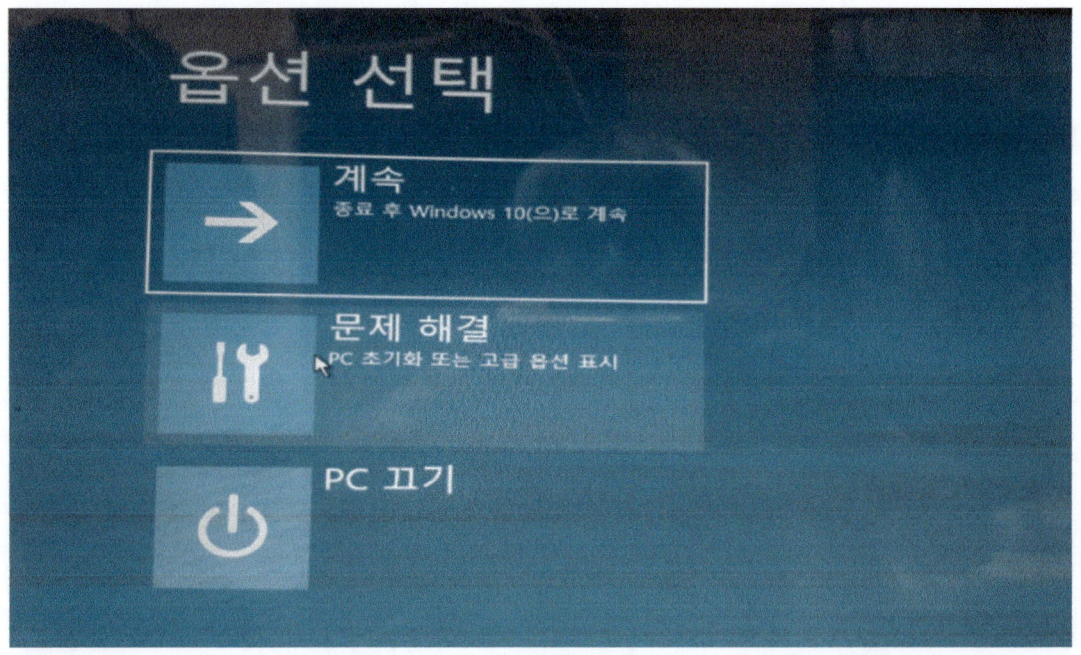

앞의 화면은 윈도우즈에서 복구하는 화면과 비슷하지만, 전혀 아닙니다.
특히 PC정비사라면 반드시 이렇게 윈도우 설치 디스크로 부팅을 하여 복구를 시도해야 하며 위의 화면에서 [문제 해결]을 클릭합니다.

위의 화면에서 [시스템 복원]을 클릭하면 다음 화면이 나타납니다.
아래 화면은 화면의 안내에 따라 몇 단계 진행한 뒤의 화면인데요, 앞에서 보았던 시스템 복원 화면과 같지만 전혀 다릅니다.

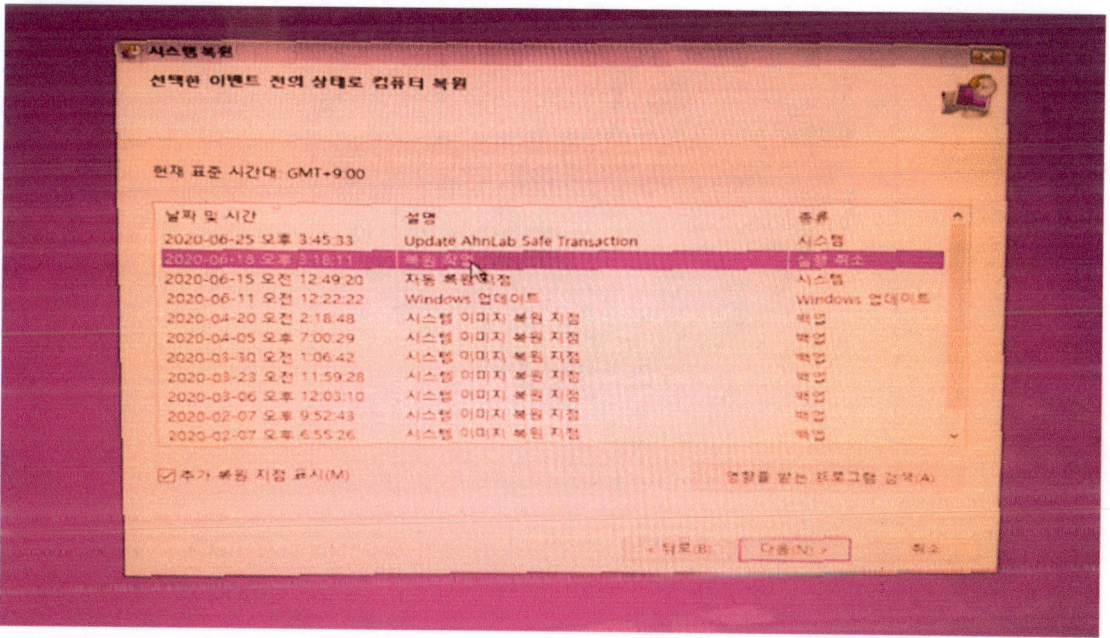

윈도우즈 자체 복원 기능으로 위의 화면에서 복원을 하면 잘 안 될 수가 있습니다. 그래서 지금 설명하는 방법으로 윈도우 설치 디스크로 부팅을 하여 윈도우를 설치하는 것이 아니라 [컴퓨터 복구]를 클릭하여 복구를 시도해야 복구 실패를 막을 수 있습니다.

물론 큰 고장이 아니고 가벼운 고장은 정상 복구를 해도 됩니다.
여기서 말하는 것은 최악의 경우이고요, 이 방법으로 복구가 안 되면 어쩔 수 없이 포맷을 하고 운영체제를 다시 인스톨해야 합니다.

어차피 데이터는 모두 C 드라이브가 아닌 다른 드라이브에 저장했기 때문에 C 드라이브를 포맷을 해도 중요한 데이터가 날아가는 것은 아닙니다.

그러나 운영체제를 다시 설치하면 설치하는 시간의 몇 곱절 노력을 들여서 셋팅 및 각종 응용 프로그램을 모두 새로 설치해야 하기 때문에 여간 번거로운 것이 아닙니다. 그래서 다음 방법을 꼭 사용해야 합니다.

제 4 장

파워 유저로 가는 길

윈도우즈 11 설치전 알아야 할 사항으로부터 윈도우 11 설치 및 윈도우즈 정품 인증, 네트워크, 제어판의 여러 기능 등을 통하여 이미 윈도우즈 11 운영체제 및 시스템 튜닝을 하였습니다.

이 상태로 지속적으로 안정적으로 컴퓨터를 사용하기 위해서는 소위 파워 유저들이 사용하는 방법을 배워야 합니다.

이 번 장에서는 최대한 쉽게 익힐 수 있는 필수 소프트웨어를 중심으로 지금 설치하고 최적의 셋팅까지 마친 윈도우즈 운영체제를 마르고 닳도록 사용할 수 있는 방법을 기술하고자 합니다.

이 세상의 어떠한 일이든지 사진이 선호하는 방법이 있고, 잘 하는 방법이 있을 수 있습니다.

따라서 여러분도 지금부터 설명하는 여러가지 방법을 터득하여 자신만의 독특한 PC 사용 노하우를 축적하기 바랍니다.

4-1. HDD Copy(복제, 클론)

지금 설명하는 것은 너무나도 중요하므로 반드시 숙독하여야 합니다.

필자는 옛날 도스 시절부터 컴퓨터를 해 왔고요, 그래서 아직도 도스 명령어를 기억하고 있는데요, 도스 명령어에 카피 명령이 요즘 탐색기의 복사 명령입니다.

그리고 도스 명령의 XCopy 명령이 디렉토리까지 복사하는 강력한 명령이고요, 요즘 나오는 윈도우즈 운영체제에서도 사용할 수 있는 인공 지능 카피 명령인 RoboCopy 명령은 백업할 때 아주 좋은 명령입니다.

그러나 이러한 명령은 일단 접어 두고요, 옛날에도 하드카피라는 방법이 있었습니다.

옛날에는 SSD라는 것이 없었기 때문에 속도가 느린 HDD에 운영체제를 설치해서 사용했고요, 이 때 HDD에 설치되는 운영체제를 파티션 구조 그대로 카피, 즉 복제를 하여 다른 PC에 연결하면 그 PC는 일일이 운영체제를 깔지 않아도 되는 편리한 방법입니다.

4-2. HDD 도킹 스테이션을 이용한 하드카피

하드카피를 쉽게 할 수 있는 방법 중에 HDD 도킹 스테이션을 이용한 방법이 있습니다.

위에 보이는 것이 2베이 HDD 도킹스테이션이고요, 대부분의 HDD 도킹 스테이션은 3.5인치 HDD나 2.5인치 SSD를 사용할 수 있게 만들어져 있고요, 위는 SSD 2개를 끼우고 하드 카피를 하는 모습입니다.

위에 보이는 HDD 도킹 스테이션,.. 위는 2베이(Bay) 도킹 스테이션이고요, 위제 작은 글씨로 Sorce, Tartet, 이렇게 써 있습니다.

즉, 원본이 되는 디스크를 소스 베이에 삽입하고 카피하려드 대상 디스크를 타켓 베이에 넣고 앞에 있는 클론 버튼을 누르면 클론이 되는데요, 반드시 타켓 디스크의 용량이 원복과 같거나 조금이라도 커야 합니다.

이는 조금 더 많은 지식이 필요한데요, 예를 들어 원본 디스크의 용량이 128Gb, 타켓 디스크의 용량이 120Gb라면 클론이 안 됩니다.
이 때는 원본 디스크의 볼륨을 축소하여 120Gb 이하로 줄여야 합니다.

어차피 이 책으로 공부를 하여 여기까지 왔다면 이미 중급 사용자가 되어 있을 것이므로 볼륨 축소 정도는 쉽게 할 수 있어야 합니다.

먼저 HDD 도킹스테이션에 디스크를 삽입하기 전에 PC에 연결하여 디스크의 용량을 확인해야 합니다.

그래서 원본 디스크의 용량을 확인하고, 타켓 디스크의 용량이 크면 상관이 없습니다.
그러나 필자는 모든 PC에 용량이 적은 120Gb ~ 128Gb 의 SSd를 사용하므로 아슬아슬합니다.

그래서 앞에서도 소개를 했고요, 조금 뒤에 설명하는 볼륨 축소를 해서 하드카피를 하는 것입니다.

그리고 하드 도킹스테이션으로 클론을 하는 방법은 일종의 기계식이라고 볼 수 있고요, 기계식이기 때문에 언젠가는 고장이 날 수도 있습니다.

그래서 앞의 화면에 보이는 HDD 도킹 스테이션을 이용한 하드카피는 하지 마시고요, 대신 필자가 사용하는 소프트웨어 하드카피 프로그램을 이용해서 하드 카피를 하는 것이 좋습니다.

바로 HDClone 라는 프로그램입니다.
지금부터 이 HDClone 프로그램 사용법을 반드시 익혀야 합니다.

그리고 하드카피를 하는 이유는 파티션 구조 그대로 카피를 해야 부팅이 되기 때문입니다.

4-3. HDClone 프로그램을 이용한 하드카피

HDClone 프로그램은 인터넷 검색해서 다운 받을 수도 있고요, 인터넷창, 웹브라우저 주소표시줄에 '가나출판사.kr' 입력하고 엔터를 쳐서 필자의 홈에 오셔서 네이버 블로그를 클릭하여 해당 검색어로 검색하면 필자가 올려놓은 시용 방법 및 프로그램 다운로드 링크도 있습니다.

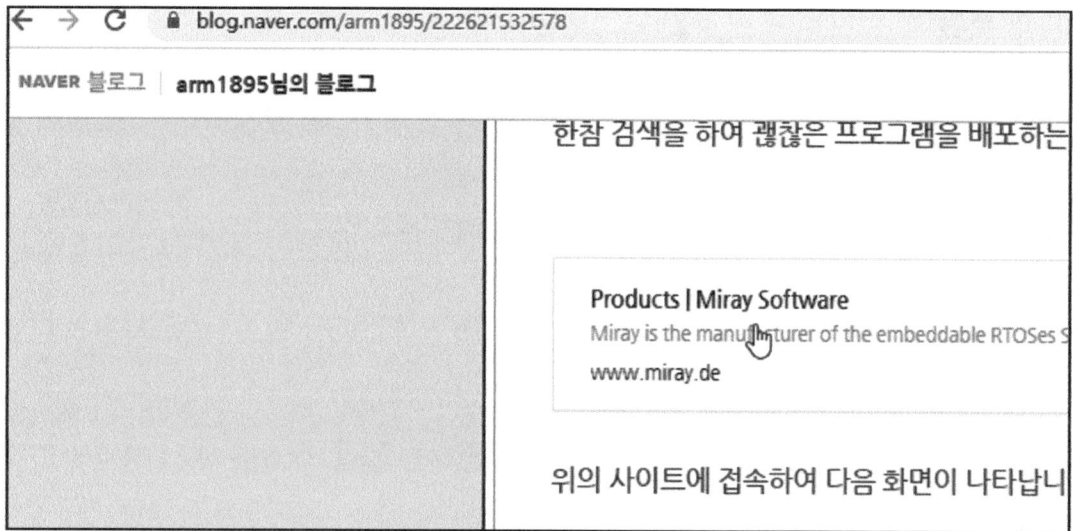

앞쪽의 필자의 블로그에 오시는 방법 참조하여 필자의 네이버 블로그에 오셔서 맨 아래로 스크롤하여 검색어 입력란에 HDClone로 검색하여 위의 포스트에서 위의 손가락이 가리키는 링크를 클릭하면 다음 화면이 나타납니다.

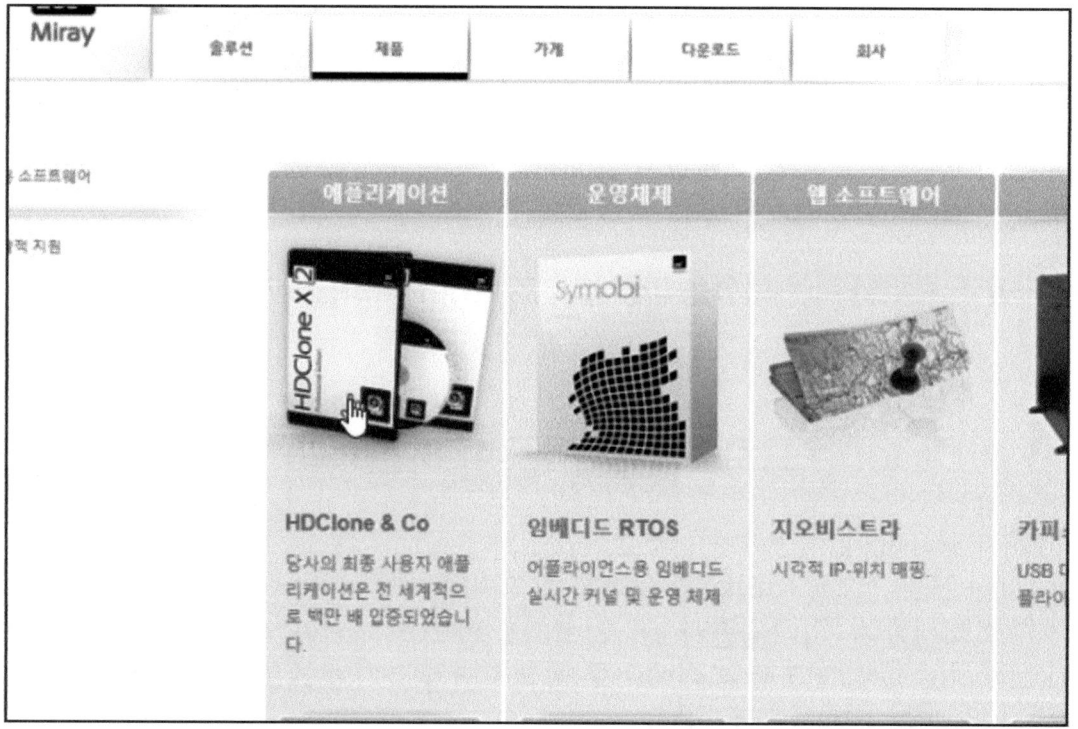

앞의 화면에서 손가락이 가리키는 링크를 클릭하면 다음 화면이 나타납니다.

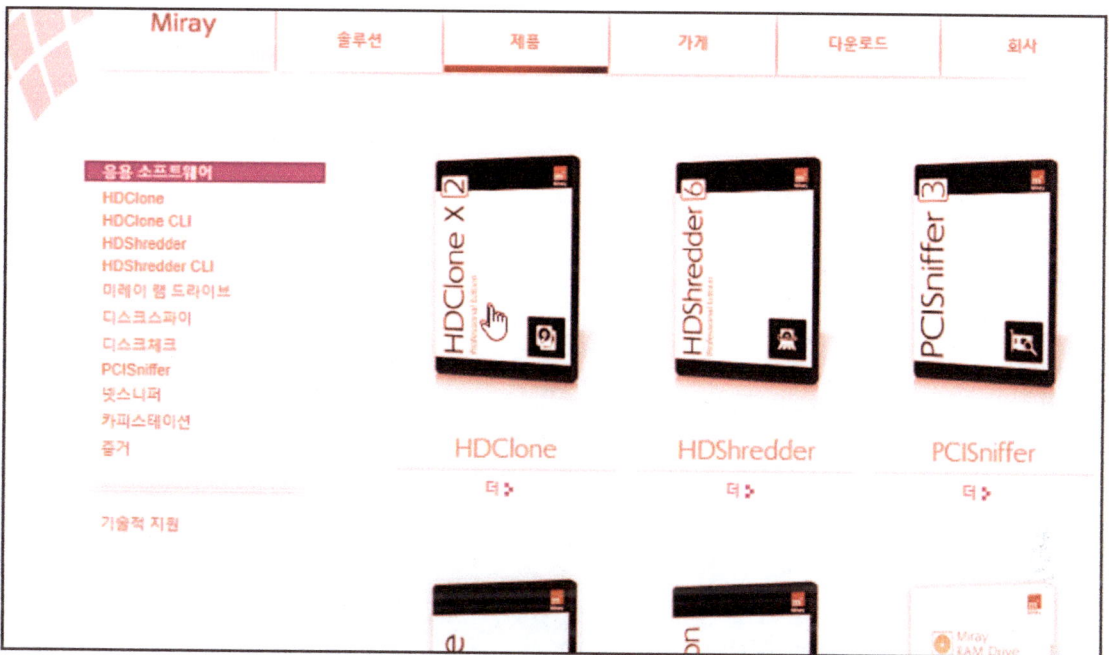

앞의 화면에서 손가락이 가리키는 링크를 클릭하면 다음 화면이 나타납니다.

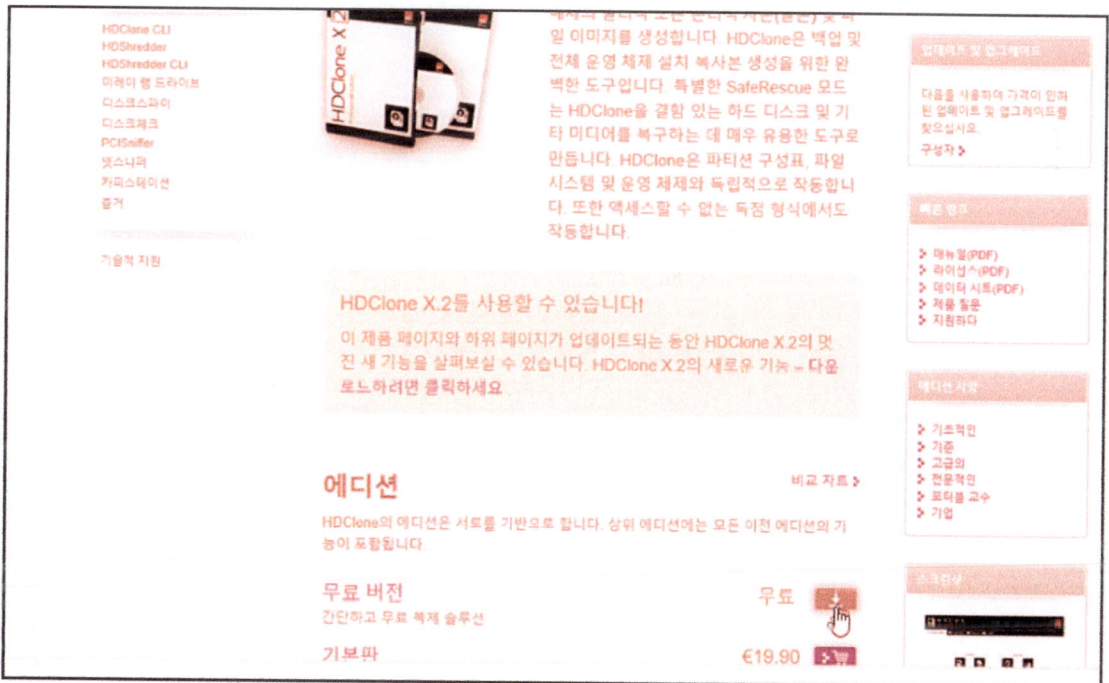

앞의 화면에서 화면을 스크롤하여 맨 밑으로 내리고 손가락이 가리키는 무료를 클릭하여 해당 파일을 다운로드합니다.

혹시 사이트가 리뉴얼 되면 메뉴 배치가 다를 수 있으므로 참고하시기 바랍니다.

우측 화면에 보이는 파일이고요, 더블 클릭하여 설치를 하고 나면 아래와 같이 아이콘 2개가 생성됩니다.

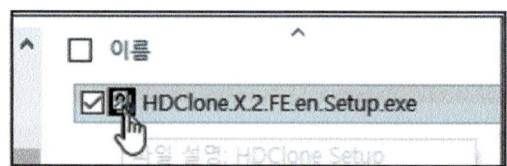

우측 화면에 보이는, 마우스가 가리키는 아이콘이 64비트이고요, 그 밑쪽으로 보이는 것이 32비트입니다.

요즘은 대부분 64비트를 사용합니다만, 혹시 아직도 32비트 운영체제를 사용한다면 우측 화면에서 아래쪽 아이콘을 클릭하여 실행해야 합니다만, 이 책은 Win 11 책이고요, Win 11을 인스톨하면 무조건 64비트로 설치 된다고 앞에서 설명했고요, 해당 아이콘을 더블 클릭하여 실행시키면 다음 화면이 나타납니다.

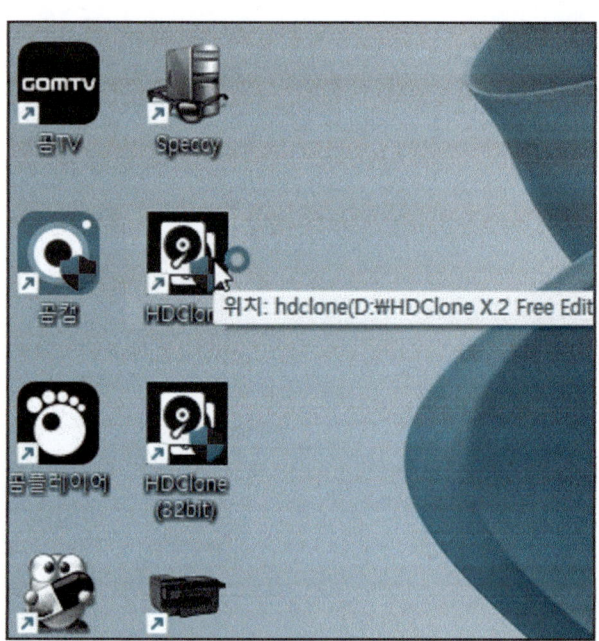

프로그램 실행 화면이 크므로 다음 화면에 나타나고요, 여기서 잠깐, 이 프로그램은 그야말로 보석 중의 보석 같은 프로그램이므로 확실하게 사용법을 익혀야 하고요, 필자 역시 지금은 무료로 사용하고 있습니다만, 이런 프로그램은 대개 사용자가 많아지고 인지도가 높아져서 업데이트가 되면 무료 버전은 단종됩니다.

따라서 이 책을 보시고 이 부분을 읽는 분이라면 만사 제쳐두고 이 프로그램부터 다운로드 하시기 바랍니다.
필자가 이 정도로 극찬을 하는 프로그램이므로 분명히 앞으로 언젠가는 유료로 변경될 것이 거의 확실하기 때문입니다. 물론 지금도 유료 버전이 있습니다.

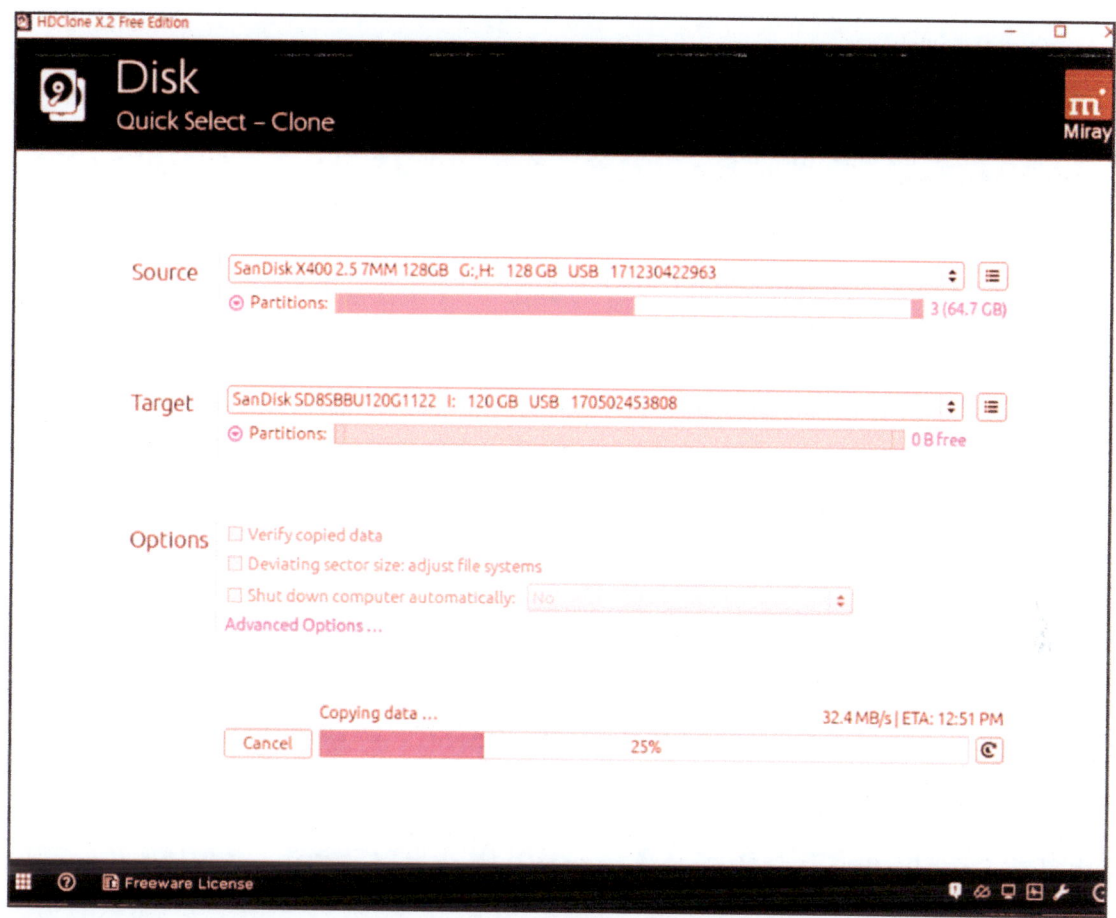

프로그램을 실행하면 위와 같이 나타나는데요, 맨 위의 [Source]는 원본입니다. SSD 원본을 넣고 다른 SSD를 타켓에 넣고 클론을 할 수도 있고요, 자신의 SSD, 즉, C 드라이브를 Source로 지정할 수도 있습니다.

[Target]은 복사할 대상 디스크인데요, 지금 SSD를 복제하는 것이므로 타켓에도 SSD를 지정해야 하기 때문에 동일한 SSD의 드라이브명을 꼭 확인해야 합니다.

만일 SSD끼리 클론을 한다면 앞에서 본 HDD 도킹스테이션이 필요하고요, 자신의 C 드라이브를 복제한다면 다른 SSD를 케이스를 열고 다른 SATA 포트에 연결해야 합니다만, 아직 PC정비에 익숙하지 않다면 앞에서 본 HDD도킹스테이션을 구입하는 것이 좋습니다.
어차피 요즘은 외장 하드가 대세이므로 하드 도킹스테이션은 꼭 있어야 합니다.

4-4. 볼륨 축소

하드 카피, 즉, 클론을 할 때 중요한 사항은 소스 디스크보다 타켓 디스크의 용량이 조금이라도 크거나 같아야 합니다.

조금이라도 타켓 디스크의 용량이 작다면 클론이 되지 않습니다.

그리고 지금 설명하는 것은 백업보다 확실한, SSD 클론을 설명하는 것이므로 C 드라이브로 사용하는 SSD를 다른 백업용 SSD에 파티션 구조 그대로 카피를 하여 클론을 만드는 것이고요, 필자의 경우 120Gb~128Gb 용량의 SSD를 사용하고 있으며 같은 128Gb 혹은 같은120Gb라 하더라도 탐색기에 들어가서 용량을 보면 용량이 똑같지 않고 끝 부분 우수리 부분이라도 약간씩 차이가 나는 수가 있습니다.

만일 C 드라이브를 복제를 하기 위하여 원본을 C로 지정하고 타켓을 HDD 도킹스테이션에 있는 다른 SSD 로 지정을 했는데 똑같은 128Gb 혹은 똑같은 120Gb 용량의 타켓 SSD라 하더라도 프로그램에서 검사하여 용량이 조금이라도 부족하면 카피가 되지 않습니다.

이 경우 소스인 C 드라이브의 볼륨을 축소하여 약간 용량을 줄여서 해결합니다.

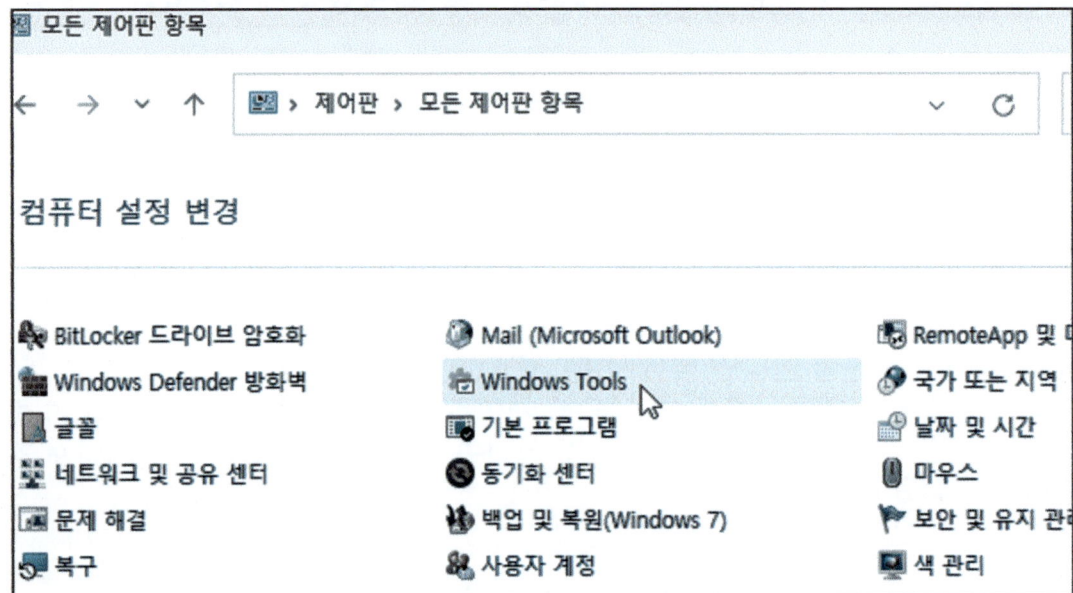

윈도우 11에서는 앞의 화면에 보이는 것과 같이 이전 버전의 윈도우에 비하여 많이 달라졌는데요, 앞의 화면에서 마우스가 가리키는 [Windows Tools] 메뉴도 이전 버전에서는 없던 새로 생긴 메뉴입니다.

클릭하면 다음 화면이 나타납니다.

위의 화면에서 오른쪽 화면을 밑으로 스크롤하여 내려가서 위의 마우스가 가리키는 [컴퓨터 관리]를 더블 클릭하면 다음 화면이 나타납니다.

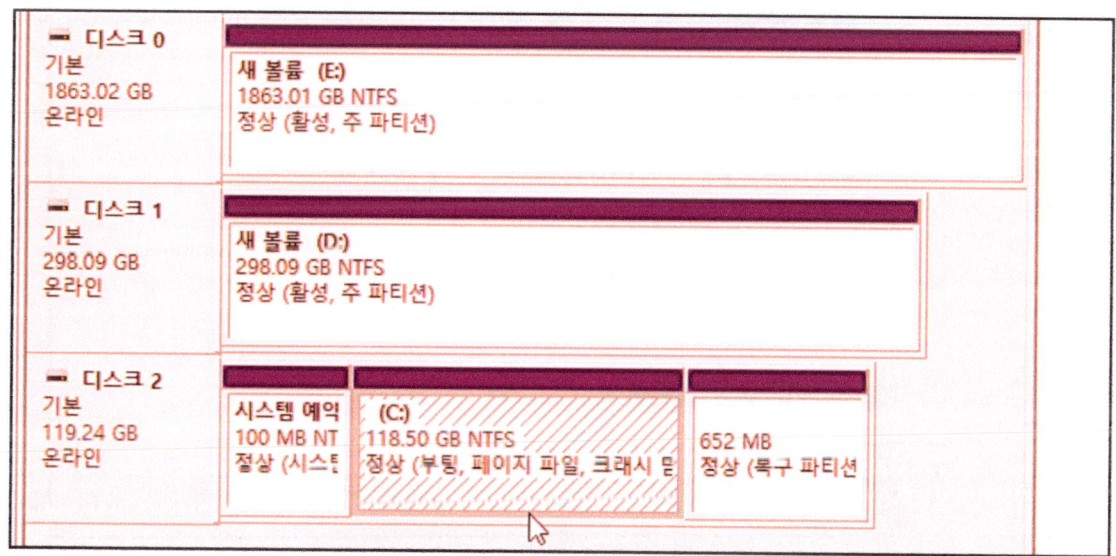

앞의 화면을 보면 마우스가 가리키는 C 드라이브의 용량이 118.50Gb입니다.

즉, 다시 말해서 타켓 디스크로 HDD 도킹 스테이션에 삽입한 SSD의 용량이 이보다 적을 때 카피가 안 된다는 말입니다.

물론 이것은 그냥 설명을 위해서 필자의 컴퓨터를 예로 든 것이므로 참고하시고요,
예들들어 이 경우 C 드라이브의 용량을 줄여서 타켓 디스크의 용량과 같거나 약간 작게 해야 클론이 된다는 얘기입니다.

이것은 굉장히 중요한 부분이고요, 잘 못 만지면 C드라이브를 다시 포맷을 해야 하므로 공부하는 사람이라면 연습용으로 C 드라이브가 아닌 다른 디스크로 연습을 하는 것이 좋고요,..
지금은 여기서는 앞의 C 드라이브에 마우스를 대고 마우스 우클릭하면 다음 메뉴가 나타납니다.
필자도 지금 이 책을 쓰고 있는 PC의 C 드라이브를 잘못해서 망가뜨릴 수 있으므로 C 드라이브로 시도하지 않고 USB에 메모리 카드를 끼우고 시연을 하겠습니다.

앞의 화면 맨 밑에 지금 삽입한 USB 디스크가 나타났고요, 이 디스크를 선택하고 마우스 우클릭하여 앞의 마우스가 가리키는 [볼륨 축소]를 클릭하면 다음 화면이 나타납니다.

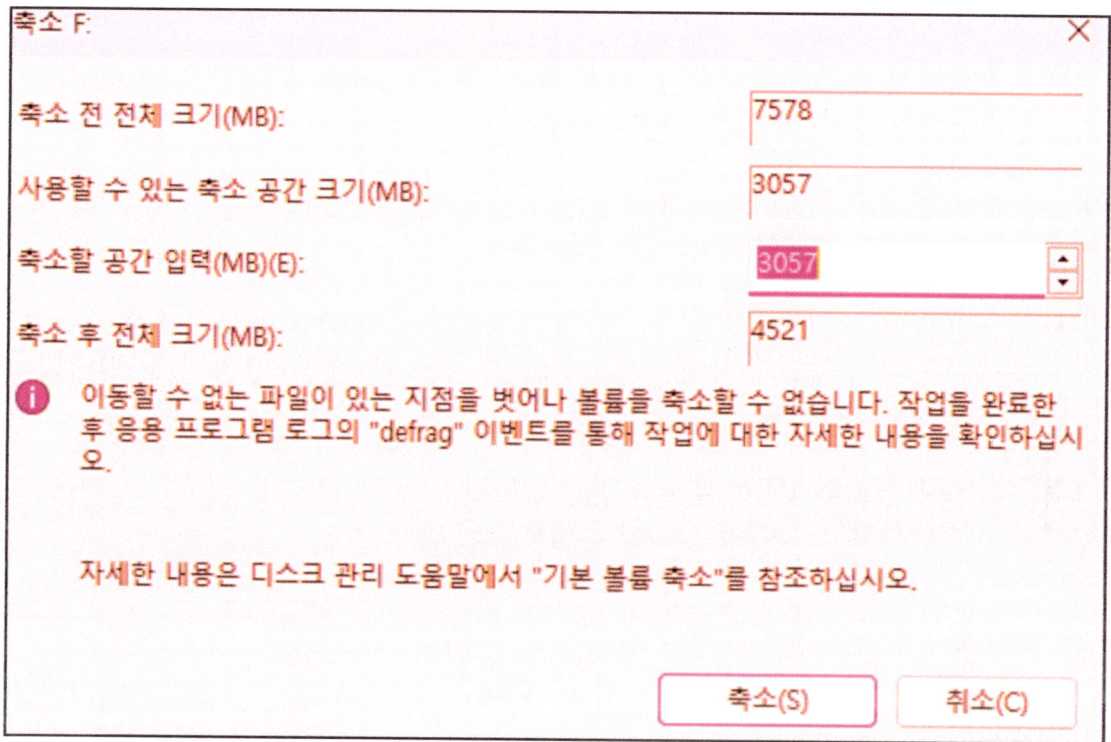

앞의 화면에 축소 전 용량,
그리고 축소할 수 있는 용량,
그리고 원하는 축소할 용량을 입력하도록 되어 있습니다.

따라서 앞쪽에서 보았던 디스크 관리 화면에서 HDD 도킹 스테이션에 꽂은 SSD 의 정확한 용량과 C 드라이브의 정확한 용량을 계산하여 최소한으로 축소를 해야 합니다.

그렇지 않아도 겨우 120 Gb 의 SSD를 사용하는데 볼륨을 너무 많이 축소하면 C 드라이브의 용량이 더 줄어들게 되므로 HDClone 프로그램에서 클론이 될 만큼만 입력해야 한다는 뜻입니다.

여기 보이는 것은 직접 C 드라이브를 만지지 않고 USB 드라이브로 볼륨 축소하는 연습을 하는 것입니다.

필요한 입력을 하면 축소 후의 용량이 나타나므로 HDD 도킹 스테이션에 있는 SSD의 용량과 비교하여 그보다 조금이라도 적으면 되므로 비교하여 확인하면 됩니다.

이렇게 정확하게 지정을 하고 이제 [볼륨 축소]를 클릭하면 원래 디스크 용량보다 작아지면 축소한 용량은 사실상 사용하지 않고 버리는 것입니다.

물론 아주 작은 양이지만, SSD 하드 클론이 안 될 때, C 드라이브를 복제할 때 안 되면 이렇게 한다는 것을 알려 드리는 것입니다.

필자가 설명은 비교적 쉽게 했습니다만, 결코 쉬운 작업이 아닙니다.
아니 반대로 컴퓨터 파워 유저 중에서도 최고로 높은 고수들만 할 수 있는 작업입니다만, 사실 여기 설명대로 하면 됩니다.

그러면 C 드라이브를 그대로 클론을 만들어 놓았으므로 언제라도 사고가 나면 즉시 예비로 만들어 놓은 스페어 SSD로 교체를 하면 됩니다.

그러면 복잡하게 시스템 복구 등을 할 필요도 없습니다만, 컴퓨터를 사고 없이 수 개월 ~ 1년 혹은 더 많은 기간 동안 사용하다 고장이 나면 너무 많은 시간 차이가 나기 때문에 바이러스 백신 프로그램 등의 업데이트 혹은 그 동안 변경되는 여러가지 파일들이 있을 것입니다.

그래서 주기적으로 컴퓨터가 쾌적한 상태라는 판단이 서면 그 때 다시 그 당시의 상황에서 다시 SSD를 클론을 해 놓는 것이 좋습니다.

더 좋은 방법은 예비 SSD 2개를 사용하여 하나는 초기 상태로 그대로 보존을 하고 다른 하나는 주기적으로 C 드라이브를 복제를 해 놓으면 아마 컴퓨터 부품이 다 닳아서 못 쓰게 될 때까지 컴퓨터에 문제가 발생하는 일이 없을 것입니다.

필자의 경우 120Gb 용량의 SSD를 사용하는 이유는 오로지 가격이 싸기 때문입니다.

여유가 있는 분은 256Gb 용량이라도 그리 비싼 가격이 아니므로 용량이 큰 SSD를 사용하면 좋습니다만, 지금 설명한 방법을 사용하려면 SSD를 총 3개를 가져야 하므로, 그래서 필자는 120Gb~128Gb 용량을 사용하는 것입니다.

4-5. 이미지 파일 만들기

지금 설명하는 HDClone 프로그램은 HDD 클론만 할 수 있는 것이 아닙니다.

필자의 경우 옛날에 만들어놓은 윈도우7, 윈도우10, 그리고 최근 만든 윈도우11 등의 usb 설치 디스크 파일을 이미지로 만들어서 PC에 저장을 해 두었습니다.

윈도우 설치 디스크는 부팅을 해야 하기 때문에 윈도우 설치 디스크는 단순히 복사를 해서는 부팅이 안 됩니다.

그래서 부팅 가능한 상태 그대로 파티션을 그 상태 그대로, 그 구조 그대로 복제를 해야 하는 것입니다.

그래서 HDClone 프로그램이 보석같이 귀중한 프로그램이라고 표현한 것입니다.

이렇게 윈도우 설치 디스크를 이미지 파일로 만들어 놓을 경우 설치 디스크를 잃어버려도 이미지 파일로 만들어 놓은 설치 디스크 이미지를 다시 8Gb 이상의 usb 디스크에 풀어서 즉시 윈도우 설치 디스크를 만들 수 있습니다.

HDClone 프로그램 설치하는 방법은 앞에서 설명했고요, 필자의 블로그에 오셔서 다운로드 링크를 클릭하여 앞에서 설명한 방법으로 설치를 하면 우측과 같은 아이콘이 생성됩니다.

우측 아이큰 중에서 밑에 있는 아이콘은 32비트이고요, 위에 있는 아이콘이 64비트이고요, 더블클릭하여 실행시키면 다음 화면이 타나납니다.

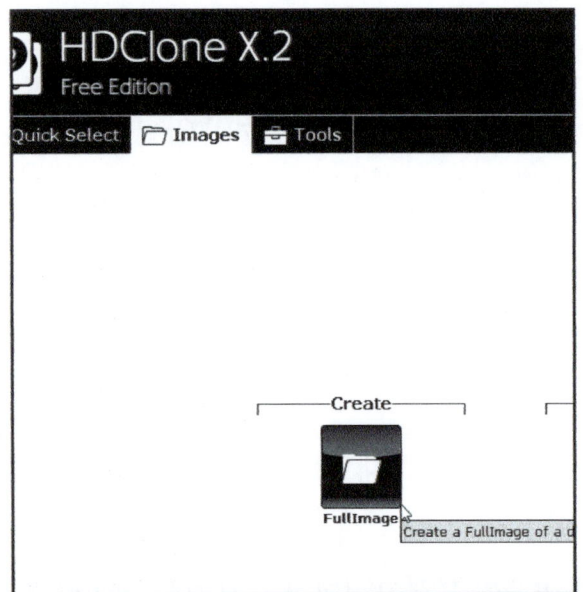

좌측 화면에서 상단 [Images] 탭을 클릭하고 마우스가 가리키는 [FullImages]를 클릭하면 다음 화면이 나타납니다.

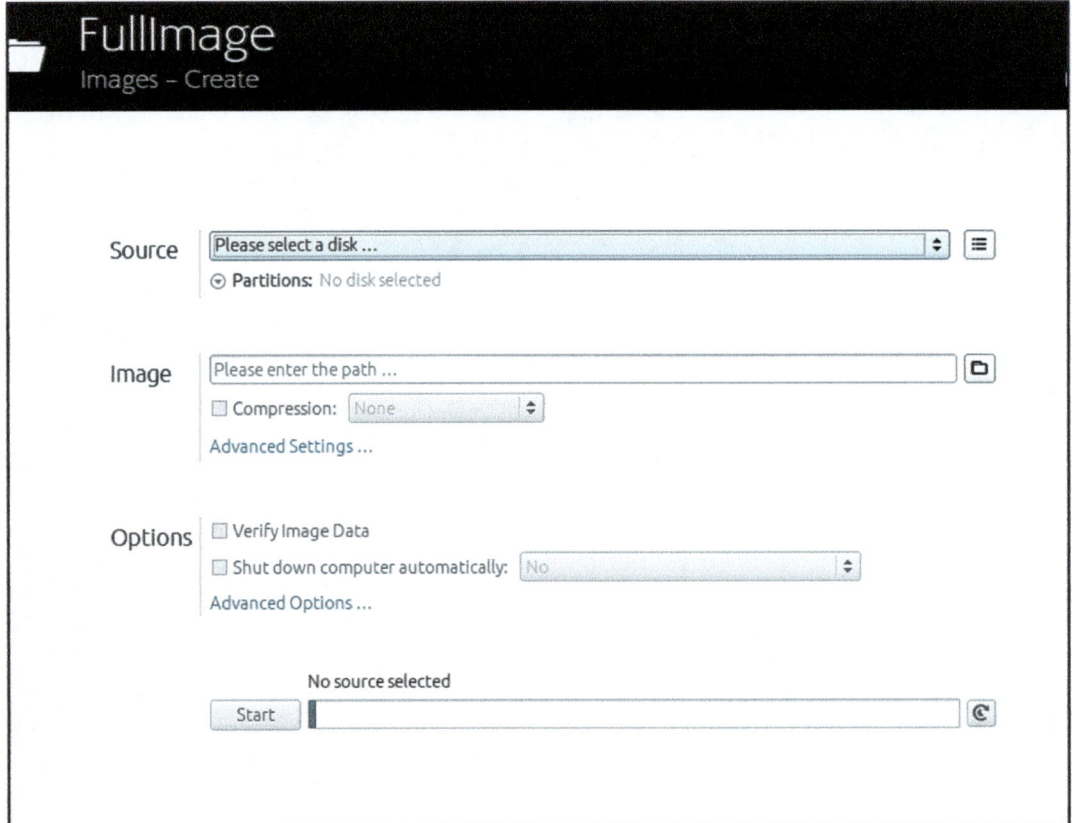

앞의 화면에서 소스는 앞에서 설명한 Win7 혹은 윈도우10 혹은 윈도우11 usb 설치 디스크가 들어 있는 경로이고요, USB 드라이브가 되겠죠..

그리고 [Image]항목 우측에 있는 경로를 클릭하여 이미지 파일이 저장될 경로를 지정하고 하단의 [Start]를 클릭하면 Win7 혹은 윈도우10 혹은 윈도우11 usb 설치 디스크가 이미지 파일로 저장됩니다.

이미지로 만드는 작업이기 때문에 약간의 시간이 걸리고요, 다 만들어지면 다음과 같은 이미지 파일이 생성됩니다.

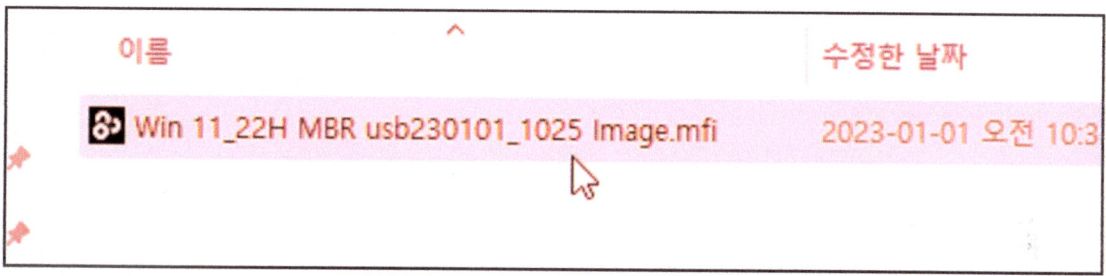

위와 같이 확장자가 .mfi 라는 이미지 파일이 만들어집니다.

따라서 이 이미지 파일로 다시 Win7 혹은 윈도우10 혹은 윈도우11 usb 설치 디스크를 만들기 위해서는 이 이미지 파일을 만들 때 사용한 HDClone 프로그램이 있어야 합니다.

위에 보이는 파일은 지금 이 책을 집필하고 있는 PC에 Win 11을 설치한 Win 11 MBR 방식의 USB 디스크이고요, 2023-01-01 만든 이미지 파일입니다.

지금 설명한 방식으로 HDClone 프로그램에서 소스에 Win 11 USB 디스크가 아닌 C 드라이브, 즉, SSD를 지정하고 타켓 경로에는 자신의 컴퓨터에서 가장 용량이 많이 남아 있는 디스크 혹은 외장 하드 등을 지정해서 자신의 C 드라이브,즉, SSD를 이미지로 만들어 놓으면 나중에 운영체제가 망가져서 사고가 났을 때 이 이미지 파일을 풀어서 다시 C 드라이브를 원래대로 복구할 수 있습니다.

그러나 너무 오랜 세월이 지난 후에는 여러가지 부작용이 생길 수 있으므로 몇 달에 한 번씩 컴퓨터 상태가 좋을 때 주기적으로 C 드라이브를 이미지로 만들어서 보관을 해 두면 아마 컴퓨터가 마르고 닳을 때까지 사용해도 거의 사고가 없는 컴퓨터를 사용할 수 있게 됩니다.

4-6. 공유기와 허브

요즘은 가정이라도 보통 컴퓨터가 2대 이상이고요, 그래서 공유기를 설치하지 않은 집이나 사무실은 거의 없습니다.
원래 ip공유기입니다만 옛날에는 고정 ip를 줬지만, 지금은 기업용이 아니면 고정 ip를 주지 않는다고 하네요.
LG유플러스 무선 인터넷은 고정 ip 추가시 월 1만원이면 되는데요, 필자는 현재 KT를 사용하고 있는데요, 고정 ip는 월 10만원이 넘네요..
그러나 이런 것은 특수한 경우가 아니면 상관이 없고요, 어차피 공유기를 거치면서 자동으로 사용하면 일반적으로 대부분 무난합니다.

이 때 공유기 내부에서 ip를 일일이 할당할 수도 있지만, 이는 특수한 경우이고요, 개인이나 가정 혹은 소규모 사무실 등에서는 그냥 자동으로 설정해 놓고 사용하면 됩니다.
이에 비하여 허브는 LAN 포트 한 개를 여러 개의 포트로 나누어어 줍니다.
더 쉽게 설명을 하면 공유기에는 WAN 포트가 있으며 허브에는 WAN 포트가 없습니다. (위의 사진 손가락이 가리키는 포트가 WAN 포트입니다.)

공유기에는 한국통신 등에서 깔아준 모뎀에서 나온 회선을 끼워야 작동을 하기 때문에 WAN포트가 있는 것이고요, 공유기는 단지 하나의 포트를 여러 개로 나누는 것이기 때문에 WAN포트가 없는 것입니다.

따라서 인터넷을 하기 위해서는 반드시 WAN 포트가 있는 공유기(ip공유기)를 사용해야 하는 것입니다.

공유기를 모르는 사람은 없겠습니다만, 공유기는 대개 비슷한 모습이고요, 대형 학원이나 대학교 등에서는 포트 수가 엄청나게 많은 스위칭 허브를 사용합니다.

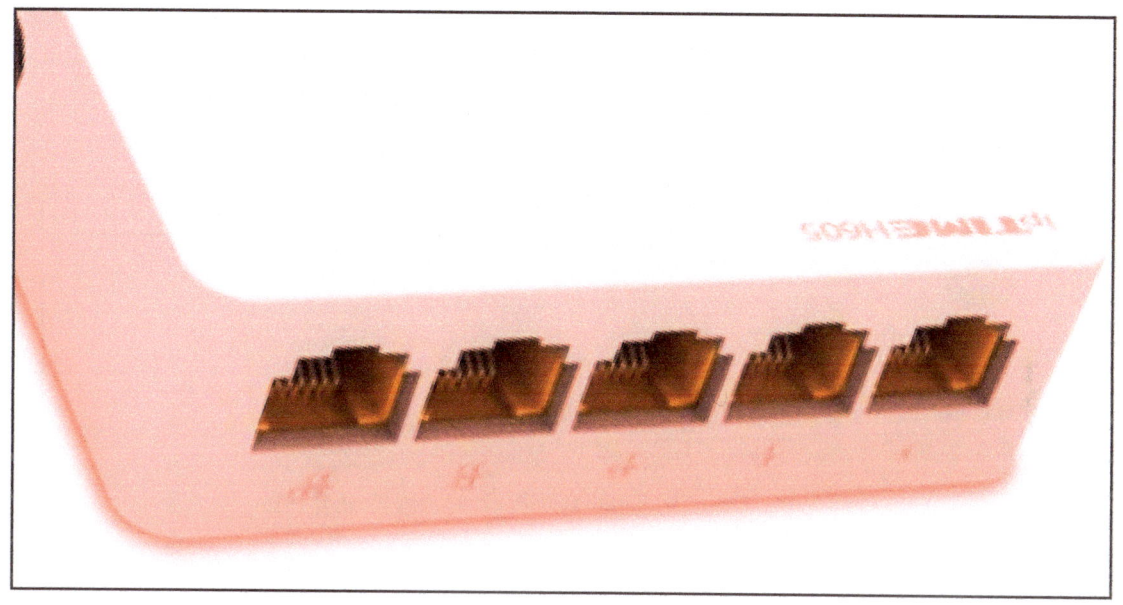

이에 비하여 위에 보이는 것은 허브(Hub) 로 공유기와 비슷하지만, 랜선을 꽂는 포트의 색깔이 동일합니다.

즉, 위의 허브는 단지 하나의 포트를 여러 개로 나누어주는 것이기 때문에 WAN 포트가 없습니다.

일반인은 잘 모르겠지만, 위에 보이는 공유기 중에는 스위칭 허브라는 제품이 있습니다.

랜은 유선으로 연결하는 것이기 때문에 일반적으로 LAN선은 100미터 이상 설치하면 속도가 급격히 떨어집니다.

그래서 중간에 신호를 증폭시켜 멀리 있는 기기에서도 속도가 떨어지지 않게 해 주는 것이 스위칭 허브입니다.

4-7. 공유기 주소 확인하는 방법

요즘은 공유기가 없는 집이 없기 때문에 자신이 사용하는 공유기는 어느 정도 알고 있을 것입니다.

공유기 설정을 하기 위해서는 먼저 자신이 사용하는 공유기 주소를 알아야 하는데요, 공유기 주소를 알아내는 방법은 여러가지가 있지만 여기서는 CMD 창을 띄워서 알아보겠습니다.

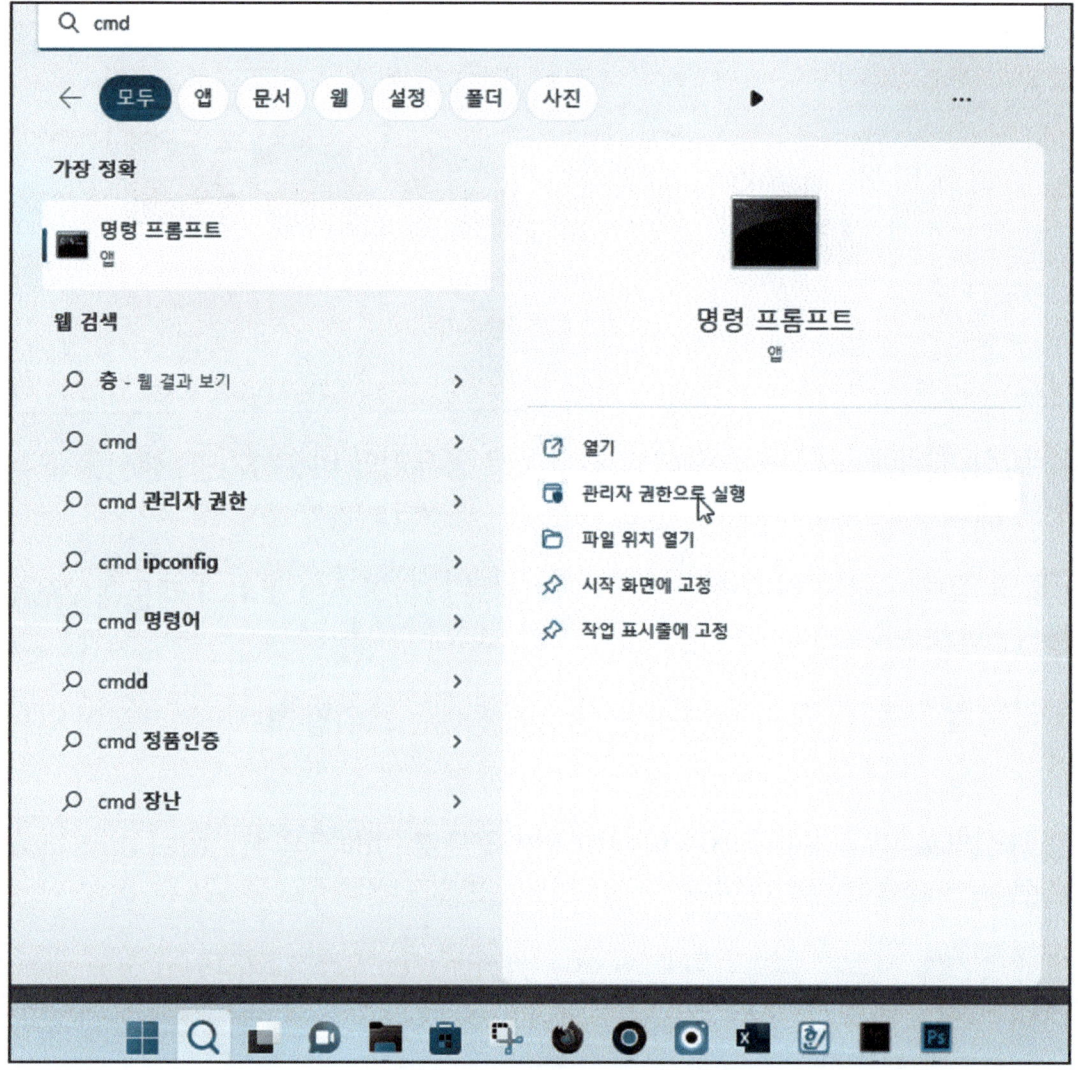

앞의 화면 참조하여 바탕화면 하단 [시작] - CMD 입력하고 앞의 마우스가 가리키는 [관리자 권한으로 실행]을 클릭합니다.

```
관리자: 명령 프롬프트
Microsoft Windows [Version 10.0.22621.525]
(c) Microsoft Corporation. All rights reserved.

C:\Windows\System32>ipconfig
```

위에 보이는 것과 같이 나타난 화면에 ipconfig 입력하고 엔터를 칩니다.

```
관리자: 명령 프롬프트
Microsoft Windows [Version 10.0.22621.525]
(c) Microsoft Corporation. All rights reserved.

C:\Windows\System32>ipconfig

Windows IP 구성

이더넷 어댑터 이더넷:

   연결별 DNS 접미사. . . . :
   링크-로컬 IPv6 주소 . . . : fe80::fd95:6ff5:84dc:b6f8%8
   IPv4 주소 . . . . . . . . : 192.168.0.9
   서브넷 마스크 . . . . . . : 255.255.255.0
   기본 게이트웨이 . . . . . : 192.168.0.2
```

4-8. 공유기 설정

위의 마지막에 보이는 것이 공유기 주소입니다.
인터넷창 웹브라우저를 하나 띄우고 주소표시줄에 192.168.0.2 입력-엔터

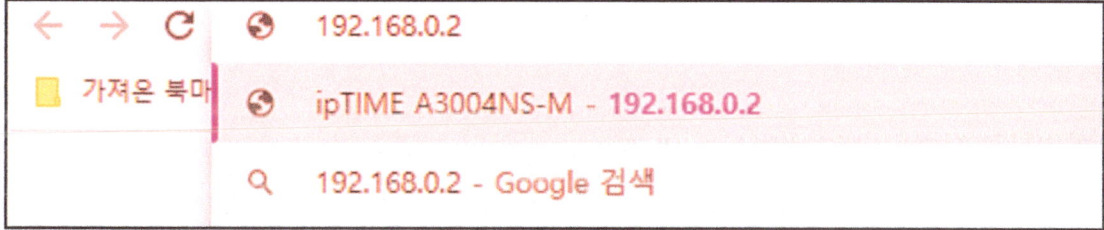

앞의 화면에 보이는 것과 같이 웹브라우저 주소 표시줄에 주소를 입력하니 벌써 공유기 모델명이 나타나며 엔터를 치면 우측 화면과 같이 나타납니다.

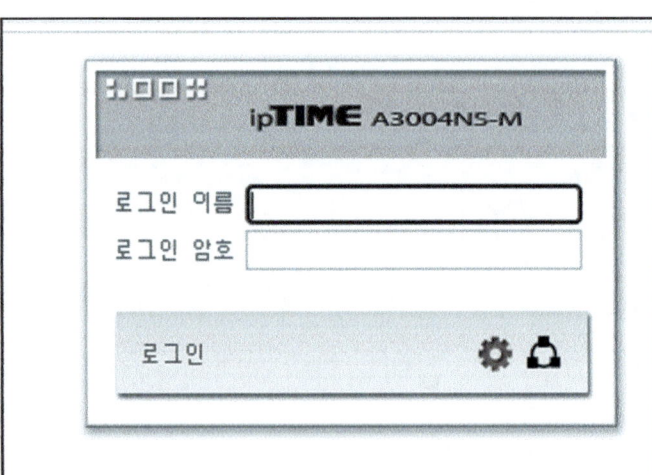

필자의 경우 구글에 모든 것을 저장해 놓고 동기화를 해 놓았으므로 클릭하면 자동으로 아이디와 비밀번호가 입력됩니다.

아이디와 비밀번호가 입력되면 엔터를 칩니다.

우측과 같이 나타나는데요, [설정 마법사]는 맨 처음 공유기를 처음 설치했을 때 마법사를 실행하여 공유기 설정을 자동으로 하는 것이고요, 현재 공유기를 사용하고 있다면 이미 설정이 되어 있는 것입니다.

그러나 아직 공유기를 잘 모르시는 분도 있을 것이고요, 공유기를 사 와서 맨 처음 설치하는 사람도 있을 것이므로 이 부분을 간단히 설명하겠습니다.
[설정 마법사]를 클릭하면 다음 화면이 나타납니다.

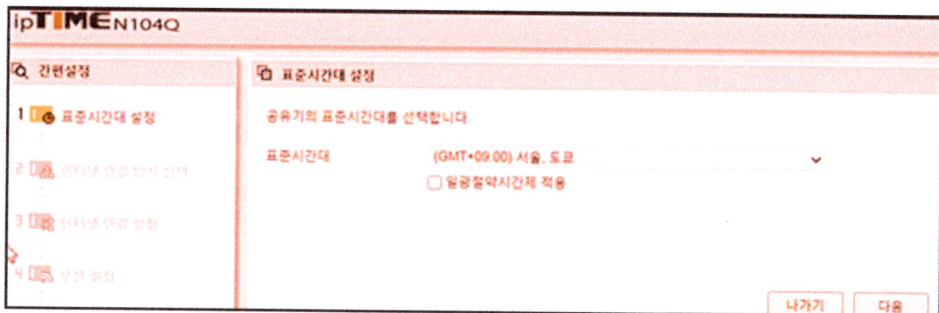

위의 화면에서 기본 값으로 [다음]을 클릭하면 다음 화면이 나타납니다.

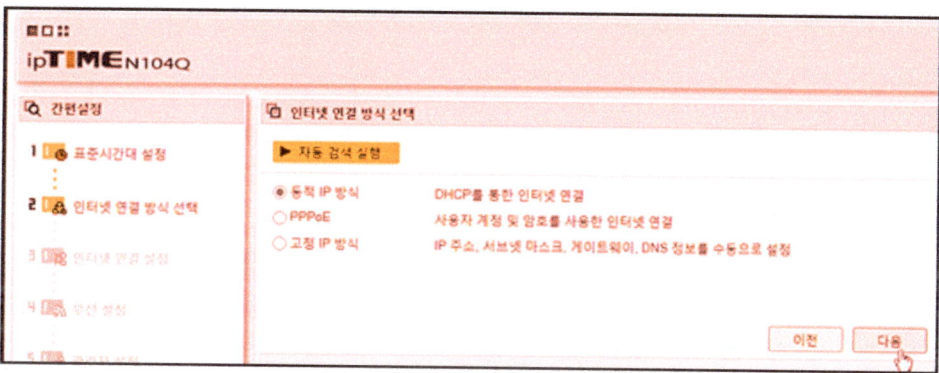

위의 화면에서 역시 기본 값으로 [다음]을 클릭합니다.

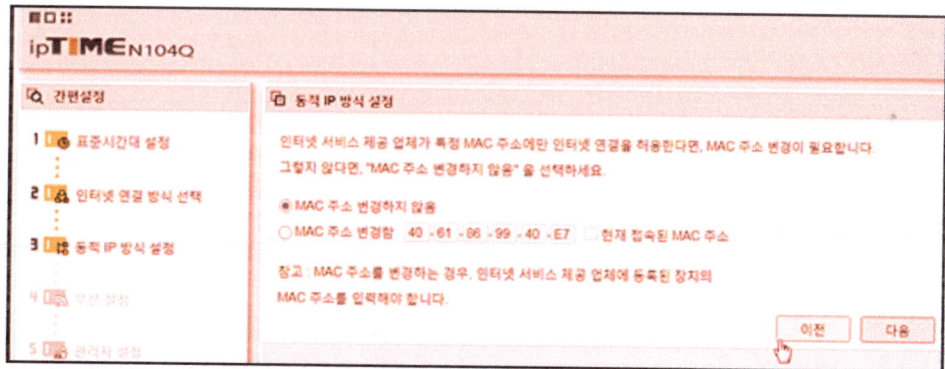

위의 화면에서도 기본 값으로 [다음]을 클릭합니다.

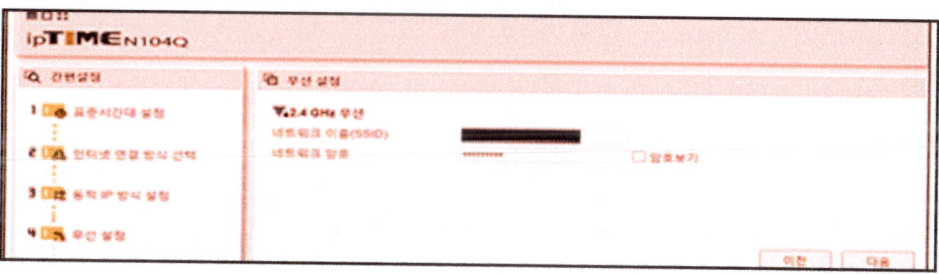

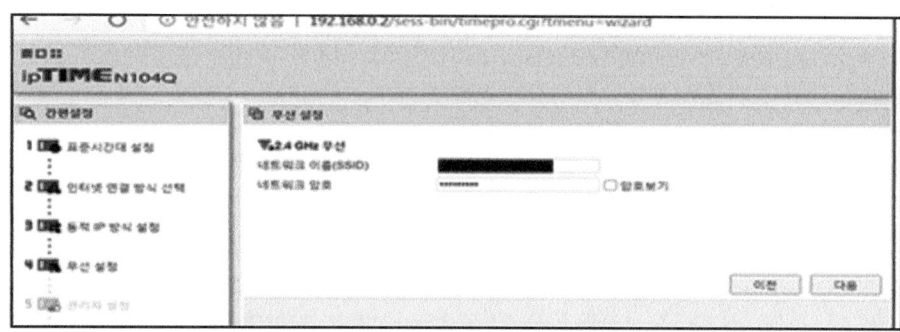

위의 화면에서 네트워크 이름(SSID)과 네트워크 암호를 입력합니다.

여기에 입력하는 것이 스마트폰 등의 무선기기가 네트워크에 접속할 때 입력해야 하는 정보들입니다.

만일 랜선을 사용하지 않고 무선 랜카드가 내장된 컴퓨터의 경우 스마트폰과 동일하게 무선 설정을 여기 보이는 네트워크 이름과 암호를 입력하여 접속을 해야 합니다. 여기서 문제가 한 가지 있는데요, 아주 큰 문제로서 무선 네트워크를 절대로 사용할 수 없는 아주 큰 문제가 있습니다.

이 문제는 잠시 후에 다루기로 하고요, 위의 화면에서 네트워크 이름을 정하고 암호를 정한 다음, [다음]을 클릭하면 다음 화면이 나타납니다.

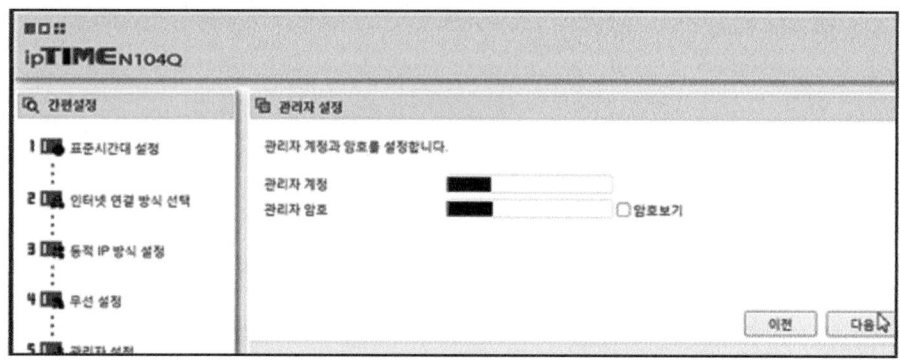

여기 입력하는 암호는 iptime 공유기 설정을 변경할 때 사용하는 관리자 계정과 암호입니다.

공유기에 아무나 접속하여 설정을 변경하면 네트워크가 안 되는 불상사가 발생할 수 있으므로 반드시 관리자 계정과 암호를 입력해야 합니다.
그리고 [다음]클릭하여 설정 확인, [저장]을 하면 마법사가 끝나는데요, 다음 화면, 사실 여기서 만질 것은 없습니다. 거의 대부분 자동으로 설치되기 때문입니다. 그러나 아래는 옛날 필자의 경험이고요, 지금으로 보면 구형 공유기입니다.

다 그런 것은 아니지만, 여기 설명을 안 읽어보면 이 공유기(iptime N104Q)는 절대로 사용할 수 없습니다.

우측 화면에서 좌측 메뉴 [고급 설정]-[무선랜

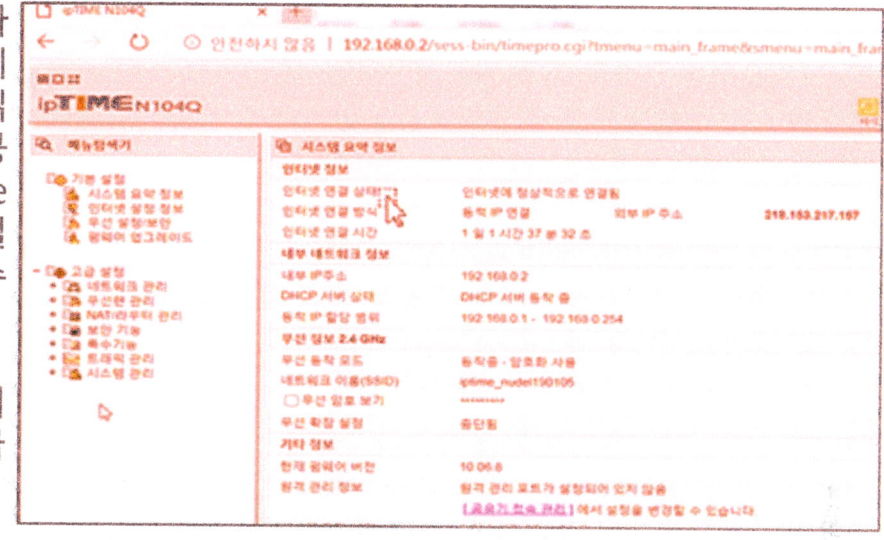

설정/보안]에 들어가면 암호가 앞자리 3개만 입력되어 있습니다.
암호를 아무리 제대로 입력해도 위의 화면에는 앞자리 3개만 나타나기 때문에 결국 이 공유기의 와이파이를 사용할 수가 없습니다.
미칠 노릇이지만, 이런 문제를 검색해 보아도 전혀 검색되지 않는 것으로 보아 아마도 이 문제는 필자가 사용했던 구형 모델의 경우인가 봅니다만 기가 막힙니다.

iptime의 버그인데요, 실질적으로 이 모델을 사용할 수 없는 설정인데요, 그럼에도 불구하고 이런 설명을 어디에서도 찾을 수가 없습니다.

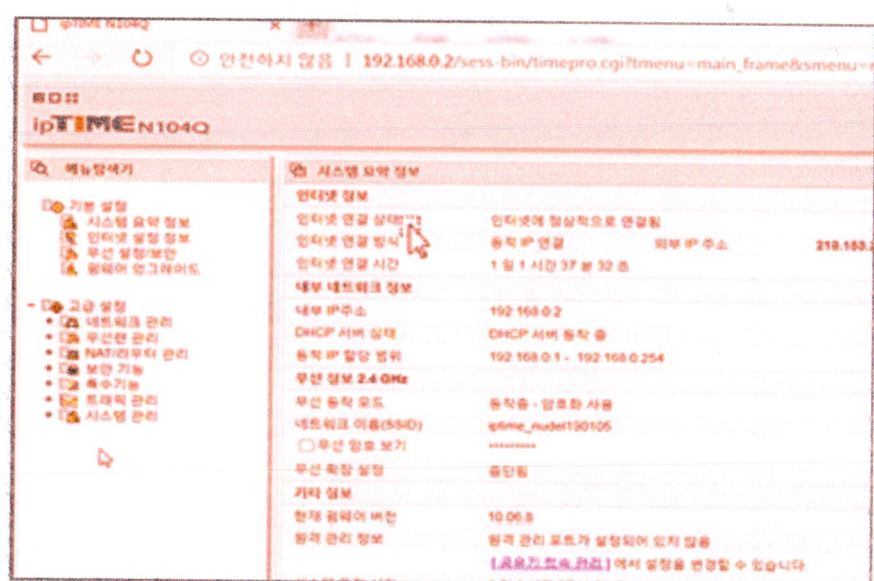

필자가 면밀히 검토하여 알아내서 수정한 경험입니다만, 여러분도 이런 일을 겪을 수 있습니다.

따라서 iptime 접속 초기 화면에서 입력한 암호를 반드시 위의 화면에서 다시 확인하여 최초에 입력한 암호와 같아지도록 위의 화면에서 암호를 다시 수정을 하고 [적용]버튼을 눌러줘야 제대로 작동을 합니다.

이제 스마트폰 등의 와이파이 설정에서 지금 공유기 설정에 입력한 아이디와 암호를 입력하면 와이파이를 사용할 수 있습니다.

4-9. 공유기 주소 바꾸는 방법

공유기 주소를 바꿔야 할 이유는 여러 가지가 있습니다.
자기집 공유기 정보가 유출되었다고 의심이 들 때 바꿀 수도 있고요, 가장 큰 이유는 요즘은 가정집이라도 면적이 큰 집이 있는데요, 우리나라는 전파 규제가 너무나도 강력하기 때문에 집안에서도 와이파이 사각 지대가 생깁니다.

그래서 예를 들어 안방에서 멀리 떨어진 건너방 등에 공유기를 또 설치해야 하는 경우가 생기고요, 이렇게 공유기를 2대 사용하는 경우 반드시 공유기 2대의 주소를 서로 다르게 지정을 해야 합니다.
이 부분은 사실 상당한 보충 설명이 필요하므로 인터넷창, 웹브라우저 주소표시줄에 '가나출판사.kr' 입력하고 엔터를 쳐서 필자의 홈에 오셔서 블로그 혹은 필자의 [유튜브 채널]에 올려 놓은 동영상을 꼭 보셔야 합니다.
아래는 필자의 블로그에 있는 네트워크 사각지대 없애기의 설명 화면입니다.

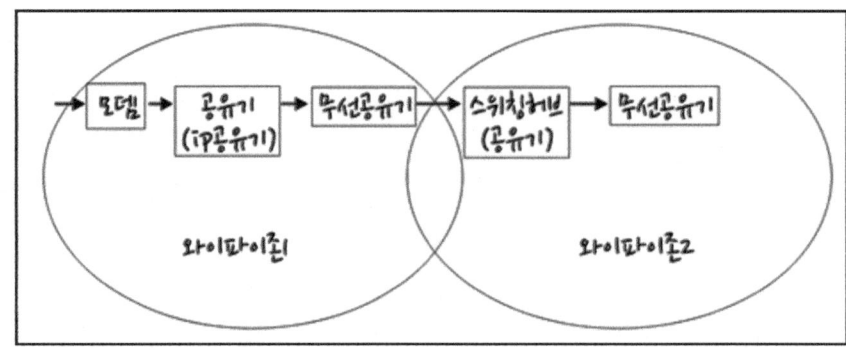

공유기 주소를 바꾸기 위해서는 우측 초기 화면에서 [관리도구]를 클릭해야 합니다.

공유기 제조사나 모델이 틀리면 여기 설명과 다를 수도 있지만, 대개 방법은 동일합니다.

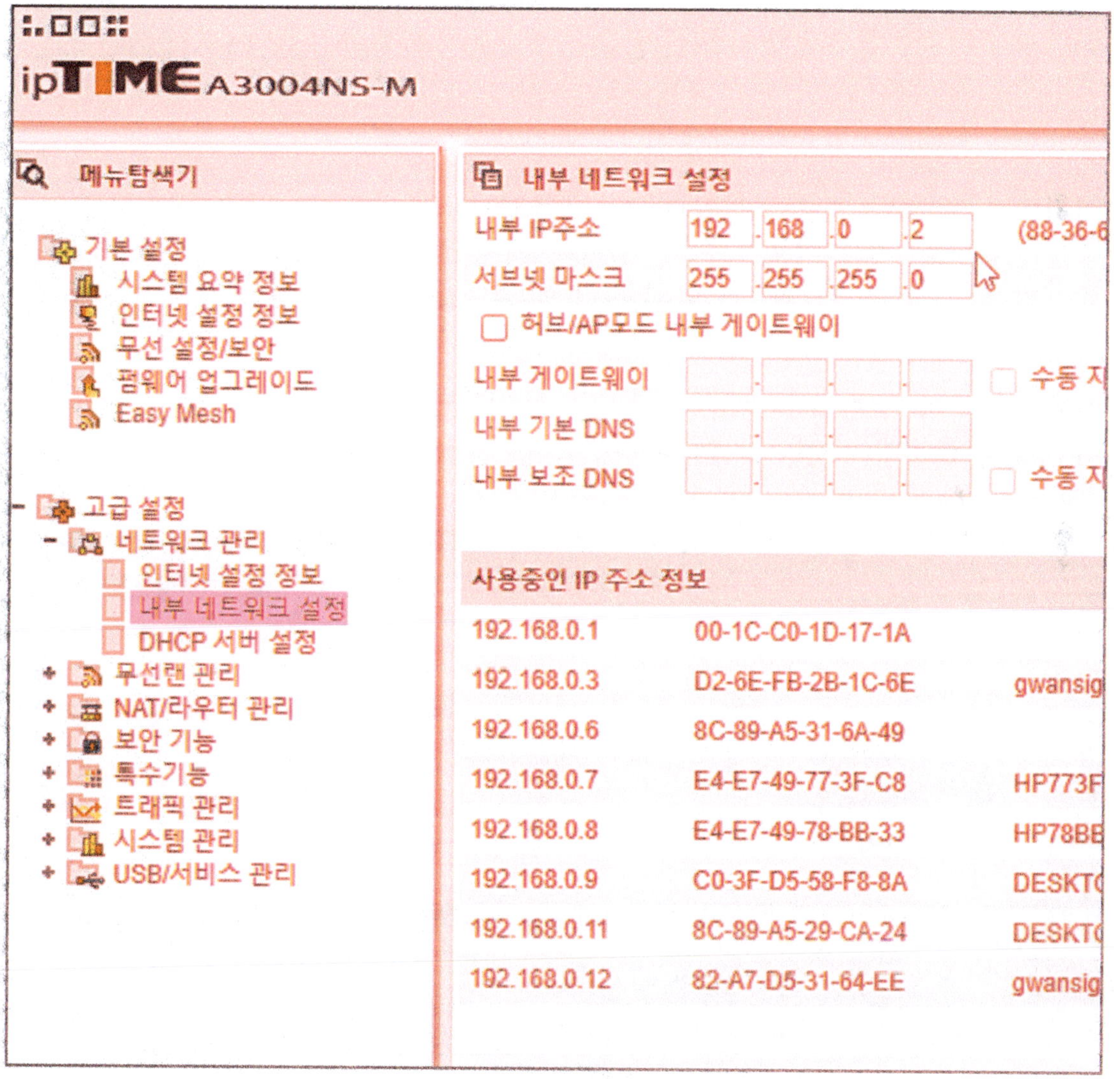

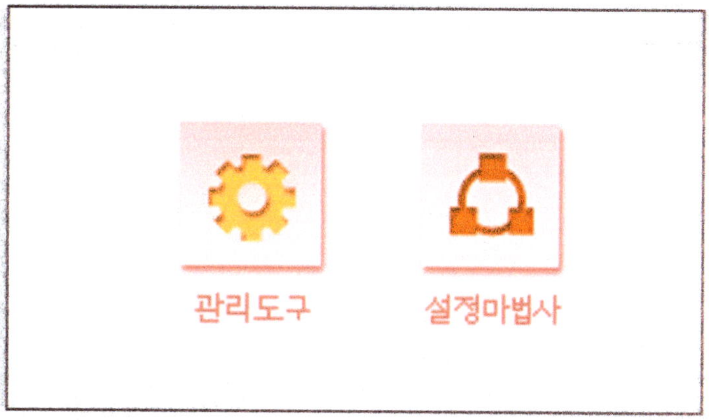

앞의 화면은 필자가 현재 사용하는 공유기 설정 화면인데요, 필자는 사업을 하기 때문에 앞의 화면 하단에 보이는 것과 같이 네트워크로 연결된 장치가 매우 많습니다.

일반인이라면 간단할 것이고요, 앞의 화면 좌측 메뉴에서 [고급 설정]-[내부 네트워크 설정]을 클릭하고 우측 마우스가 가리키는 마지막 주소가 2로 되어 있는데요, 이 주소를 2가 아닌 0~255 사이의 숫자를 써 주고 저장하면 공유기 주소가 바뀌게 됩니다.

앞에서 잠깐 설명을 했습니다만, 가정집이라도 면적이 커서 공유기 2대를 설치했다면 공유기 주소를 바꾸어서 모든 공유기가 작동은 하지만, 서로 다른 네트워크가 되기 때문에 서로 다른 공유기에 연결된 컴퓨터는 인터넷은 되지만, 네트워크는 안 됩니다.

여기서는 하드웨어 전문 서적이 아니기 때문에 설명을 생략합니다만, 관심이 있는 분들은 인터넷창 웹브라우저 주소표시줄에 '가나출판사.kr' 입력하고 엔터를 쳐서 필자의 홈에 오셔서 필자의 [유튜브 채널]에 올려 놓은 동영상을 보시거나 필자의 [네이버 블로그]에 올려 놓은 설명을 보셔야 합니다.

아래는 필자의 [유튜브 채널]에 올려 놓은 동영상이고요, 필자의 [유튜브 채널]에서 검색어 '와이파이'로만 검색해도 보실 수 있습니다.

4-10. 로보카피(Robocopy) 사용법

지금은 모두 윈도우즈 운영체제를 사용하며 이 책은 Win 11 에 관한 내용을 다루는 책입니다만, 윈도우즈 운영체제라도 내부적으로는 여전히 도스 명령어로 작동됩니다.

그래서 오늘날의 윈도우즈 운영체제에서도 도스 명령이 유효한 것입니다.

이 중에서 간단한 파일 복사나 어느정도 큰 용량의 데이터도 탐색기에서 복사 혹은 이동할 수 있지만, 만일 백업하드 2Tb나 4Tb 등의 대용량 데이터를 탐색기로 복사를 한다면 시간도 수십 시간 걸리고 이렇게 많은 시간 동안 복사를 하다가 에러가 날 수도 있습니다.

이 때 사용할 수 있는 명령어로 인공 지능 카피 명령인 Robocopy 명령이 있습니다.
옛날 도스 시절 복사 명령이 Copy이고요, 디렉토리까지 복사하는 강력한 명령이 Xcopy 였는데요, 오늘날의 윈도우즈 운영체제에서도 사용할 수 있는 초강력한 카피 명령이 바로 로보카피(Robocopy) 명령입니다.

아래는 필자가 예전에 겪었던 내용을 필자의 블로그에 올린 내용인데요 그대로 인용을 하겠습니다.

==아래는 예전 자료입니다.==

어제 아침 이전 새벽에 현재 이 글을 쓰고 있는 컴퓨터가 랜섬웨어 공격을 받아서 필자의 재산 목록 1호인 필자의 수십년 동안 모아둔 쇼핑몰 관련 파일들이 모조리 삭제되었습니다.

돈을 요구하지는 않고 그냥 파일.. 하나의 드라이브의 모든 파일을 삭제를 했는데요, 텍스트 파일 4개만 남겨두고 모조리 삭제를 했습니다.

그래서 어제부터 오늘까지 무려 24시간 이상 복구를 해서 일단 복구는 했습니다. 그러나..

용량이 너무나 크고 파일이 너무나 많기 때문에 파일의 수, 파일의 총 용량 등을 알 수도 없습니다.

위와 같이 몇 시간이 지나도 결과가 나오지 않기 때문입니다.
당연히 탐색기에서 복사는 불가합니다.
조금씩 나누어 복사를 하면 가능하지만, 아마도 백년 정도 걸려야 합니다.
이 때 사용할 수 있는 방법이 도스 명령인 로보카피입니다.

옛날 도스 시절 사용하던 카피 명령은 copy이며 디렉토리까지 몽땅 복사를 하는 강력한 카피 명령이 xcopy입니다.

여기에 최근 더욱 강력한 카피, 인공지능 카피 명령으로 진화를 했는데요, 바로 Robocopy 명령입니다.

여기에 옵션으로 /mir 옵션을 주면 미러 즉, 거울같이 그대로 반사를 하라는 명령으로 다음 화면에 보이는 것과 같이 이유를 불문하고 불문 곡직 원본을 100% 똑같이 복제를 합니다.

위와 같이 로보카피 명령을 사용하기 위해서는 드라이브명을 입력을 해야 하기 때문에 드라이브명을 간단하게 고쳐놓고 실행을 하는 것이 좋으며 필자는 그냥 원본은 폴더명을 01, 그리고 대상 폴더는 02로 정했습니다.

그리고 다음과 같이 실행을 합니다.

위와 같이 [시작] - [cmd] 입력하고 마우스가 가리키는 관리자 권한으로 실행을 클릭하면 위쪽에 보이는 로보카피 화면.. 도스 실행창이 뜹니다.
그러면 다음 명령어를 그대로 입력하고 엔터를 치면 됩니다.

C:\windows/system32〉이곳에 커서가 나타나며 여기까지는 그대로 두고 다음 명령을 입력합니다.

robocopy M:\01 M:\02 /mir

위의 M 드라이브는 필자가 현재 백업 드라이브로 사용하는 4Tb 용량의 외장 하드이고요, 여기에 01, 02 폴더를 만들었고요, 01은 복구한 원본 파일이 들어 있는 경로이고요, 02는 복사본입니다.

이렇게 하는 이유는 필자의 재산목록 1호인 지난 수십년간 모아 둔 필자의 쇼핑몰 관련 데이터 파일들이기 때문에 정리를 해야 하는데요..

복구는 했지만, 디렉토리 구조는 무너졌기 때문에 수백, 수천개의 폴더에 나누어 들어 있던 수백만, 수천만개의 파일들이 모조리 하나의 폴더에 짬뽕으로 복구되었기 때문에 필요한 파일은 [Ctrl + F]명령으로 찾아서 사용해야 하며 제대로 사용할 수 있는 확률은 상당히 희박하고요..

그리고 쓸데없는 파일들도 모조리 복구가 되었기 때문에 쓸데없는 파일들을 삭제하기 위함이고요, 이렇게 쓸데없는 파일들을 삭제하다가 실수로 정상적인 파일을 삭제했을 때 또 다시 복구를 하기 위하여 복제본을 만드는 것입니다.

랜섬웨어..

말만 들었지 필자가 직접 당하고 보니 하늘이 노랗게 보입니다.

이런 일은 비단 필자에게만 일어나는 일이 아닙니다.
컴퓨터 사용자라면 누구나 이런 위험에 노출되어 있고요, 다행히 필자는 아직 재벌이 아니어서 그런지 그나마 돈을 요구하지는 않고 파일만 삭제를 했습니다.

그리고 파일을 삭제하는 것이 아니라 암호를 걸어놓고 돈을 주면 암호를 알려 주겠다는 경우도 있고요, 아래는 또 다른 필자의 경험이고요, 이래 경험담 역시 필자가 예전에 필자의 블로그에 올린 내용을 인용하겠습니다.

==아래는 필자의 블로그에 있는 예전 포스트 내용입니다.==

필자가 요즘 악성 해커로부터 엄청난 시달림을 받고 있습니다.

얼마 전에는 필자의 중요한 자료 거의 대부분을 모조리 삭제를 하였고요, 일부 파일들은 암호를 걸어 놓았습니다.

그리고 어제는 또 중요한 자료를 모조리 삭제를 하고 일부는 일반적인 보통의 방법으로는 절대로 볼 수도 고칠 수도 없게 파일의 속성을 변경해 놓았습니다.

탐색기에서는 아예 보이지 않기 때문에 도스 명령을 사용해야 합니다.

(제어판 - 폴더 설정에서 숨김파일 보이기로 해도 전혀 보이지 않습니다.)

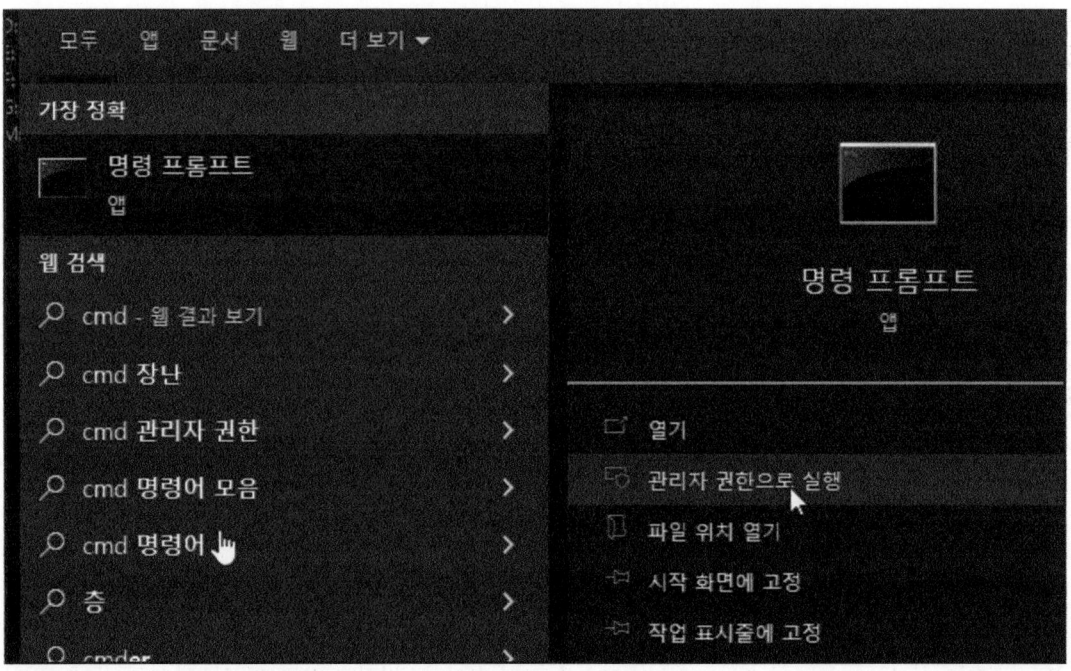

위와 같이 또 다시 [시작] - [CMD] 입력하고 위의 마우스가 가리키는 [관리자 권한으로 실행]을 클릭합니다.

히든 파일, 시스템 파일, 또는 파일의 속성 등을 변경해야 하기 때문에 권한이 부족하면 안 될 수도 있으므로 반드시 관리자 권한으로 실행을 해야 합니다.

지금 문제가 생긴 드라이브는 우측 화면의 마우스가 가리키는 G 드라이브입니다.

탐색기에서는 G 드라이브 안에 있는 파일이나 폴더를 보고 싶어도 보이지 않습니다.

그래서 처음에는 필자가 드라이브를 잘 못 선택 한 것으로 착각을 하기도 했었는데요, 숨김 파일 보기를 해도 전혀 보이지 않습니다.

그래서 도스 명령을 실행해서 확인을 합니다.

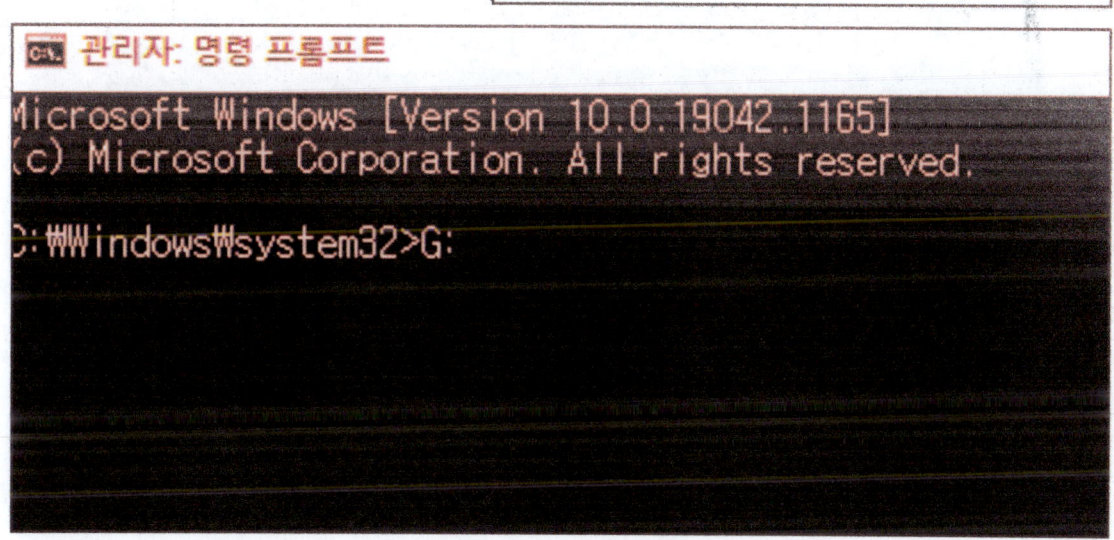

G 드라이브를 보아야 하므로 위와 같이 G: 을 입력하고 엔터를 치면 해당 드라이브로 경로가 이동합니다.

위의 화면에서 그냥 dir 명령만 내려서는 여전히 보이지 않으므로 옵션으로 숨김 파일까지 보이도록 위와 같이 /a를 입력하고 엔터를 치면 일단 드라이브 안에 있는 폴더와 파일들이 보입니다.

그러나 앞의 화면에 보이는 것과 같이 도스 실행창에서는 보이지만, 여전히 탐색기에서는 확인할 수 없습니다.

그래서 다음 프로그램을 사용해서 복구를 했습니다.

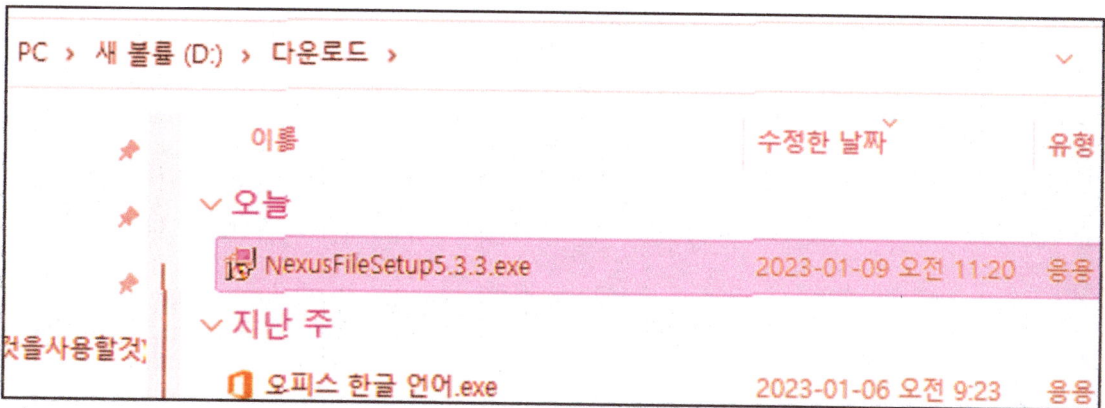

이 파일은, 인터넷창, 웹브라우저 주소표시줄에 '가나출판사.kr' 입력하고 엔터를 쳐서 필자의 홈페이지에 오셔서 [네이버 블로그]를 클릭하여 필자의 블로그에 오셔서 관련 검색어로 검색하시면 아래의 파일 다운로드 링크가 있습니다.

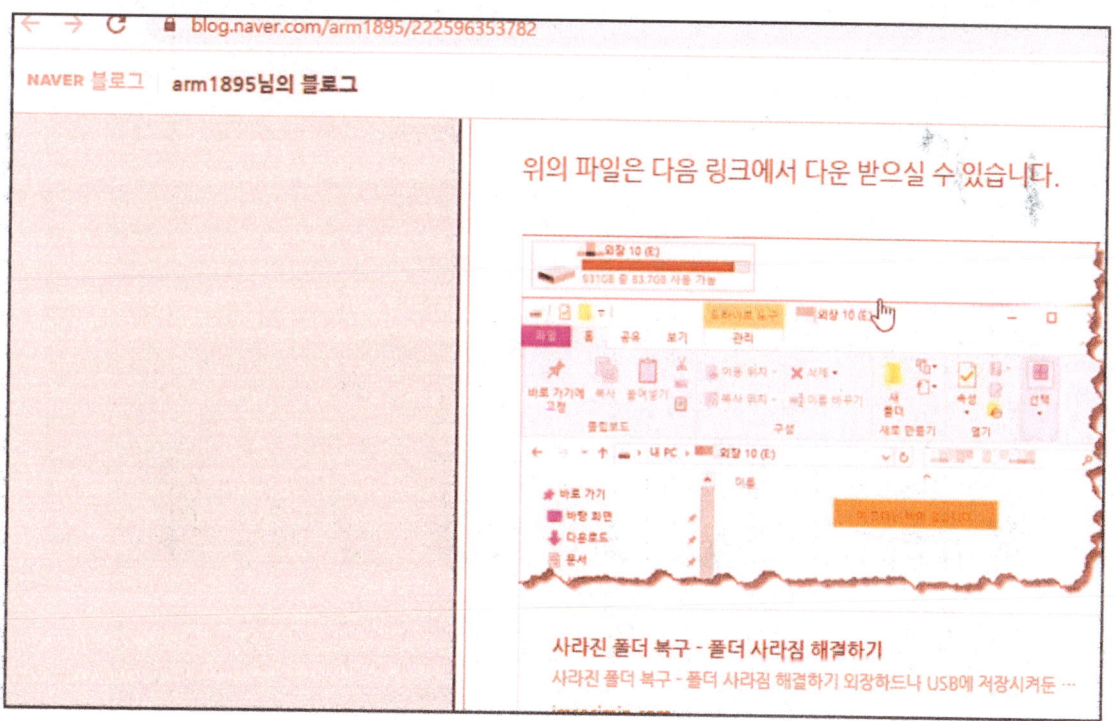

필자의 블로그에서 이 파일을 검색하여 다운 받아서 설치하고 실행을 하면 다음 화면이 나타납니다.

위와 같이 탐색기에서는 보이지 않는 폴더의 좌측을 한 번씩 클릭하면 작은 화살표가 나타나며 이렇게 보이지 않는 폴더들을 모두 선택을 하고 마우스 우측 버튼을 클릭하면 다음 메뉴가 나타납니다.

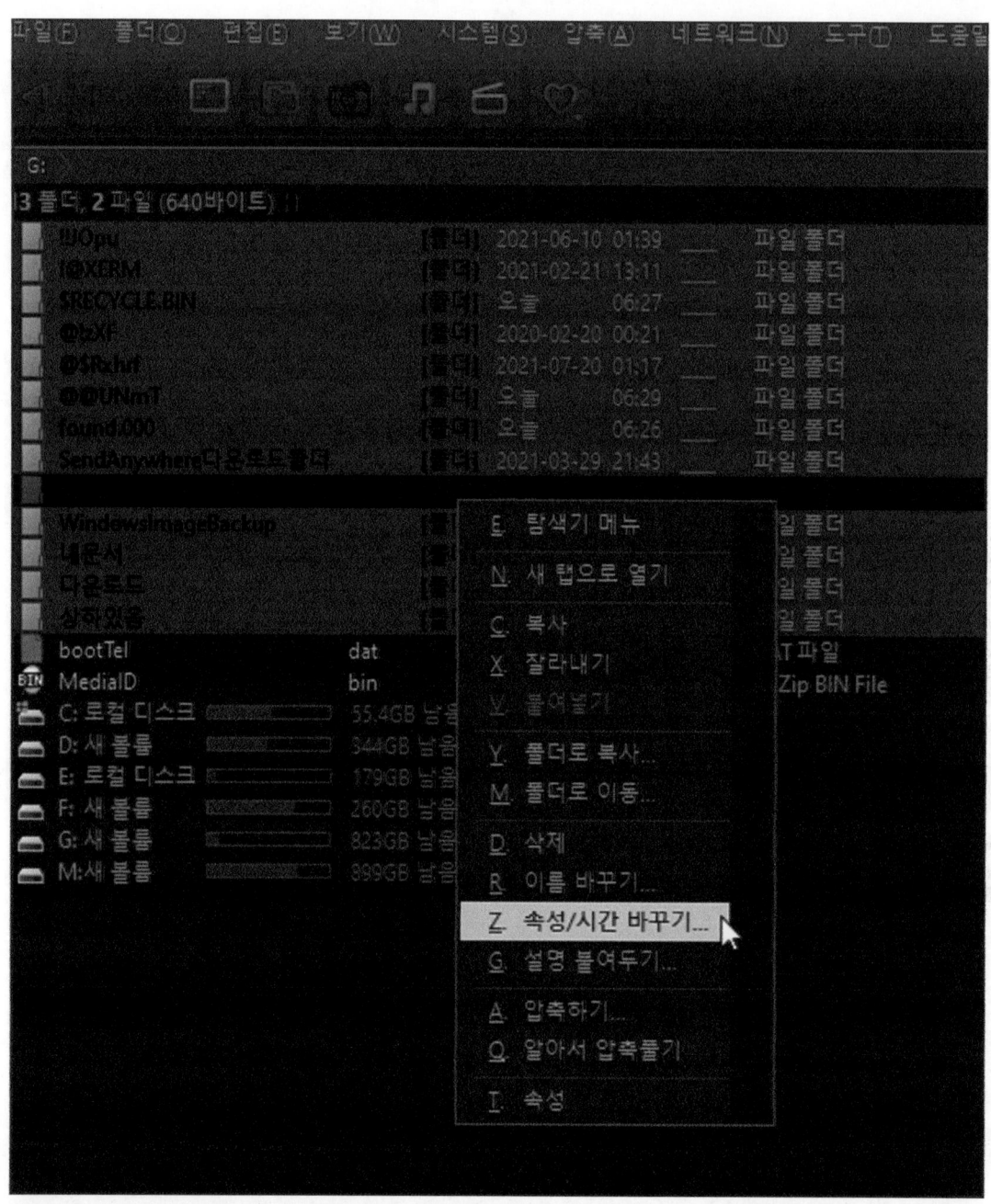

위의 메뉴에서 마우스가 가리키는 [속성/시간 바꾸기]를 클릭하면 다음 화면이 나타납니다.

필자의 경우 우측 화면에서 무척 애를 먹었는데요, 일단 마우스가 가리키는 좌측 [속성]의 체크가 모두 없어야 합니다. 여러 번 반복 시도를 했는데요, [숨김], [시스템], 이렇게 2개의 속성이 좀처럼 해제되지 않아서 애를 먹었는데요, 우측 화면과 같은 상태에서 [확인]을 클릭하면 일단 에러 창이 한 개 뜹니다. 에러창은 그냥 무시하고 그냥 닫으면 탐색기에 일부 안 보이던 폴더들이 나타납니다.

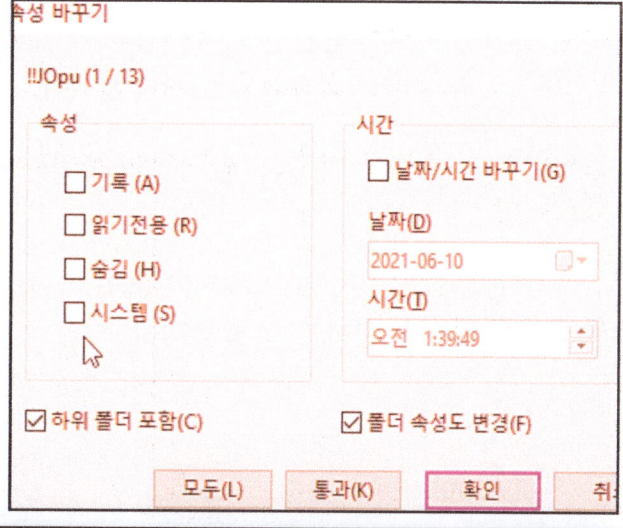

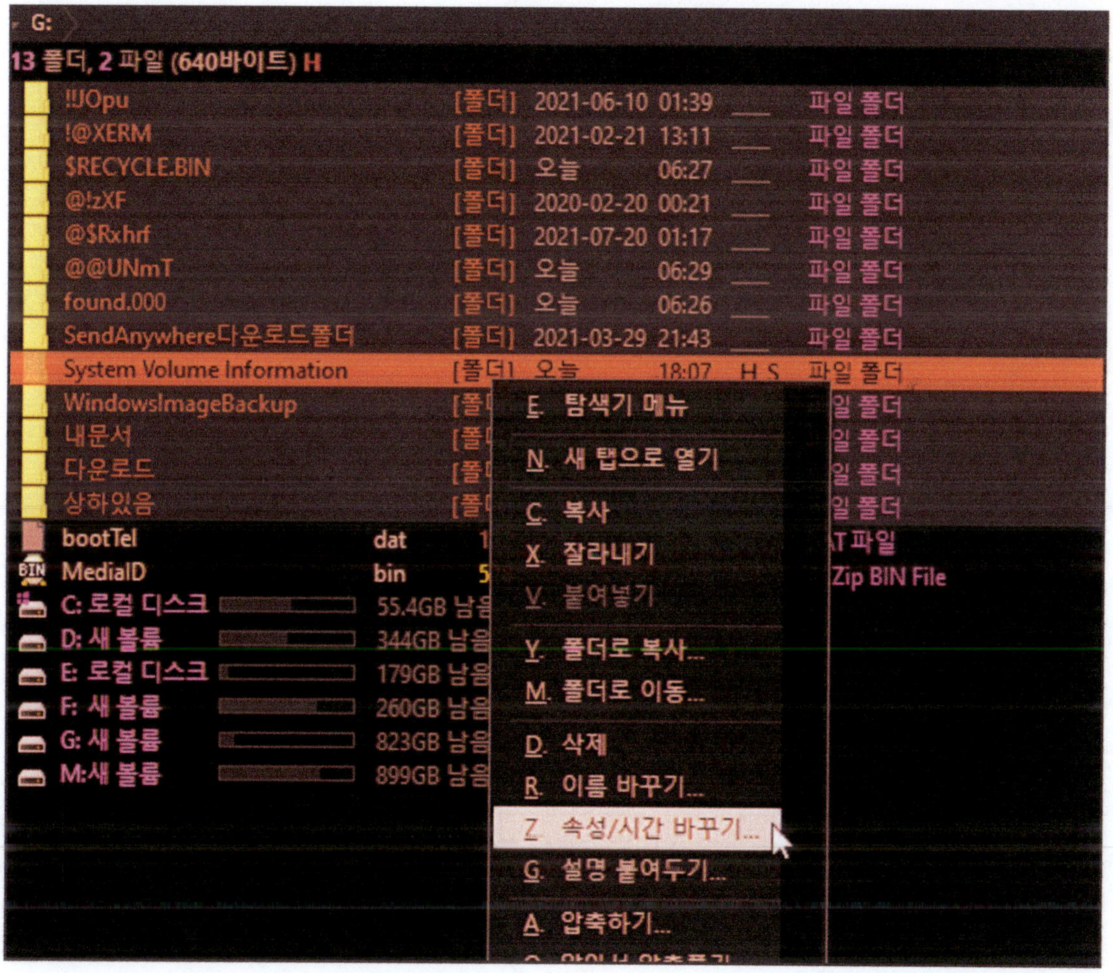

앞의 화면에서 숨김 속성과 시스템 속성이 해제된 폴더들은 탐색기에 나타나며 위의 화면 좌측의 작은 화살표들도 사라집니다.

그러나 필자의 경우 여전히 몇 개씩의 폴더는 해제가 되지 않아서 여러 번 시도를 했습니다.

아마도 필자를 공격한 악성 해커가 이런 방법으로도 해제하지 못하도록 무언가 더욱 강력한 마법을 걸어둔 것 같습니다.

이름	수정한 날짜	유형
!!JOpu	2021-06-10 오전 1:39	파일
!@XERM	2021-02-21 오후 1:11	파일
$RECYCLE.BIN	2021-12-15 오전 6:27	파일
@!zXF	2020-02-20 오전 12:21	파일
@$Rxhrf	2021-07-20 오전 1:17	파일
@@UNmT	2021-12-15 오후 8:09	파일
found.000	2021-12-15 오전 6:26	파일
SendAnywhere다운로드폴더	2021-03-29 오후 9:43	파일
WindowsImageBackup	2020-03-06 오후 12:11	파일
내문서	2021-06-23 오전 1:37	파일
다운로드	2021-07-05 오후 9:36	파일
상하있음	2020-05-03 오전 6:23	파일
MediaID.bin	2020-03-06 오후 12:04	ALZ

필자는 이 방법으로 위와 같이 일단 복구는 했지만, 복구한 파일은 5% 정도 밖에 안 됩니다.

워낙 방대한 자료이기 때문에 5%만 하여도 엄청난 분량이지만, 어차피 필자에게는 별 도움이 안 되기 때문에 악성 해커가 삭제한 파일들을 지금 정밀 검색을 하고 있습니다.

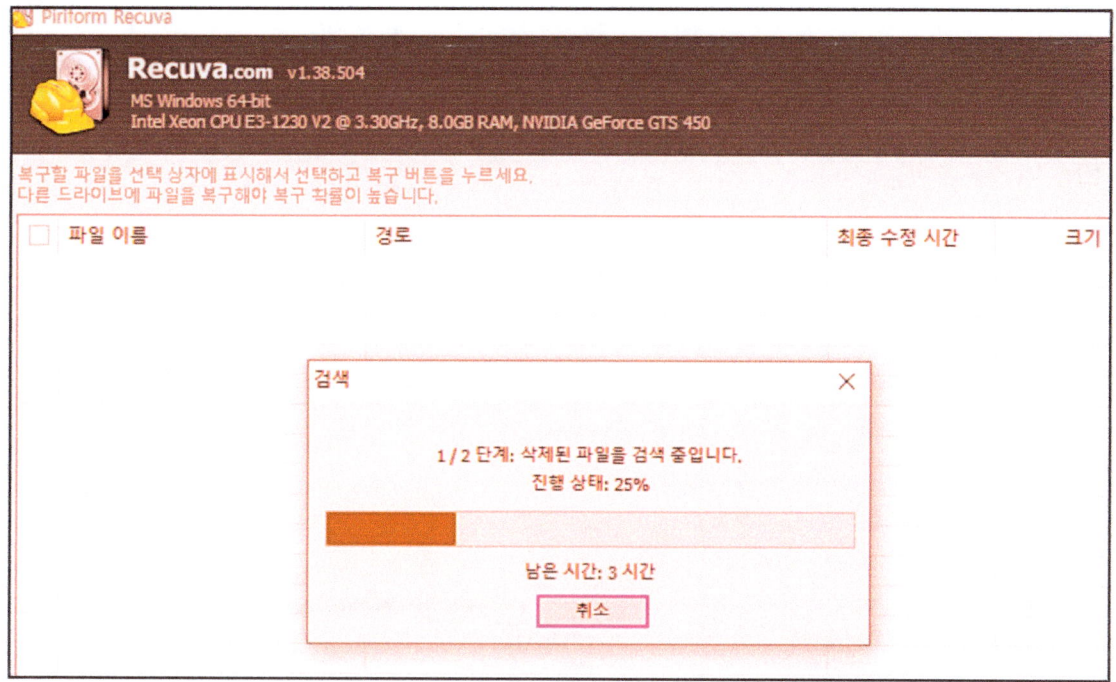

4-11. Recuva(삭제한 파일 복구 프로그램)

실수로 삭제한 파일, 그리고 필자의 경우 위의 화면은 랜섬웨어 공격으로 삭제된 파일을 복구하는 화면이고요, 이렇게 삭제한 파일을 복구하는 프로그램은 여러가지가 있지만, 필자가 사용하는 무료 프로그램인 Recuva 프로그램을 소개합니다.

앞의 화면에 보이는 프로그램이고요, 인터넷창 웹브라우저 주소표시줄에 '가나출판사.kr' 입력하고 엔터를 쳐서 필자의 홈에 오셔서 [네이버 블로그]를 클릭하여 검색어 Recuva 로 검색하시면 해당 파일을 다운로드 하실 수 있는 링크가 있습니다.

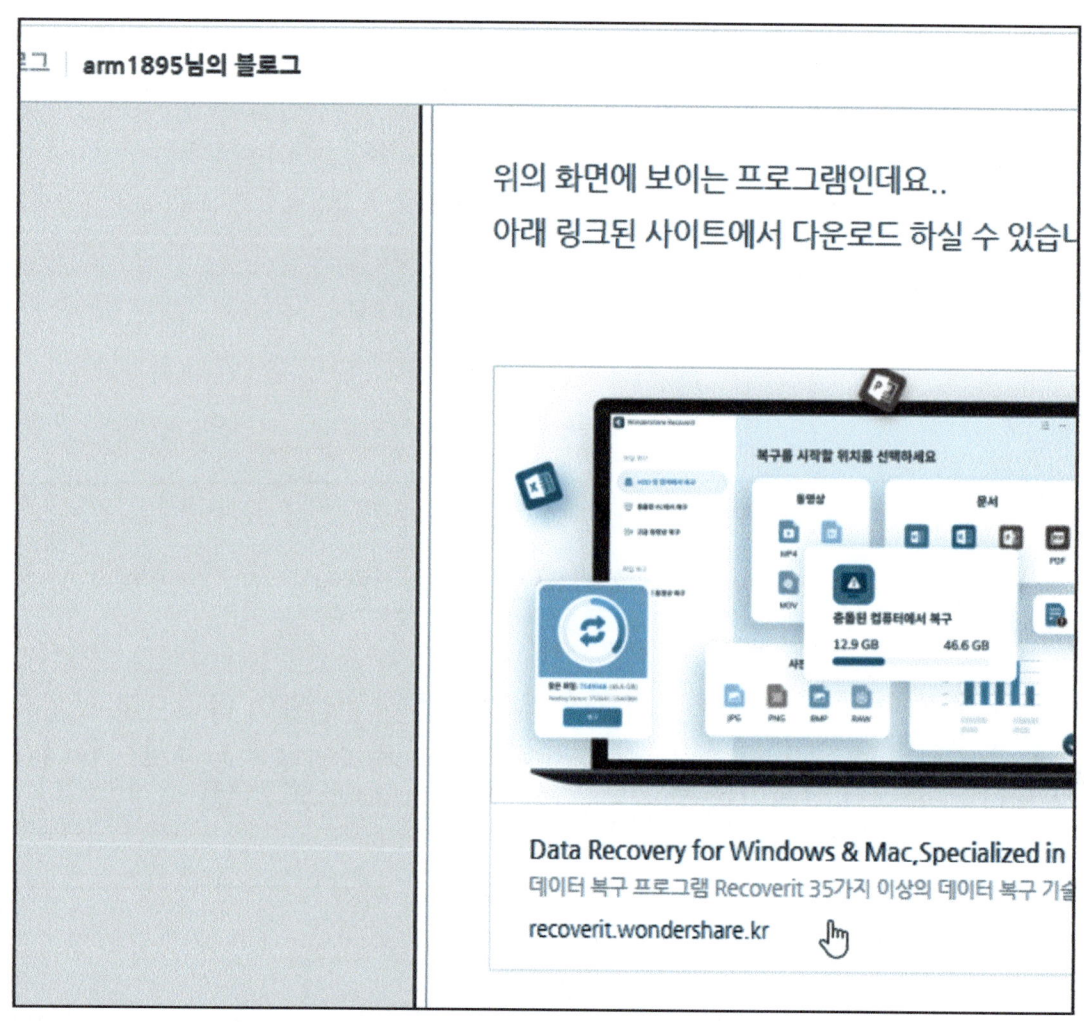

앞 페이지에 보이는 Recuva 파일 목록에서 실행파일(Recuva64.exe - 필자는 64비트 운영체제를 사용하기 때문에 64비트를 선택했고요, 32비트 운영체제를 사용한다면 32비트를 선택해야 합니다.)을 더블클릭하여 실행시키면 다음 창이 열립니다.

Win 11 은 무조건 64비트이므로 당연히 64비트로 실행해야 합니다.

우측 화면에서 [다음]을 클릭하면 아래 창이 열립니다.

우측 화면에서 필자는 [기타 : 모든 파일]을 선택하고 [다음]을 클릭하였습니다.

다음 화면과 같이 삭제한 파일의 경로를 묻는 창이 나타납니다.

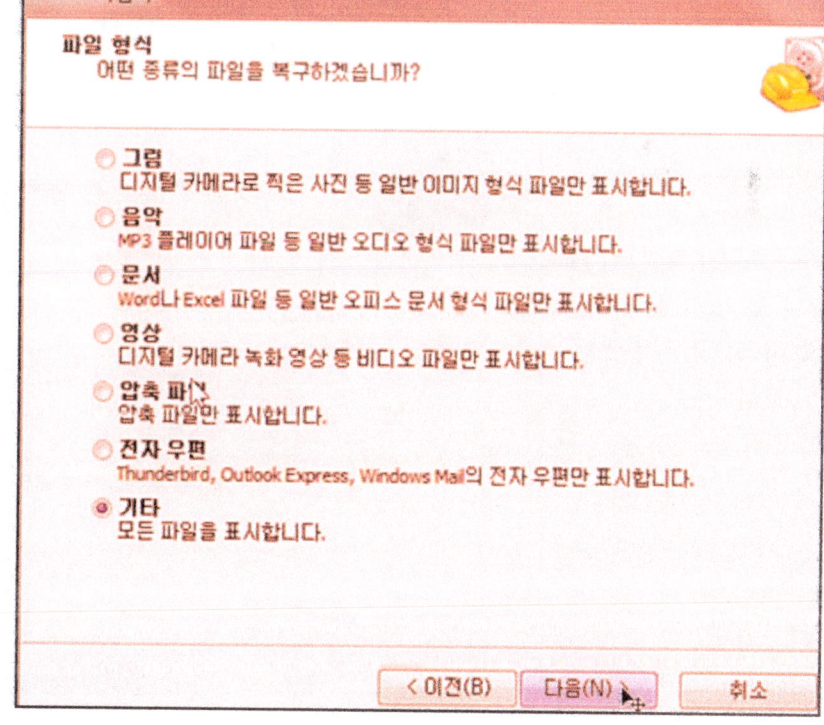

우측 화면에서 방금 삭제한 드라이브와 폴더를 지정하고 [다음]을 클릭하면 다음 창이 열립니다.

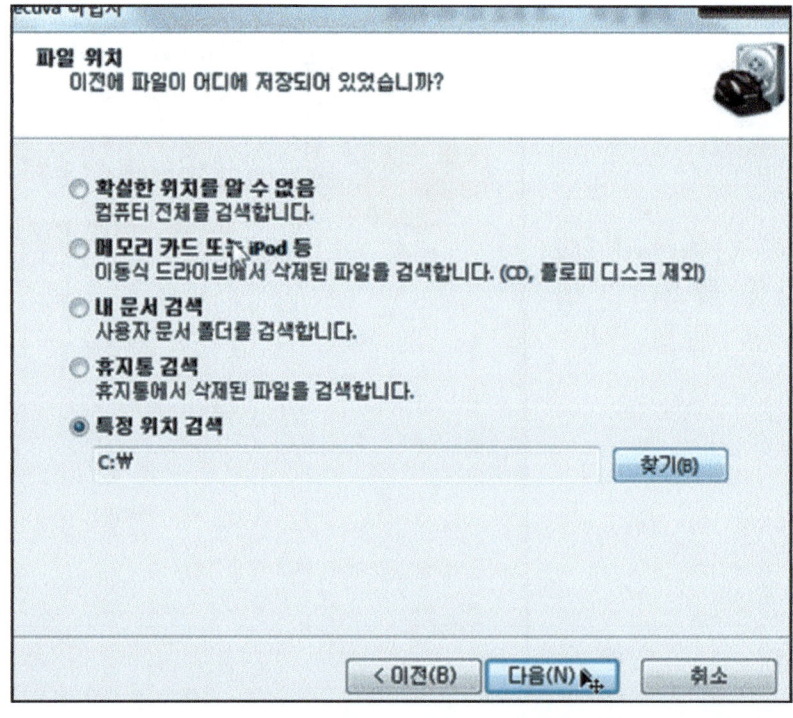

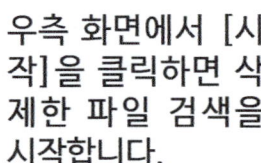
우측 화면에서 [시작]을 클릭하면 삭제한 파일 검색을 시작합니다.

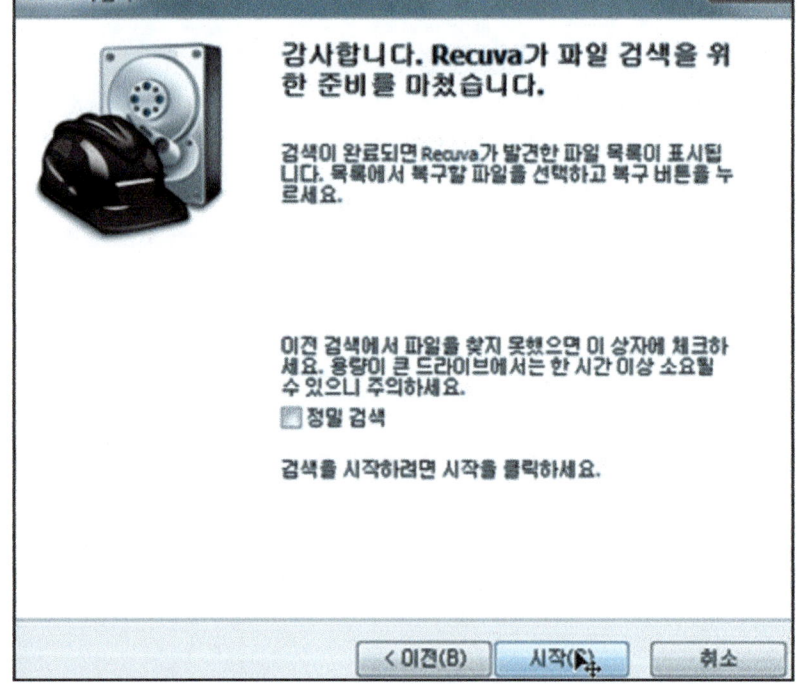

우측 화면에 보이는 것과 같이 진행되며 다음 화면에 보이는 것과 같이 삭제한 파일 목록이 나타납니다.

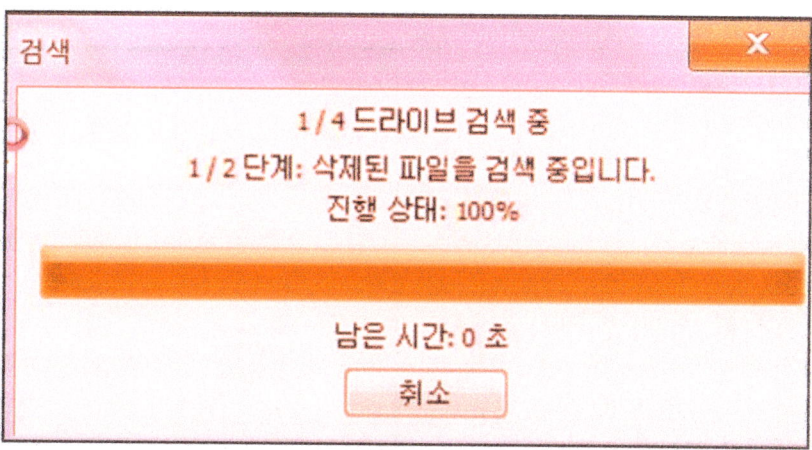

우측 화면에서 복구할 파일의 좌측에 있는 체크 박스에 체크를 하고 복구를 클릭하면 어디에 복구할 것인지 묻는 화면이 나타납니다.

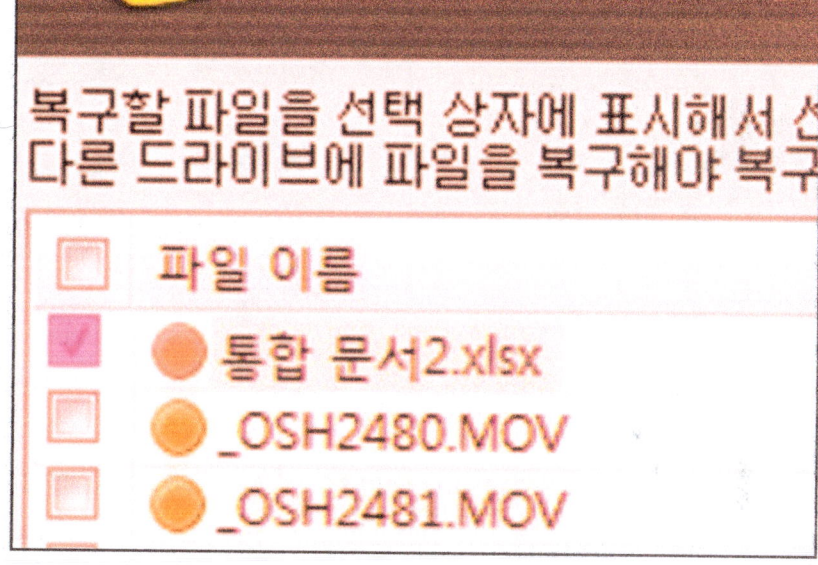

필자는 원래 삭제한 폴더를 지정하였습니다.

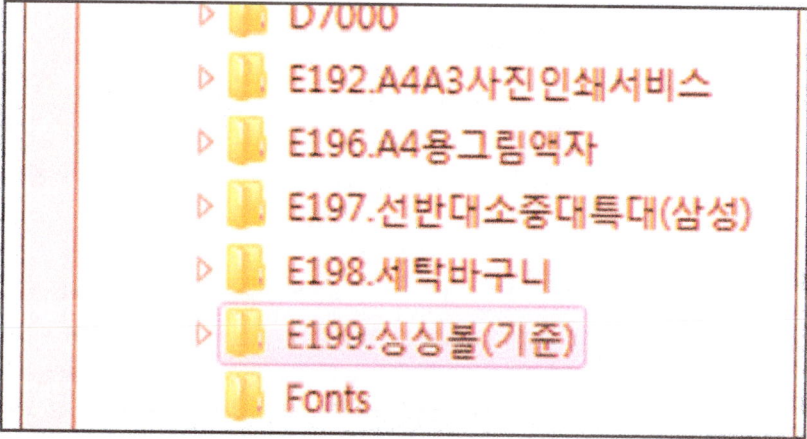

우측 화면에 보이는 것과 같이 삭제한 엑셀 파일이 복구되었습니다.

이 프로그램 초기 화면에서 검색할 때 정밀 검사 옵션을 지정하면 [Shift + Del]키를 눌러서 휴지통에 들어가지 않게 삭제한 파일도 복구할 수 있습니다.

그러나 용량이 큰 드라이브를 지정하고 정말 검사 옵션으로 검색하면 여러 시간이 걸리므로 야간 등 컴퓨터를 사용하지 않는 시간에 실행하는 것이 좋습니다.

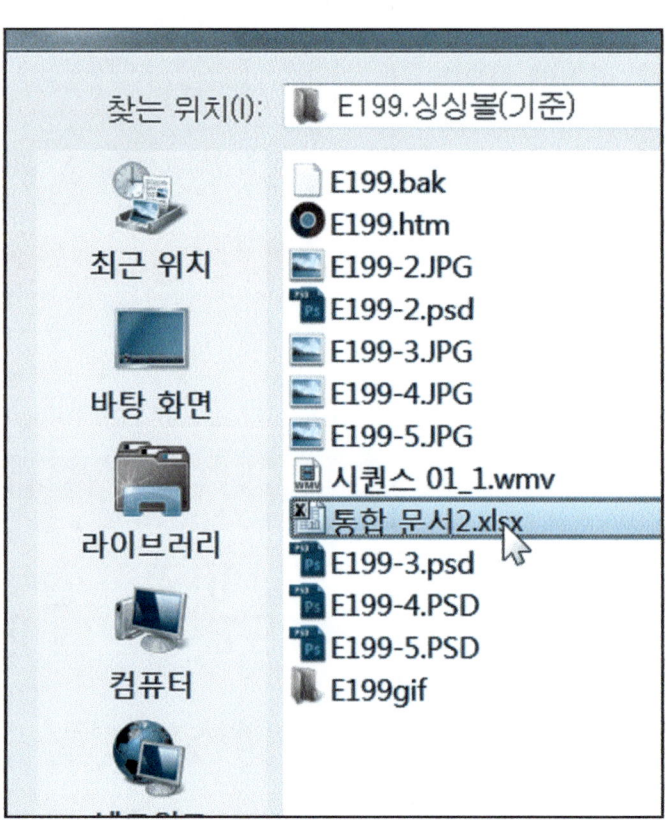

4-12. 글꼴 설치

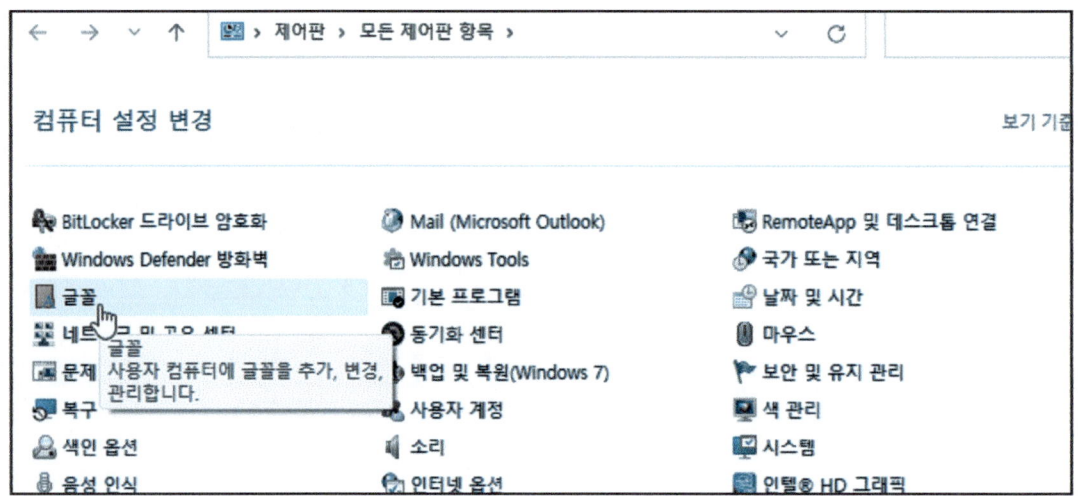

PC에서 사용하는 글꼴은 참으로 많고도 많은데요, 앞의 화면에 보이는 제어판의 글꼴 기능은 사실상 사용하지 않는 기능입니다.

글꼴은 탐색기에서 C:\Windows\font 폴더에 들어가면 볼 수 있습니다.

위는 탐색기의 C:\Windows\font 폴더에 들어간 모습인데요, 윈도우즈에 기본으로 내장된 글꼴만 해도 헤일 수 없이 많고요, 한글 프로그램을 인스톨하면 또 한글과 컴퓨터사의 글꼴들이 헤일 수 없이 추가되고요, 이 밖에도 수 많은 화려한 글꼴들이 있는데요, 필자는 그렇게 멋지고 미려하고 화려한 글꼴은 거의 사용해 본 적이 없습니다.

필자는 사업자이기 때문에 글꼴 사용 문제를 가지고도 빨간 줄이 죽죽 그어진 문서도 여러 번 받았고요, 그래서 필자는 무조건 무료 글꼴, 그 중에서도 네이버에서 개발하여 무료로 배포하는 나눔 글꼴을 주로 사용하며 마포 구청에서 개발하여 역시 무료로 배포하는 마포 글꼴 등 무료 글꼴만을 사용합니다.

그래서 필자가 올리는 포스트 혹은 필자의 [유튜브 채널]에 올린 수 많은 동영상에는 이렇게 무료 글꼴만 사용하기 때문에 화려함이 떨어지는 것이 특색인데요, 필자는 사업자이기 때문에 송사에 휘말리면 골치 아프므로 이렇게 하는 것입니다.

여러분도 혹시 개인이라도 유명 유튜버가 되어 많은 수익이 발생하게 되면 그간 유튜브에 올린 동영상에 상업용 글꼴이 하나라도 들어가 있으면 나중에 엄청난 금액을 물어야 할 수도 있습니다.

따라서 학생이 발표회 등에 사용하는 포스터가 아닌 바에야 가능하면 상업용 글꼴보다는 무료 글꼴을 사용하는 것이 좋습니다.

예를 들어 한글 프로그램, 필자는 옛날에 한글 정품을 구입했고요, 한글과 컴퓨터사가 마이크로 소프트사에 매각될 위기에 놓여 있을 때 나온 한글 8.15 도 정품으로 구입했고요, 또 최근에는 한글 2020 역시 정품으로 구입을 했고요, 이렇게 정품 사용자의 경우 한글 프로그램에 들어 있는 수 많은 글꼴을 마음대로 사용할 수 있지만, 이것은 어디까지나 개인적인 용도에 국한되는 것입니다.

상업용으로 사용하면 안 된다는 얘기입니다.

그래서 필자는 한글 프로그램 정품 사용자이면서도 한글 프로그램에 내장된 수 많은 글꼴들을 사용하지 않고 거의 대부분 네이버에서 무료로 제공하는 나눔 글꼴만을 사용하는 것입니다.

이렇게 네이버에서 무료로 배포하는 나눔 글꼴은 개인은 물론 상업용으로도 무료이기 때문입니다.

필자가 비록 사업자라 하더라도 지금 필자의 [유튜브 채널]에 올린 수 많은 동영상에 한글 폰트가 들어 있어라도 지금은 거의 문제가 되지 않습니다.

문제는 필자가 더욱 유명해져서 구독자가 수십만명에 이르고 유튜브로 큰 수익을 얻게 되면 바로 법적 조치가 따라온다는 점입니다.

그래서 필자는 아예 혹시라도 문제의 소지가 발생할 여지가 있는 상업용 폰트를 사용하지 않고 대부분 네이버에서 무료로 제공하는 나눔 글꼴, 그리고 마포구청에서 무료로 배포하는 마포 글꼴만을 사용합니다.

필자는 이미 여러번 법적 분쟁을 겪었으니까요,..

나눔 글꼴은 네이버에서 무료로 배포하므로 당연히 네이버에서 검색하여 다운 받을 수 있고요, 아쉽게도 나눔 글꼴이 여러가지입니다만, 한꺼번에 모아둔 것은 없습니다.

그래서 필자는 여러 번 검색하여 여러가지 나눔 글꼴을 한꺼번에 모아두고, 글꼴을 설치하는 방법은 이러한 글꼴 파일을 복사를 하여 아까 보았던 C:\Windows\fone 폴더에 넣어주면 됩니다.

그래서 앞에서 제어판의 글꼴 기능은 거의 사용하지 않는 기능이라고 한 것입니다.

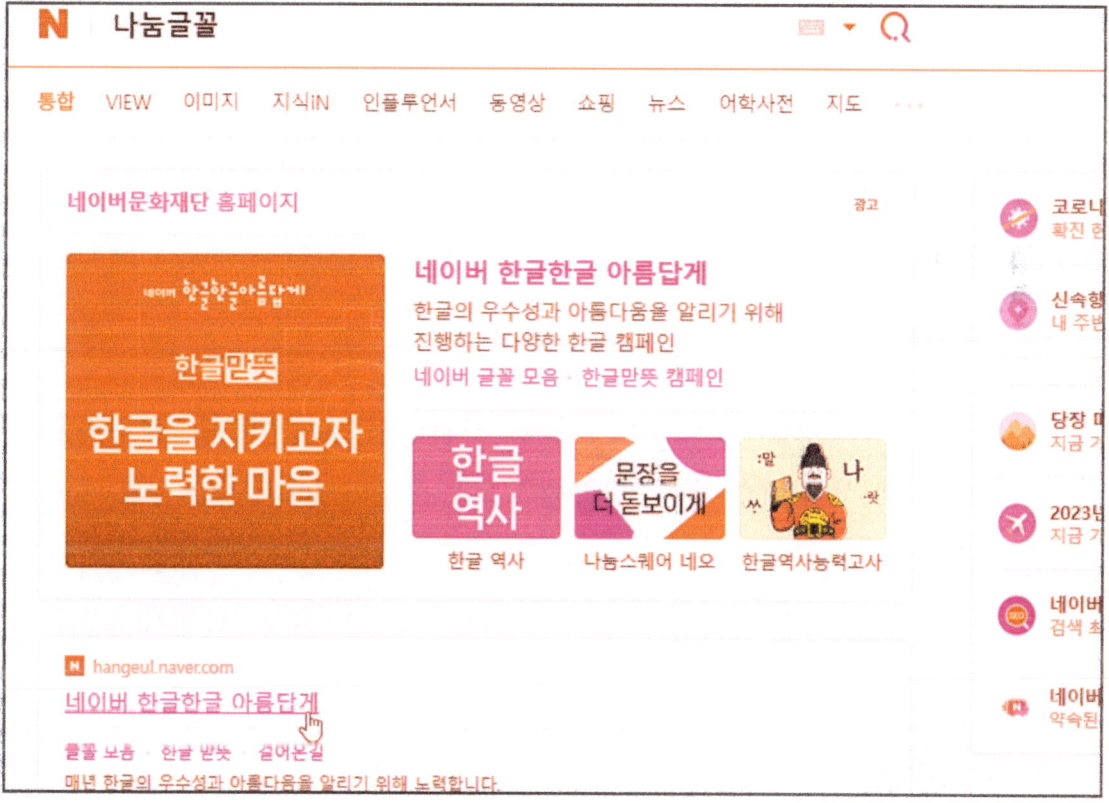

앞의 화면과 같이 네이버에서 나눔 글꼴을 검색하여 앞의 화면 손가락이 가리키는 링크를 클릭하면 다음 화면이 나타납니다.

어라, 지금 보니 위의 화면에 보이는 것과 같이 글꼴 모음이 있네요..

예전에는 이렇게 글꼴 모음이 없어서 일일이 검색하여 하나씩 다운로드를 해서 필자의 경우 나눔 글꼴 폴더를 만들어서 모아두고 사용하는데요, 이제는 위에 보이는 것과 같이 편리하게 한꺼번에 글꼴 모음을 다운로드 할 수 있게 되었습니다.

위의 마우스가 가리키는 [글꼴 모음]을 클릭하면 다음 화면이 나타납니다.

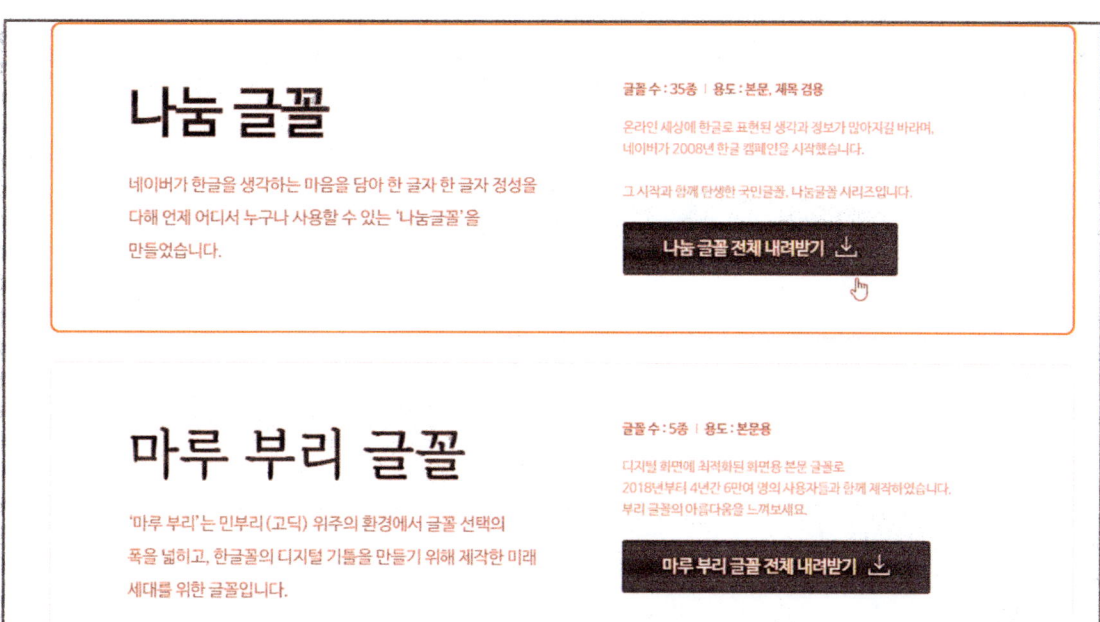

아래는 필자가 따로 받은 파일들을 모아 둔 것인데요, 다음 페이지 설명 보세요.

앞에서 본 네이버의 링크를 클릭하여 다운 받으니 문제가 있네요..
필자와 같이 모든 글꼴이 보이는 것이 아니라 글꼴마다 폴더가 있습니다.

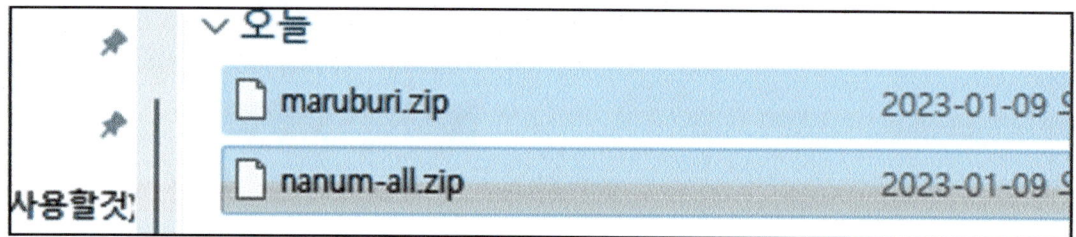

파일을 위와 같이 압축 파일로 다운 되고요, 압축을 풀고 들어가 보면 다음과 같이 되어 있습니다.

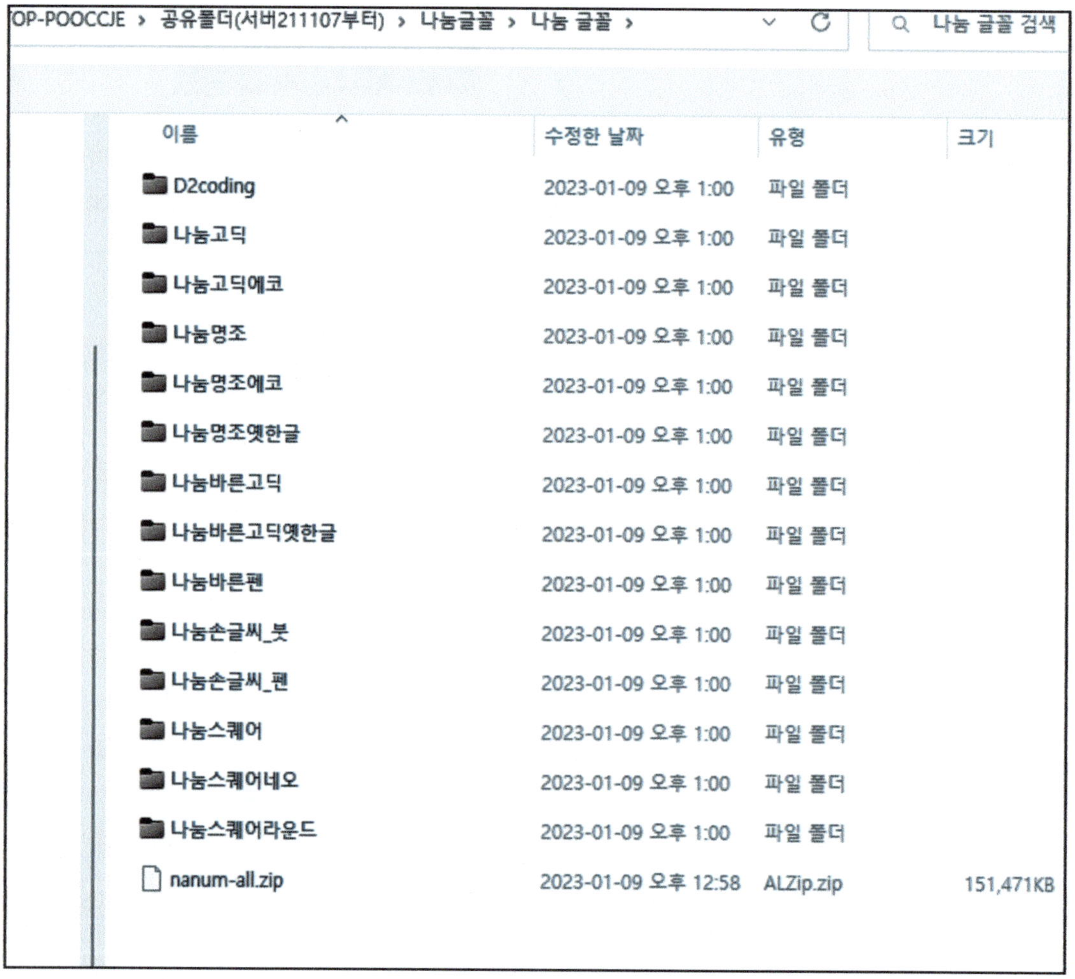

아이구, 필자가 따로 따로 다운 받아서 압축을 풀거나 실행을 하여 만들어 놓은 글꼴 파일들처럼,.. 여러분도 어쩔 수 없이 중노동을 해야 하겠습니다.

다음, 필자가 모아놓은 것과 같이 하나의 폴더에 폰트 파일을 모두 복사해서 모아야 합니다. 시간 참 많이 걸리고 엄청 손이 많이 갑니다만, 어쩔 수 없습니다.

네이버에서 다운 받은 글꼴의 압축을 풀고 각각의 폴더에 들어가서 앞의 화면에 보이는 폰트 파일만 따로 복사를 해서 하나씩 붙여 넣던지,.. 이렇게 하면 그야말로 엄청난 시간이 걸립니다.

그래서 앞의 화면에 보이는 필자의 파일 모음과 같이 폰트 파일만 따로 하나의 폴더에 모아 놓고 한꺼번에 복사를 하여 글꼴을 설치하려는 PC의 C:₩Windows₩Font 폴더에 붙여넣기만 하면 저절로 글꼴이 설치됩니다.

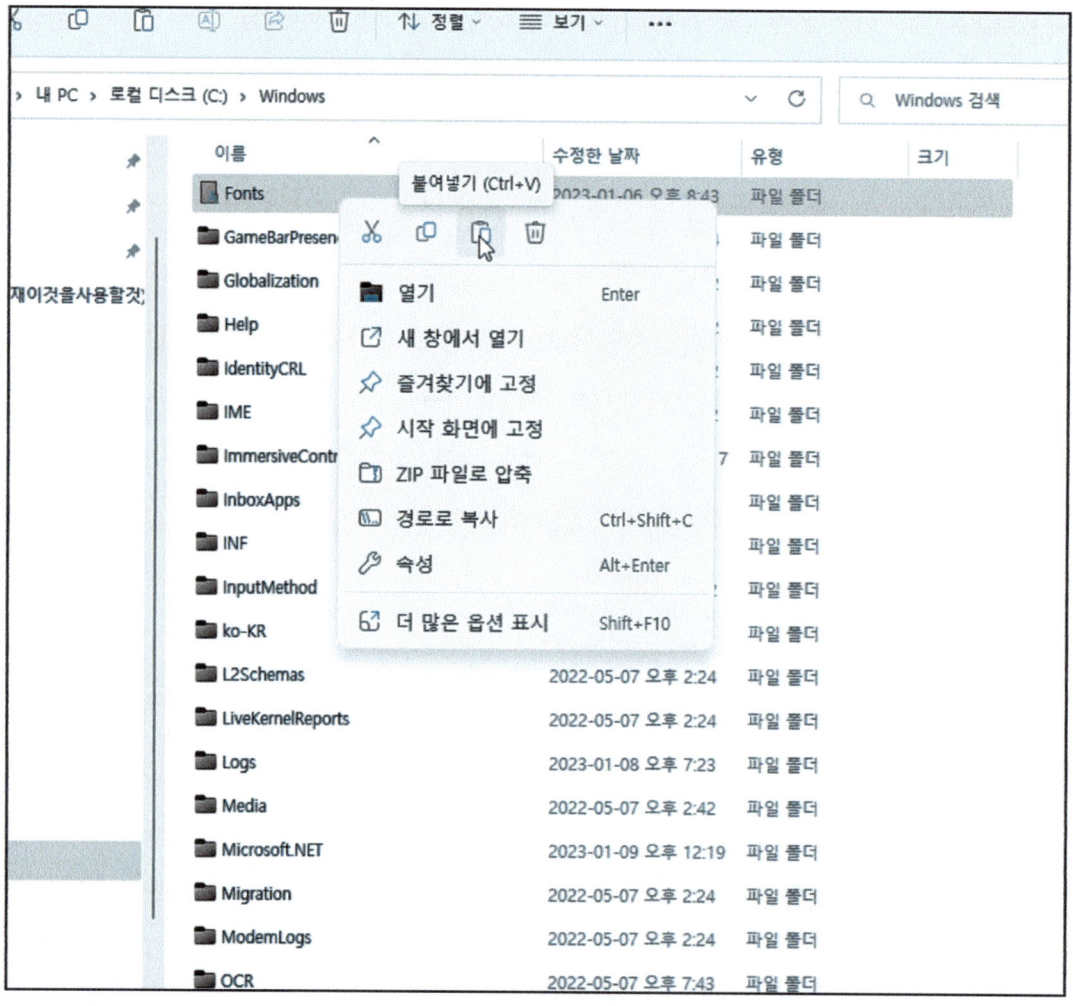

글꼴 설치는 이렇게 하면 되므로 딱히 더 설명할 것이 없습니다.
다만 시간이 많이 걸리고 엄청나게 복잡하다는 것은 각오를 해야 합니다.

이제 한글 프로그램이든 엑셀 프로그램이든 어떠한 응용 프로그램에서도 방금 설치(복사)한 나눔 글꼴이 보입니다.

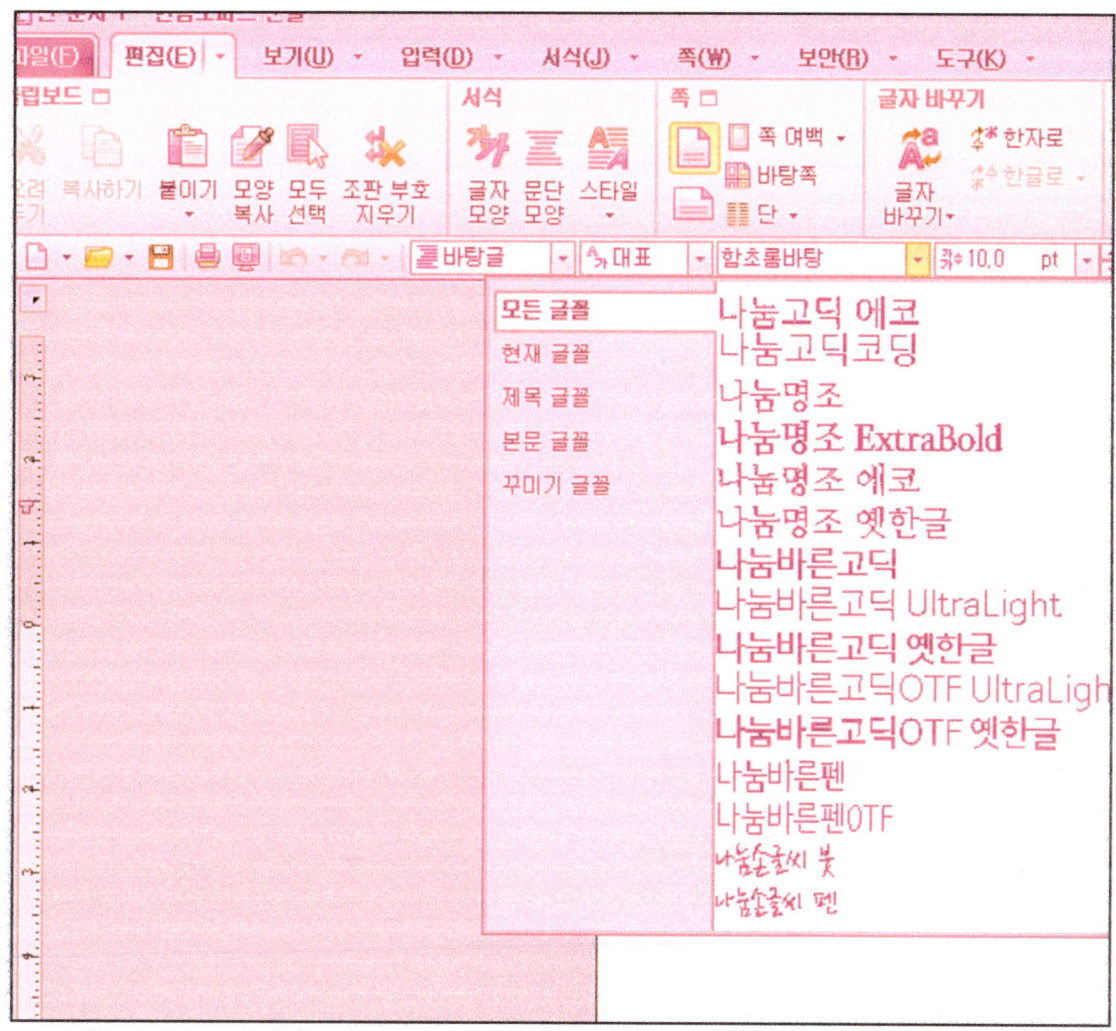

위는 한글 프로그램에서 글꼴을 클릭한 모습이고요, 나눔 글꼴이 보입니다.

다른 프로그램에서도 지금 설치(복사)한 나눔 글꼴을 사용할 수 있고요, 요즘 유튜버를 꿈꾸는 사람들이 많은데요, 유튜버를 꿈꾸는 사람이라면 장차 일어날 수도 있는 분쟁을 피하기 위해서라도 유튜브에 올리는 동영상에는 상업용 폰트를 사용하지 않는 것이 좋습니다.

필자와 같이 아예 나눔 글꼴만 사용하면 전혀 문제될 것이 없습니다.

그래서 필자는 지금 이 책을 쓰고 있는 글꼴도 나눔 글꼴을 사용하는 것이고요, 그래서 화려한 글꼴들은 볼 수 없지만, 필자의 경우 책을 쓰는 것이 직업이며 출판사도 운영하고 있으며 유튜브에 동영상도 엄청나게 많이 올리므로 무조건 나눔 글꼴만 사용하는 것입니다.

4-13. 장치 관리자

필자는 책을 쓰는 것이 직업이고요, 수 많은 책을 쓰고 있습니다만, 이 정도 페이지에 다다르면 마음이 조급해집니다.

더 쓸 내용이 많은데도 불구하고 페이지를 많이 넣으면 책이 두꺼워지고 책이 두꺼워지면 책값이 비싸지고 책값이 비싸지면 잘 안 팔리게 되고,..

그래서 요즘 집필하는 책은 대부분 240페이지를 넘기지 않습니다.
그래서 항상 아쉬운데요, 이 책 역시 마찬가지입니다.

최대한 많은 내용을 다루고 싶지만 모든 것을 다 다룰 수 없으므로 꼭 필요한 내용만 골라서 수록하고 이 책에서 부족한 내용은 필자의 다른 저서들과 마찬가지로 필자의 블로그나 [유튜브 채널]에 동영상 강좌로 올려놓을 것이며 이렇게 따진다면 이 책이 결코 얇은 책이 아닙니다.

이번 단원은 장치 관리자인데요, 사실 제어판에서 장치 관리자는 아주 중요합니다.
그러나 요즘은 윈도우즈 운영체제가 워낙 발달을 해서 사용자는 거의 제어판에 들어갈 일이 없는데요, 과거에는 제어판이 없으면 컴퓨터 사용이 불가할 정도였습니다.

지금도 물론 대부분 자동으로 드라이버가 잡히지만, 간혹 최신의 운영체제에서도 장치가 설치되지 않는 등의 문제가 발생하면 가장 먼저 제어판의 장치 관리자에 들어가 보아야 합니다.

제어판의 장치 관리자는 시스템에 설치되어 있는 모든 부품이 총 망라되어 있으며 충돌 혹은 드라이버 미 설치 등으로 작동 불가 장치는 표시가 되어 있습니다.

4-14. USB 인식 불가 [장치 관리자]에서 해결하기

앞에서 잠깐 설명했습니다만, 요즘은 윈도우즈 운영체제에서 대부분 완전 자동으로 PNP(Plug And Play) 기능이 작동하여 사용자는 운영체제만 설치하면 자동으로 그래픽 드라이버 잡혀서 모니터 화면 정상으로 나오며 특별한 문제가 없는한 스피커에서 소리도 저절로 나옵니다.

마우스 역시 자동으로 드라이버가 잡혀서 저절로 마우스를 사용할 수 있고요, 이 모든 것이 옛날에는 일일이 드라이버를 띄워야 했습니다만, 요즘은 너무나 편리한 세상입니다.

그러나 제어판의 장치 관리자는 요즘 최신의 운영체제라도 USB 드라이브를 인식하지 못하는 문제가 있어서 필자가 얼마 전에 제어판에서 해결하는 내용을 필자의 블로그 및 필자의 [유튜브 채널]에 동영상으로 만들어서 올리기도 했는데요, 지금 이 단원에서 인식이 안 되는 USB 드라이버를 인식되게 하는 방법을 알아보도록 하겠습니다.

[시작] - [제어판] - [장치 관리자]를 클릭하면 다음 화면이 나타납니다.

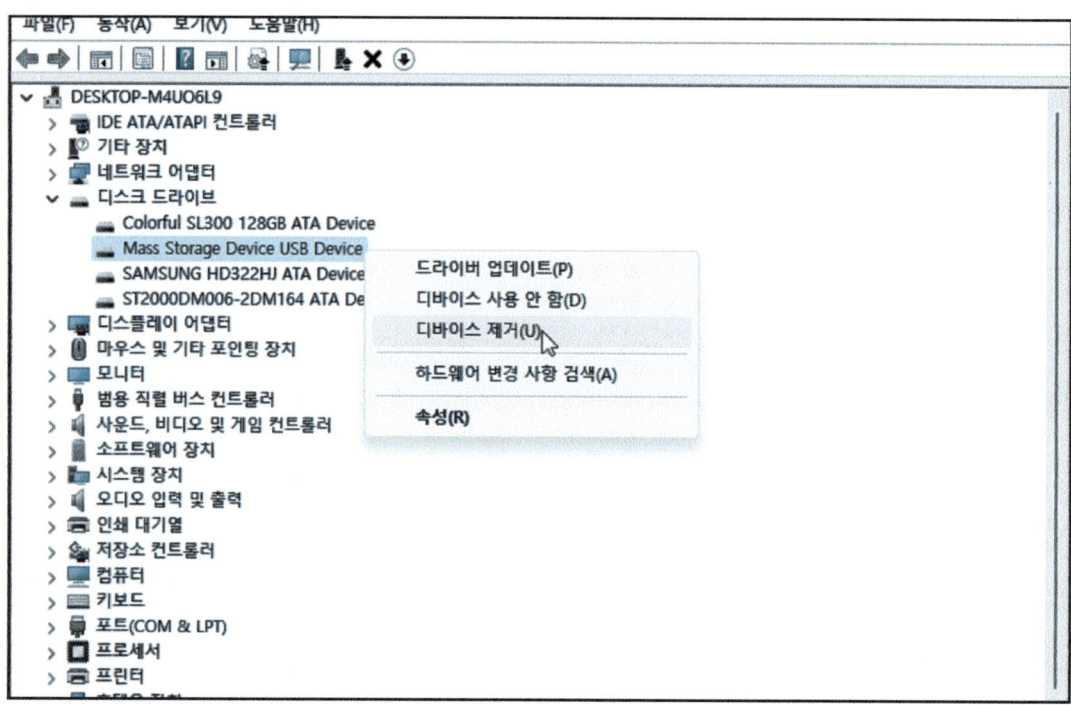

위의 화면에는 시스템에 설치된 모든 장치에 관한 정보가 나타나는데요, 장치 앞에 빨간 표시나 느낌표 혹은 물음표 등이 달려 있으면 그 장치에 문제가 있다는 뜻이고요, 지금은 USB 드라이브를 USB 포트에 꽂았는데 탐색기에도 나타나지 않고 디스크 관리 화면에도 나타나지 않을 때의 조치법입니다.

USB 포트자체가 인식이 안 된다면 위의 장치 관리자에 해당 포트에 빨갛거나 노랗거나 느낌표이거나 물음표 표식이 나타나며 위에 보이는 것과 같이 이러한 표식이 없으면 USB 포트 자체는 이상이 없는 것이고요, 인식이 안 되는 USB 드라이브가 문제입니다.

필자의 경우 이 책을 집필하기 전에 Win 11을 무려 20번 이상 설치를 시도하여 모두 실패를 하고 마지막에 성공하여 지금 이 책을 쓰고 있는 것이고요, 이 과정에서 해당 USB 드라이브가 무언가 잘 못 되어 탐색기에도 나타나지 않고 디스크 관리 화면에도 나타나지 않는 증상이 나타났고요, 이런 사고는 대개 USB를 그냥 덥석 잡아 빼기 때문에 나타나는 증상이고요, 그래서 USB를 뺄 때는 하드웨어 안전하게 제거를 하고 빼야 합니다.

바탕 화면 우측 하단 시스템 트레이를 클릭하면 우측과 같이 나타나야 하고요, 우측 화면 마우스가 가리키는 아이콘에 마우스를 가져가면 우측과 같이 하드웨어 안전하게 제거.. 메시지가 나타나며 USB를 뺄 때는 우측 메뉴에서 [Mass Storage Device 꺼내기]를 클릭하여, '이제 안전하게 제거해도 됩니다.' 라는 메시지를 확인하고 빼야 합니다.

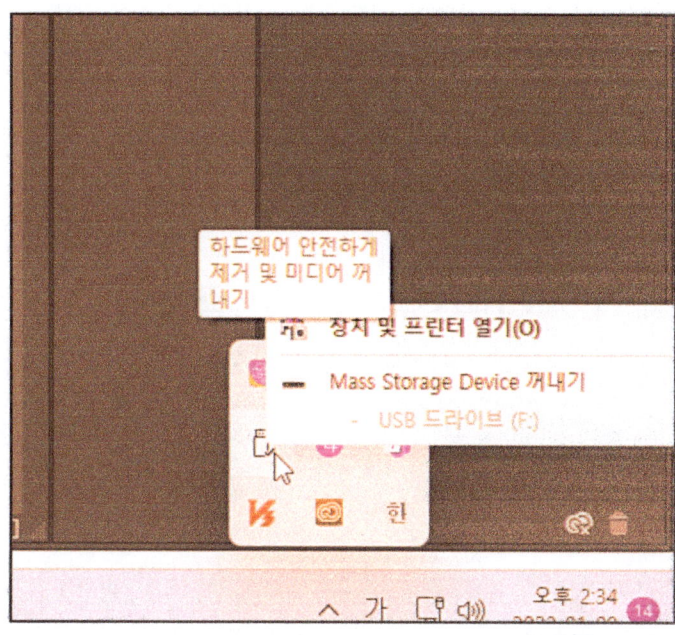

위의 설명과 같이 해야 하는데, 필자가 Win 11을 무려 20번 이상 설치하면서 너무나도 실망하고 절망하여 그냥 마구 잡아 뺐더니 USB 디스크를 탐색기에서도 인식하지 못하고 디스크 관리에도 나타나지 않았던 것이고요, 이 경우 앞쪽의 장치 관리자 화면에서 [Msss Storage Device USB..]를 선택하고 마우스 우클릭하여 앞의 장치 관리자 화면 마우스가 가리키는 [디바이스 제거]를 클릭합니다.

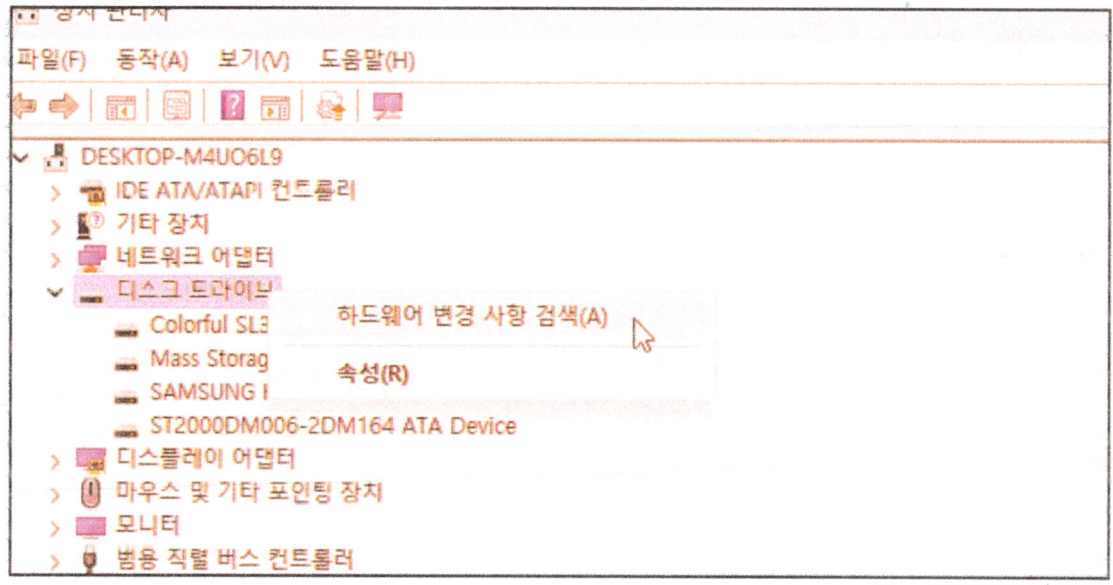

그리고 나서 이번에는 앞의 화면에 보이는 것과 같이 장치 관리자에서 디스크 드라이브를 선택하고 앞의 장치 관리자 화면 마우스가 가리키는 [하드웨어 변경 사항 검색]을 클릭하면 탐색기에 나타나지 않고, 디스크 관리에도 나타나지 않던 USB 드라이브가 보이게 됩니다.

4-15. Chkdsk, 디스크 검사

이렇게 어렵게 인식시킨 드라이브는 곧 검사를 하는 것이 좋은데요, 윈도우즈에서도 검사를 할 수 있지만, CMD창에서 Chkdsk를 실행하는 것이 훨씬 강력한 검사가 진행됩니다.

먼저 윈도우즈에서 디스크 검사를 하는 방법입니다.
가장 쉬운 방법은 탐색기에서 실행하는 것입니다.

우측 화면 참조하여 탐색기에서 검사하고자 하는 드라이브를 선택하고 마우스 우클릭하여 나타나는 부 메뉴에서 [속성]을 클릭하면 다음 화면이 나타납니다.

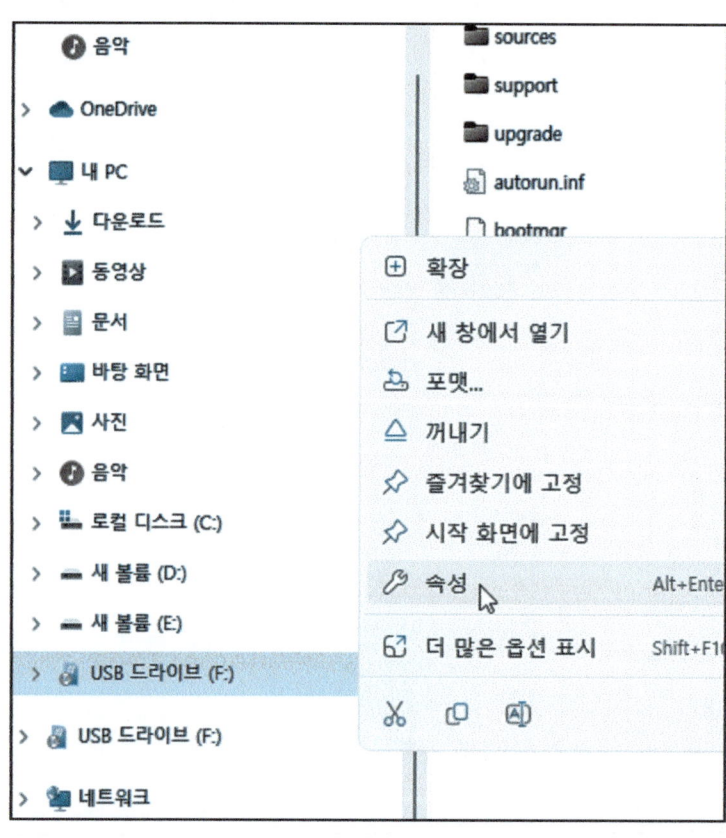

우측 화면 상단 메뉴에서 [도구]탭을 클릭하고 우측 화면 마우스가 가리키는 [검사]를 클릭하면 다음 화면이 나타납니다.

아래 화면은 지금 이 책에서 보여드리기 위하여 실행한 것인데요, 현재 디스크에는 문제가 없기 때문에 검사를 할 필요가 없다고 나옵니다.

만일 오류가 있다면 검사를 합니다.

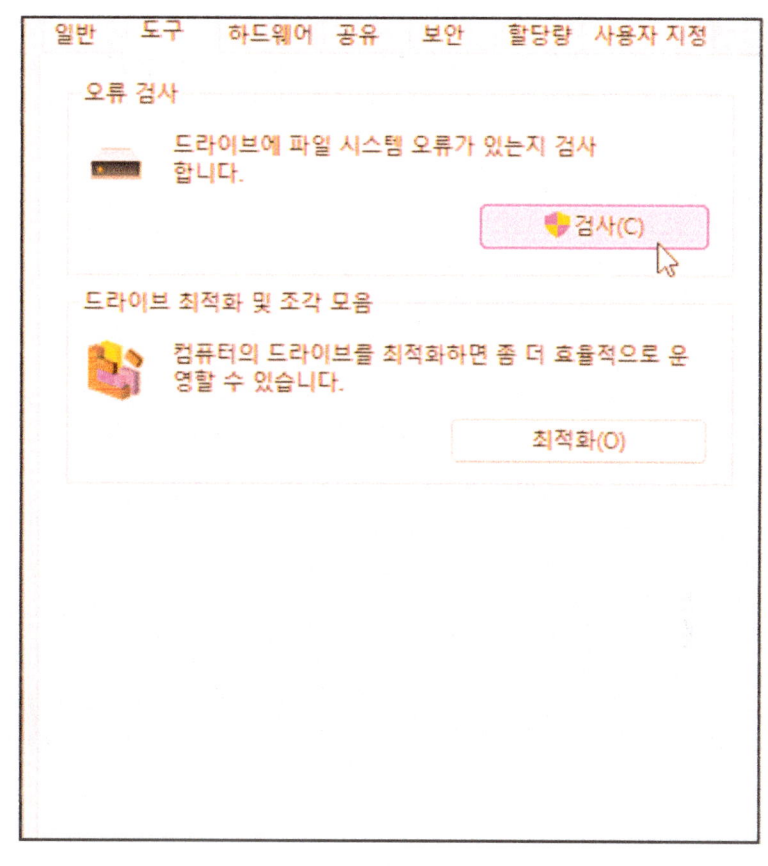

만일 오류가 있으면 아래 화면에 오류가 있다고 나오며 드라이브 검사 및 복구를 클릭하면 검사를 하면서 오류가 있으면 자동으로 복구합니다.

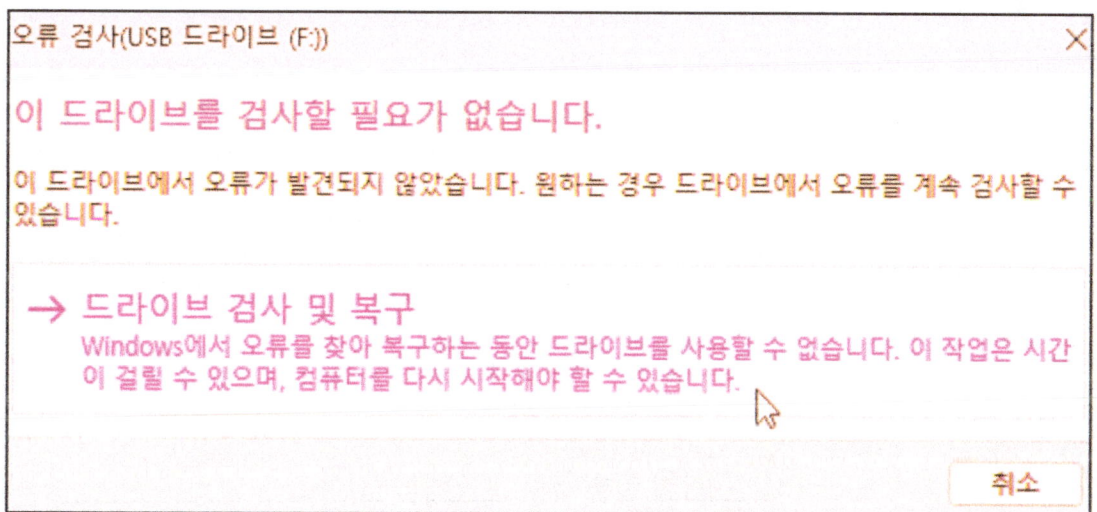

요즘은 하드웨어 기술들이 발달하여 웬만하면 오류가 나지 않지만, 아까 설명한 것과 같이 USB 디스크를 하드웨어 안전하게 제거하기를 실행하지 않고 그냥 마구 빼면 오류가 생길 수가 있습니다.

또한 HDD 역시 요즘은 웬만해서는 고장이 나지 않습니다만, 아무래도 10년 쯤 사용하면 조금씩 문제가 생기기 시작합니다.

이 경우 전문적인 HDD복구 유틸리티를 사용하기도 하며 옛날에는 시만텍사의 노턴 유틸리티가 디스크 관리의 대명사였고요, 노턴 유틸리티의 디스크 닥터는 참으로 유명한 프로그램이었습니다.

그러나 이런 전문 유틸리티를 사용하지 않더라도 앞에서 설명한 윈도우즈 탐색기에서의 디스크 검사 그리고 더 강력하게 검사를 하고 싶으면 CMD 창을 띄우고 Chkdsk를 실행시키는 것입니다.

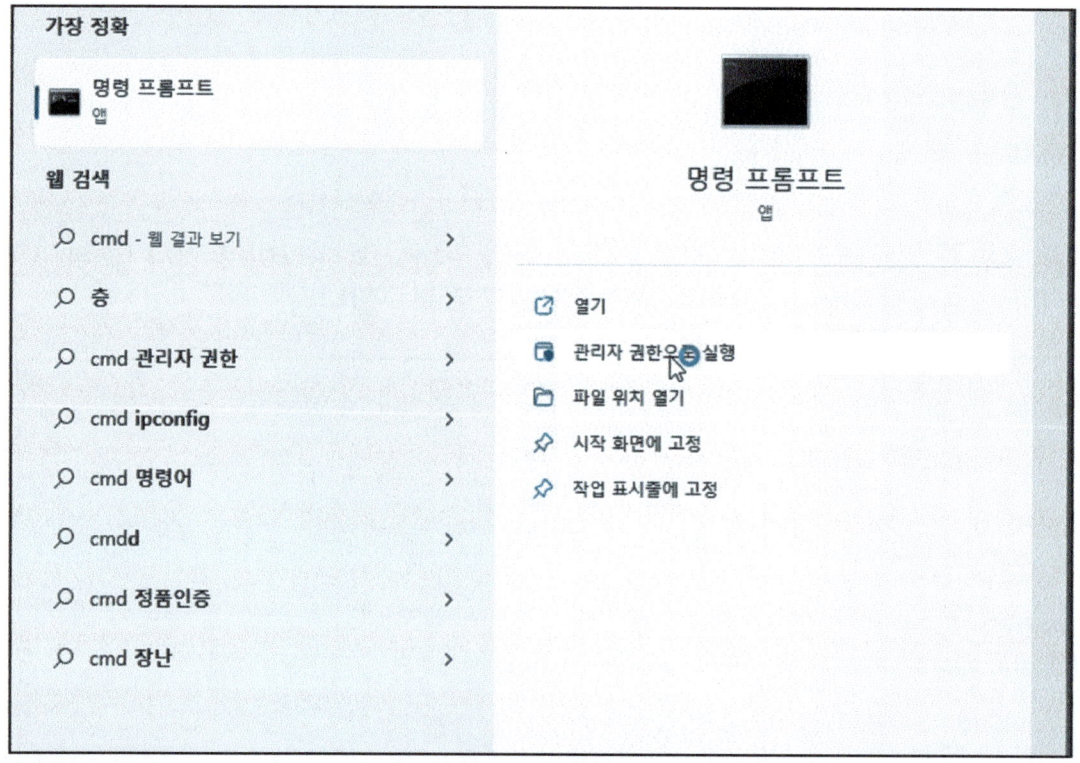

CMD 명령은 시스템 파일이고 뭐고 무자비하기 때문에 위와 같이 [시작] - [cmd] - [관리자 권한으로 실행]을 클릭해서 실행해야 합니다.

```
관리자: 명령 프롬프트

Microsoft Windows [Version 10.0.22621.525]
(c) Microsoft Corporation. All rights reserved.

C:\Windows\System32>chkdsk /?
```

도스 명령은 위와 같이 명령어 뒤에 /? 입력하고 엔터를 치면 아래 화면에 보이는 것과 같이 옵션과 사용 방법이 주르륵 나타납니다.

```
Microsoft Windows [Version 10.0.22621.525]
(c) Microsoft Corporation. All rights reserved.

C:\Windows\System32>chkdsk /?
디스크를 검사하고 상태를 화면에 표시합니다.

CHKDSK [볼륨[[경로]파일 이름]]] [/F] [/V] [/R] [/X] [/I] [/C] [/L[:크기]] [/B] [/scan] [/spotfix]

  볼륨            검사할 탑재 지점이나 볼륨 이름, 드라이브 문자를
                  ":"을 포함하여 지정합니다.
  파일 이름       FAT/FAT32 전용: 조각을 검사할 파일을
                  지정합니다.
  /F              디스크에 있는 오류를 고칩니다.
  /V              FAT/FAT32: 디스크에 있는 모든 파일의
                  전체 경로와 이름을 표시합니다.
                  NTFS: 정리 메시지를 표시합니다(있는 경우).
  /R              손상된 섹터를 찾아서 읽을 수 있는 정보를 복구합니다.
                  (/scan이 지정되지 않은 경우 /F 함축)
  /L:크기         NTFS에만 해당: 로그 파일 크기를 지정한 킬로바이트 수로
                  변경합니다. 크기가 지정되지 않은 경우 현재 크기를
                  표시합니다.
  /X              필요한 경우 먼저 볼륨을 강제로 분리합니다.
                  볼륨에 대해 열려 있는 모든 핸들이 유효하지 않게 됩니다.
                  (/F 함축)
  /I              NTFS에만 해당: 인덱스 항목을 덜 철저하게
                  검사합니다.
  /C              NTFS에만 해당: 폴더 구조 내에서 주기 검사를
                  건너뜁니다.
  /B              NTFS에만 해당: 볼륨에 있는 손상된 클러스터를 다시 평가합니다.
                  (/R 함축)
  /scan           NTFS에만 해당: 볼륨에서 온라인 검사를 실행합니다.
  /forceofflinefix NTFS에만 해당: ("/scan"과 함께 사용해야 함)
                  모든 온라인 복구를 무시합니다. 찾은 모든 결함은
                  오프라인 복구를 위해 대기됩니다(예: "chkdsk /spotfix").
  /perf           NTFS에만 해당: ("/scan"과 함께 사용해야 함)
                  검사를 최대한 빨리 완료하기 위해 시스템 리소스를
                  더 많이 사용합니다. 이로 인해 시스템에서 실행 중인 다른
                  작업의 성능이 저하될 수 있습니다.
  /spotfix        NTFS에만 해당: 볼륨에서 지점 수정을 실행합니다.
  /sdcleanup      NTFS에만 해당: 필요 없는 보안 설명자 데이터의 가비지 수집을
                  수행합니다.(/F 함축)
  /offlinescanandfix 볼륨에서 오프라인 검사 및 수정을 실행합니다.
  /freeorphanedchains FAT/FAT32/exFAT에만 해당: 해당 콘텐츠를 복구하는 대신 분리된
                  클러스터 체인을 해제합니다.
```

앞의 화면에 보이는 것과 같이 해당 명령의 사용법 및 옵션이 주욱 나타나는데요, 문제는 도스를 사용해 보지 않은 사람은 무슨 뜻인지 이해할 수 없다는데 있습니다.

요즘은 도스를 사용하는 시대가 아니므로 도스 설명은 생략하고요, 여기서는 단지 강력한 디스크 검사 명령인 체크디스크 명령만 사용해 보겠습니다.

chkdsk / 뒤에 붙은 옵션은 매우 많습니다만, 몇 개만 사용하면 됩니다.

앞의 화면을 보면 f 는 디스크 오류를 고친다고 되어 있습니다.
그리고 r 은 손상된 섹터를 찾아서 읽을 수 있는 정보를 복구한다고 되어 있습니다.
c는 폴더 구조 내에서 주기검사를 건너 뜁니다. NTFS만 해당 됩니다만, 요즘은 대부분 NTFS 파일 포맷을 사용하며 이 옵션을 넣으면 디스크 검사 시간이 대폭 단축됩니다.

이 정도만 알면 되고요, 따라서 다음과 같이 명령을 내리면 됩니다.

chkdsk F: /f/r/c 엔터

현재 USB에 꽂혀 있는 드라이브가 F 드라이브이고요, F 드라이브를 검사하되 대충 디스크 오류를 고쳐라.. 이런 뜻입니다.
이렇게 명령을 내리면 다음과 같이 실행됩니다.

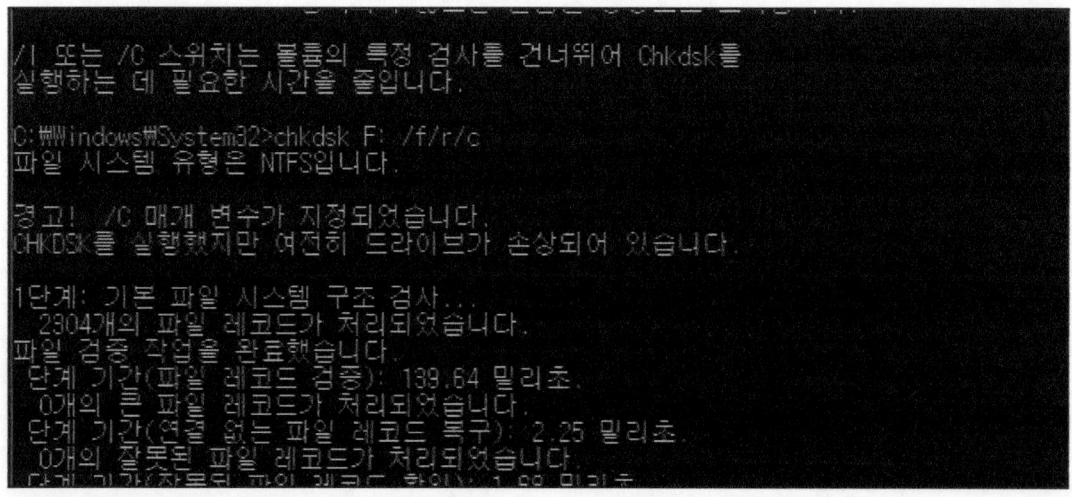

```
2단계: 파일 이름 연결 검사...
  1개의 재분석 레코드가 처리되었습니다.
  3078개의 인덱스 항목이 처리되었습니다.
색인 검증 작업을 완료했습니다.
  단계 기간(인덱스 검증): 1.99 초.
  0개의 인덱싱되지 않은 파일이 검색되었습니다.
  단계 기간(고아 재연결): 1.07 밀리초.
  0개의 인덱싱되지 않은 파일이 손실 및 찾기로 복구되었습니다.
  단계 기간(손실 및 찾기로 고아 복구): 1.01 밀리초.
  1개의 재분석 레코드가 처리되었습니다.
  단계 기간(재분석 지점 및 개체 ID 검증): 2.84 밀리초.

3단계: 보안 설명자 검사...
보안 설명자를 검증했습니다.
  단계 기간(보안 설명자 검증): 11.94 밀리초.
  387개의 데이터 파일이 처리되었습니다.
  단계 기간(데이터 특성 검증): 1.13 밀리초.

4단계: 사용자 파일 데이터에서 잘못된 클러스터 찾기...
진행률: 1008/2288 완료; 단계: 44%; 합계:    1%; ETA:    0:10:00 ...
```

지금은 용량이 적은 USB 드라이브를 검사하는 예를 들었습니다만, 용량이 큰 대용량 HDD의 경우 상상을 초월할 정도로 시간이 많이 걸립니다.

저녁에 chkdsk 명령을 내리고 잠을 자고 아침에 일어나도 끝나지 않을 수 있습니다.

전문적으로 디스크를 수리 및 판매를 하는 곳에서는 이보다 더욱 강력한 유틸리티를 사용합니다만, 사실 개인의 경우 이 정도로 고쳐지지 않는 디스크는 사용하지 않는 것이 상책입니다.

옛날에는 HDD 가격이 비싸서 쉽게 구입할 엄두가 나지 않았지만, 지금은 시대가 하도 좋아서 고용량 HDD도 그리 큰 돈을 들이지 않고 구할 수 있으니 폭탄과 같은 위험을 항상 내포하고 있는 저장 장치를 너무 혹사하여 상태가 좋지 않은 것을 사용하는 것은 언제라도 문제가 발생할 소지가 있기 때문입니다.

이상 아쉬움이 남지만, 이 책은 여기서 마무리를 지어야 하겠습니다.
필자는 항상 이 부분에서 쓸 말을 고민을 합니다.

매번 책의 원고를 탈고할 때마다 고민을 하는 것입니다만 지면을 늘릴 수 없으므로 어쩔 수 없습니다.

어차피 필자의 [유튜브 채널] 및 [네이버블로그]에 많은 자료가 있으므로 실제로는 이 책은 500페이지 이상 된다고 해도 과언이 아닙니다.

따라서 여러분은 이 책의 앞 부분에 있는 '필자의 네이버 블로그에 오시는 방법' 혹은 필자의 [유튜브 채널]에 오시는 방법 참조하여 필자의 블로그 및 필자의 [유튜브 채널]에 있는 자료를 적극 활용하시기 바랍니다.

모쪼록 이 책으로,.. 이 책은 Win 11 은 물론 컴퓨터 전반에 대해서 다루었으므로 부디 중급 사용자를 넘어서 파워 유저가 되시기를 진심으로 기원합니다.

필자의 네이버 블로그 아이디 : arm1895

네이버에 있는 필자의 블로그에 오시면 현재 약 6,000 여개의 포스트가 있고요, 각종 사진 및 카메라 관련 포스트 및 컴퓨터 관련 포스트 등 수 많은 글이 있습니다.

또한 필자의 [유튜브 채널]에도 천개 하고도 몇 백개의 동영상 강좌가 있습니다.

인터넷창, 웹브라우저 주소표시줄에 '가나출판사.kr' 혹은 '가나출판사.com' 입력하고 엔터를 쳐서 필자의 홈에 오시면 필자의 [유튜브 채널] 및 필자의 블로그에 오실 수 있는 링크가 있습니다.

잘 모르시는 분은 전화는 하지 마시고요, 문자를 주세요. (010-6273-8185)

감사합니다.

저자 윤 관식

〈필자 약력〉
1. 한국방송통신대학교 미디어 영상학과 4년 수료
2. 컴퓨터 자격증 다수 보유
3. 컴퓨터 관련 서적 및 사진, 그래픽 등 각종 서적 수십 권 이상 집필
4. 현 가나출판사 운영

제 목 : Win 11 완벽 가이드
PC 완전 정복 파워 유저가 되는 책
가 격 : 20,000원
발행일 : 2023. 01. 13.
발행처 : 가나출판사
대 표 : 윤관식
충남 예산군 응봉면 신리길 33-4
Tel : 010-6273-8185
팩스 : 02-6442-8185
Home : 가나출판사.kr
Email : arm1895@naver.com